汉语水平步步高

关联词语　量词

主　编　陆庆和　黄　兴

编写者　崔新梅　茅磊闽　周国鹃

季　艳　陈明美　季　静

苏州大学出版社
Suzhou University Press

图书在版编目(CIP)数据

汉语水平步步高．关联词语、量词／陆庆和，黄兴主编．—苏州：苏州大学出版社，2009.6
ISBN 978-7-81137-247-2

Ⅰ．汉… Ⅱ．①陆…②黄… Ⅲ．①汉语-连词-对外汉语教学-教学参考资料②汉语-数量词-对外汉语教学-教学参考资料 Ⅳ．H195.4

中国版本图书馆 CIP 数据核字(2009)第 096057 号

汉语水平步步高

关联词语　量词

陆庆和　黄　兴　主编

责任编辑　肖生华

苏州大学出版社出版发行

(地址:苏州市干将东路200号　邮编:215021)

南京市溧水秦源印务有限公司印装

(地址:南京市溧水县开发区溧淳路　邮编:211200)

开本 787×1092　1/16　印张 16.25　字数 403 千

2009 年 6 月第 1 版　2009 年 6 月第 1 次印刷

ISBN 978-7-81137-247-2　定价:30.00 元

苏州大学版图书若有印装错误，本社负责调换

苏州大学出版社营销部　电话:0512-67258835

苏州大学出版社网址 http://www.sudapress.com

编者的话

当前，随着我国国际地位的提升，学习汉语的外国人越来越多。形势喜人也逼人。这一形势向从事对外汉语教学的教师提出了新的挑战——如何让外国人更快更好地学习和掌握汉语的语法与词汇知识。

长期处于教学第一线的教师们不难发现这样的事实：汉语的句法和词法方面的知识，特别是其中的重点与难点，都不是教一两次就能让外国学生掌握的，有的难点，教师反复强调多次，一些学生还是会出现这样或那样的问题。

于是，很多教师都希望能有这样一套讲练结合的参考书：将汉语的句法与词法知识系统化、细化，将其中的内容，特别是对学生来说较难掌握的部分按照由浅入深、由易到难的原则，有计划、分层次、螺旋式地复现，不仅如此，还应针对汉语中的难点与重点，让学生反复进行操练，让学生在练习中不断提升自己。

另外，外国学生在学习汉语的过程中，经常会提出这样一些问题："我吃饭了"和"我把饭吃了"有什么不同？"我不习惯"和"我还没习惯"有什么不同？"想不起来"和"想不出来"有什么不同？"漂亮"和"美丽"有什么不同？"时间"和"时候""时光"有什么不同？"省得""免得"和"以免"是否用法完全一样？简言之，随着学习的深入，外国学生对意义和形式相似或相关的句式、结构、词语的区别越来越关注。这些确实是汉语学习的重点和难点。他们期待着教师能把这类疑团一个个辨析清楚，但是，有的问题并不是一下子能够讲清楚的，或者很难讲清楚。对很多刚刚踏上这一教学岗位的年轻教师来说，更是如此。本丛书的主编曾以考官的身份参加过几次出国汉语教师及志愿者的选拔考试工作，发现很多综合素质很好的年轻教师对这类辨析问题的回答很不尽如人意。

《汉语水平步步高》就是为了满足广大对外汉语教师的上述需要，同时也是为了满足那些已有一定汉语基础、有较高自学能力的汉语学习者的需要而编写的讲解与练习相结合的大型汉语学习丛书。该丛书由三十位作者参与，从策划、编写、修改到定稿，历经三年。编写者大多是苏州大学长期从事对外汉语教学的教师，也有对外汉语教学方向的一些研究生。在编写过程中，我们一方面参考了目前已有的对对外汉语教学有直接指导意义的专著及论文；另一方面，书中的不少分析与说明，都是编者们自己通过对语料的调查分析得出的，对已有的研究成果作了必要的补充，有些结论是编者们的新发现。

《汉语水平步步高》分八册：《句型与句式》《名词与形容词》《动词　助动词》《副词》《介词　代词》《助词》《句子成分》《关联词语　量词》。

上述八个分册的内容参考基础、初中级《中国汉语水平考试大纲》和《高等学校外国留学生汉语教学大纲》（长期进修）几个大纲加以编排，换句话说，这几个大纲中有关句型与句式、语法成分、短语（主要是动补短语）、常用实词或虚词中的重点难点等内容，这八册基本上都涵盖了。这些内容是根据难易程度的不同和水平的高低加以编排的。第一单元的讲练内容一般都是针对初级较低水平的学生的，凡是学过250个学时（45分钟一学时）汉语的学生可以先通过学习这一部分内容复习所学的知识（句式或词汇的），打好基础。第二单元的内容一般是针对初级中水平较高的学生的，同时也往往是该学习阶段的重点和难点。学生如果学习并掌握了第二单元的内容，就可由初级水平向中级水平迈进。第三单元和第四单元所讲的内容，是中级偏高到高级的水平，因此例句与练习都有一定的难度。

有些较难学习的语法点或词语，一般会在几个单元中反复出现，多次练习，为的是让学生在不同层次的上下文中多次理解与把握它们，使他们学得更加扎实和深入。

本丛书每一册前面都阐述该册总的内容，句式或词类的语法功能和特点，编写的体例与使用方法。希望读者们能够认真阅读这一部分的内容，以便更好地使用它们。

本丛书是编者们在承担繁重的教学任务的同时经过长期的艰苦努力编写而成的，有许多分析也是前人未做过的，因而出现疏漏与错误在所难免。不足之处，请专家与学者多提宝贵意见。

本丛书能够编写完成，首先要感谢华东师范大学国际汉语教师研修基地执行副主任张建民教授对本书编写指导思想的充分肯定、鼓励与指导。本丛书的顺利出版，离不开苏州大学海外教育学院黄兴院长的积极参与与鼓励，离不开苏州大学出版社高敏社长的大力支持与帮助，在此一并对他们致以诚挚的谢意。

目录

上篇　关联词语

·第一单元·

·第二单元·

·第三单元·

·第四单元·

下篇　量词

上篇 关联词语

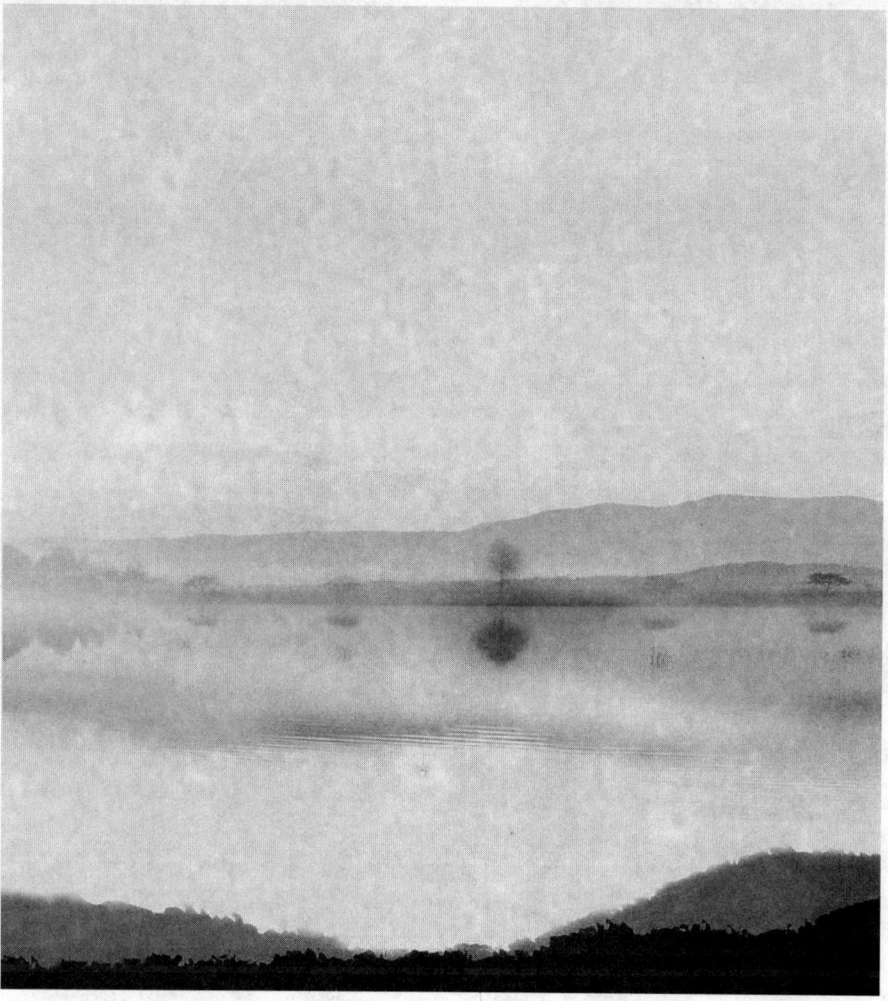

总 说

一、上篇的主要内容

上篇是为了帮助外国人掌握汉语常用关联词语而编写的。

为了表达比较复杂的思想，常需要使用复句。在复句中，分句与分句组合的语法手段有两种，一种是靠语序组合，一种是靠关联词语组合。关联词语是起连接复句的分句、标明复句的分句间关系的作用而聚拢起来的一些词语。复句中的关联词语绝大多数是连词，如"虽然、但是、因为、所以、如果、不但、与其、不如、即使"等；也有不少能起关联作用的副词，如"就、才、却、又、也、便"等；还有一部分能起关联作用的短语，如"一方面……另一方面……""之所以……是因为……""不但不……反而却……""与其说……不如说……"等。

在汉语书面语中，复句使用关联词语是很普遍的。因此，要想准确地理解汉语文章并用汉语表达自己的思想，掌握复句关联词语非常重要。关联词语是外国人汉语学习中的重点之一，也是难点之一。

上篇讲练的常用的关联词语主要是《汉语水平等级大纲与语法等级大纲》所录甲、乙、丙、丁四级关联词语。根据难易不同，我们把它们分别安排在不同的四个单元。

二、关联词语的语法功能和特点

连词是连接词、短语、分句、句子的虚词。连词不能单独充当句子成分，没有限定和修饰作用，只有连接作用。上篇练习所涉及的连词是连接分句和句子的关联连词，如"虽然、但是、因为、所以、如果、不但、与其、不如、即使"等。副词"就、才、却、又、也、便"等只有在复句的分句间起关联作用，才可能成为关联词语。如果不在复句的分句间起关联作用，就不是关联词语，也不在上篇所列词语之中。如下句子中的副词就不是关联词语：

他进教室后一句话<u>也/都</u>没说。

你为什么<u>还</u>不来呀？

我今天<u>又</u>迟到了。

关联词语在复句中可以有如下作用：

1. 有些复句中的分句间的关系，没有一定的关联词语就不能表现出来，或者说去掉关联词语分句就联系不起来了。如：

学习条件很好。

学习成绩不怎么样。

学习条件虽然很好，学习成绩却不怎么样。

前两个单句结构在意思上连不起来，用了"虽然……却……"这组关联词语，就能把它们组成复句。

2. 有的复句去掉关联词语，可能发生关系的变化；反过来，一个没有关联词语的复句，添上不同的关联词语可以表示不同的关系。如：

河水不深，过得去。

由于河水不深，因此过得去。

既然河水不深，肯定过得去。

假如河水不深，就一定过得去。

只有河水不深，才过得去。

只要河水不深，就过得去。

除非河水不深，才过得去。

有时，关联词语在复句中的位置很有讲究。一般来说，关联词语的位置和分句的主语是否相同有关。通常情况下，如果分句的主语不同，关联词语往往放在主语前面；如果分句的主语相同，关联词语往往放在主语后面。但在假设条件关系、因果关系、让步关系的复句中，连词可以放在主语前，也可以放在主语后。如：

我如果没有钱，就不去旅游了。——如果我没有钱，就不去旅游了。

虽然他只学了九个月汉语，却已经说得非常流利了。——他虽然只学了九个月汉语，却已经说得非常流利了。

即使别人反对，我也要这样做。——别人即使反对，我也要这样做。

有的关联词语常单用，如“以至”“以便”“以免”；有的关联词语可以单用，也可以跟别的关联词语配合使用，如“就”“也”“都”“还”“才”“那么”；有的则常要配合使用，如“既然……就……”“既……也……”“不但……而且……”“不但不……反而……”“即使……也……”“无论……都……”“虽然……但是……”“因为……所以……”。这些常配合使用的关联词语，如果出现前项，后项一般要出现；如果出现后项，前项则不一定非得出现。

连词和关联副词的配合成对使用有一定的规则，不能任意组合，像“只有”常和“才”搭配，不能和“就”搭配；“只要”常和“就”搭配，不能和“才”搭配等。另外，有些关联词语往往对其后的成分有一定要求，如“不管”往往跟一定的疑问形式组合，如疑问代词等。此外，某些关联词语可以跟不同的关联词语组合表示不同的关系，如副词“也”“都”“又”“就”等。

三、上篇的特点

上面提到的特点，在上篇每个词项的解释中都有详尽的说明，有些需要特别注意的地方，还用“提示”的方式加以提醒。

除了以上这些需要注意的以外，对于学习汉语的外国人来说，怎样正确使用意义相近的关联词语也是一个难点，如“于是”与“所以”、“何况”与“况且”、“从而”与“因而”、“此外”与“另外”等。上篇在提示中对这些意义或用法相近的词语作了辨析，并在练习中进一步强化。

在对外国学生在使用关联词语的偏误做了大量的调查之后发现，外国学生在复句方面的问题主要有以下几个方面：

1. 句子成分该省略的不省略，不该省略的反而省略了；

2. 关联词语在句中的位置错误；

3. 关联词语的误用，即根据前后分句的关系用错了关联词语，其中以形近或义近的为多。

另外，有的学习者汉语阅读水平虽然达到了高级水平，但还不能根据表达的需要使用较高水平的关联词语，而是继续大量使用初级水平的关联词语，从而影响了书面或口头表达的效果。如在表达因果关系时，最常用的还是“因为……所以……”，而很少使用“因此”“之所以……是因为……”“以致”等。

上篇的大量练习，都是针对上述这些问题而设计的。如为关联词语选择位置、把词语组合成句子等，就是针对有的学习者关联词语位置错误而设计的；选择关联词语填空，是训练学习者根据前后分句关系选择关联词语的能力；把句子按要求改成复句，是为了训练学习者使用不同水平或功用的关联词语的能力；而完成句子的练习，突破一般客观题的简单选择，则是为了综合考察学生的使用能力；改错题，则是为了训练学生的综合辨析能力，是更高层次的要求。同时为了便于使用者模拟自测，上篇还安排了大量 HSK 仿真题。

四、上篇的使用方法

上篇分四个单元。每一单元下又分数课。每课下都有“试一试”“讲一讲”“练一练”三大部分。每一课“讲一讲”部分一般对 2 ~4 个关联词语的意义和用法进行解释说明，在“提示”部分常有与相近关联词语的对比辨析，或有外国人在使用中容易出错而特别提醒的部分。

每一单元后都有单元练习，使用者可以通过测试了解自己对该单元知识掌握的情况。在成绩较为理想的情况下再开始下一单元的学习与练习。如果前一单元成绩不够理想，最好在进一步复习、练习之后再开始下一单元的学习。

使用者在做上篇练习时，可以根据自身水平，或先看解说再做练习，或先做练习发现问题再去看解说解决问题。一般建议全部做好练习后再看参考答案，如对参考答案仍有疑问，可再看解说。

·第一单元·

第一课　和　又(又……又……)

试一试

请用"和"或"又"填空。

1. 去年,我＿＿＿＿＿＿妹妹都大学毕业了。
2. 他养了三只鸡＿＿＿＿＿＿一只猫。
3. 天＿＿＿＿＿＿黑,雨＿＿＿＿＿＿大,我真不想去。
4. 小王会说英语,＿＿＿＿＿＿会说日语,所以那家公司第一个录用了他。

讲一讲

一、和

连词,连接两个词或短语,表示并列关系。

1. "和"最常见的用法是连接代词、名词或名词性短语。如:

    我和她都爱吃苹果。

    我喜欢春天和秋天。

    他买了一件衣服和一双运动鞋。

2. "和"有时可以连接形容词或形容词短语,多作主语和宾语。如:

    太冷和太热他都不喜欢,所以他想去昆明,因为那里一年四季都像春天。

    妈妈对他的成绩感到高兴和满意。

3. "和"有时连接动词。这类动词一般作主语或宾语。如:

    他的进来和出去,都没有引起别人的注意。

    最后一个离开教室的同学要记住关门和关窗户。

提示

(1) "和"所连接的形容词或动词不能单独作谓语,其前后必须有共同的附加成分(见画线部分)。如:

早晨的大海非常安静和美丽。

为了学好汉语，我们每天认真地复习和预习。

我没想到他对学生这么关心和爱护。

＊我们一起去看电影和买东西。

改：我们一起去看了一场电影，还去买了一些东西。

并列的形容词和动词要直接作谓语，可以用"又""又……又……""也""还"连接(详见下)。

(2) 连接三项或者三项以上的并列结构，"和"应放于最后两项之间，前面几项用顿号隔开。如：

我去过北京、上海和苏州。

他家里有四口人：爸爸、妈妈、妹妹和他。

红色、黑色和白色是我喜欢的颜色。

(3) "和"不能连接句子。如：

＊我的爱好是听音乐和我非常喜欢流行音乐。

改：我的爱好是听音乐，我非常喜欢流行音乐。

＊三号楼在办公楼的旁边和学生宿舍在办公楼的右边。

改：三号楼在办公楼的旁边，学生宿舍在办公楼的右边。

＊我头疼和嗓子有点儿发炎。

改：我头疼，嗓子也有点儿发炎。

＊我们要去水果市场，那儿的水果不贵和很好吃。

改：我们要去水果市场，那儿的水果又不贵又好吃。

(4) "和"除了作连词外，还可以作介词(参见《介词　代词》分册)。

二、又(又……又……)

关联副词，用于动词或者形容词之前，表示几种情况、性质、动作同时存在。

1. 可以单用。如：

他做的菜味道好，又好看，大家都喜欢吃。

你每天睡得晚，又起得早，上课不困才怪呢。

她人很聪明，学习又努力，所以她的汉语水平提高很快。

2. 可以两个一起用，构成"又……又……"结构，表示并列关系，连接后的词语可以作谓语、补语或定语。如：

换了一个新老师，孩子们又高兴又害怕。

大家高兴得又唱又跳。

你在这里可以找到很多又便宜又好看的衣服。

3. 可以连接句子。如：

他又会说英语，又会说汉语。

这几个月他又学法语，又学开车，真是累坏了。

提示

(1) "又"是关联副词，不能连接名词。如：

＊这件衣服又好看又好质量，不过太贵了。

（“好质量”是名词短语，不能用“又”连接）

改：这件衣服又好看，质量又好，不过太贵了。

(2)“又……又……”连接形容词时，只能连接形容词的简单形式，不能连接带程度副词的形容词短语。如：

＊中国的苹果又很新鲜又很便宜。

改：中国的苹果又新鲜又便宜。

＊我们的教室又很大又很亮。

改：我们的教室又大又亮。

练一练

一、用括号里的词语加上“和”或“又……又……”回答问题。

1. 麻婆豆腐怎么样？（香、辣）

2. 你家里有什么人？（爷爷、奶奶、爸爸、妈妈、我）

3. 你觉得怎样才能学好汉语？（多听、多说）

4. 玛丽很忙吧？（要工作、要学习汉语）

5. 你们什么时候不上课？（星期六、星期天）

6. 他游泳游得怎么样？（快、好）

7. 小孩儿过生日的时候，最想得到什么礼物？（玩具、漫画）

二、把下列句子翻译成汉语。

1. Our dormitory is clean and tidy.

2. There are some books and two pencils on the desk.

3. He is tired and very angry.

4. They have a daughter and a son.

5. The girl is tall and pretty.

三、HSK 仿真题：找出下面每段话中有错误的一部分。

1. <u>苏州的冬天经常下雨</u>，<u>我不喜欢下雨</u>，<u>因为下雨不方便和容易感冒</u>。<u>这个冬天我已经感冒两次了</u>。

A　B　C　D

2. 桌子上有三个袋子，那个蓝色的是我的，袋子里有我买的饼干和香肠、面包，准备明天出去玩儿的时候吃。

A 桌子上有三个袋子　B 那个蓝色的是我的　C 袋子里有我买的饼干和香肠、面包　D 准备明天出去玩儿的时候吃

3. 我觉得苏州很漂亮和很有意思。可是八九月的苏州又热又闷，很不舒服。在我的家乡，天气经常很凉快，所以我不喜欢苏州现在的天气。

A 我觉得苏州很漂亮和很有意思　B 可是八九月的苏州又热又闷　C 天气经常很凉快　D 所以我不喜欢苏州现在的天气

4. 暑假时，我们要一起去云南旅行。年轻人想坐飞机，飞机又很快又很安全。年老的人喜欢坐火车。

A 我们要一起去云南旅行　B 年轻人想坐飞机　C 飞机又很快又很安全　D 年老的人喜欢坐火车

5. 最近，李丽早上常常不能按时上班。今天她又迟到了，经理很生气和李丽很难过。她想以后一定不能再迟到了。

A 李丽早上常常不能按时上班　B 今天她又迟到了　C 经理很生气和李丽很难过　D 她想以后一定不能再迟到了

6. 明天是儿童节，孩子们不需要上课，老师要带他们去看电影，他们高兴得叫和跳。

A 明天是儿童节　B 孩子们不需要上课　C 老师要带他们去看电影　D 他们高兴得叫和跳

参考答案

一、1. 麻婆豆腐又香又辣。
2. 我家里有爷爷、奶奶、爸爸、妈妈和我。
3. 只有多听和多说，才能学好汉语。
4. 玛丽又要工作，又要学习汉语。
5. 我们星期六和星期天不上课。
6. 他游泳游得又快又好。
7. 他们最想得到玩具和漫画。

二、1. 我们的宿舍又干净又整齐。
2. 桌子上放着几本书和两支铅笔。
3. 他又累又生气。
4. 他们有一个女儿和一个儿子。
5. 这个女孩又高又漂亮。

（说明：汉语连词“和”和英语“and”用法并不完全一样。“and”的适用范围比“和”大得多：“and”除了有“和”的意思、表示并列关系以外，还可以连接句子和作谓语的形容词、动词等，可以表示承接关系、递进关系、目的关系，这些用法是连词“和”所不具有的。）

三、1. C，应改为“因为下雨不方便，也容易感冒”。
2. C，应改为“袋子里有我买的饼干、香肠和面包”。
3. A，应改为“我觉得苏州很漂亮，也很有意思”。
4. C，应改为“飞机又快又安全”。
5. C，应改为“经理很生气，李丽也很难过”。
6. D，应改为“他们高兴得又叫又跳”。

第二课　也　还

试一试

判断对错。

1. 我来过中国一次,也去过法国两次。(　　)
2. 这件衬衫特别贵,那条裤子也非常贵。(　　)
3. 王先生买了一套餐具,我还买了一套餐具。(　　)
4. 大家都同意他的意见,于是我也不反对了。(　　)

讲一讲

一、也

关联副词,表示两事相同。主要用于连接句子。

1. 如果是两个并列的句子,单用的"也"要放在后一句的主语之后。如:

　　这个房间很大,也很干净。

　　她很漂亮,她的女儿也很漂亮。

　　自行车你帮我骑回去,书包你也帮我拿回去。

　　这几天,空调坏了,电视机也出毛病了。

2. 在两个以上的并列句中,可以连用两个或者两个以上的"也"。如:

　　小狗躺在地上,也不动,也不叫,大家以为它要死了。

　　这一段时间她太辛苦了,人也瘦了,脸也黄了。

　　天也黑了,腿也软了,肚子也饿了,我们找个地方住一晚上吧。

提示

"也"所连接的并列句如果是动词谓语句,要求谓语一致(包括所带的助词),与谓语有关的状语、补语、宾语以及修饰宾语的定语也应一致。如果谓语是形容词,则要求状语一致。如:

　　他去过一次北京,我也去过一次北京。

　　这本书你看完了,我也看完了。

　　*姐姐买了一条裙子,妹妹也买了两条。

　　改:姐姐买了一条裙子,妹妹也买了一条。(修饰宾语的数词应该一致)

　　改:姐姐买了一条裙子,妹妹买了两条。(数字不同就不用"也")

＊运动以后，我太累，也很饿。

改：运动以后，我很累，也很饿。（修饰谓语的状语应该一致）

二、还

关联副词，连接两个句子，用于第二个句子的谓语之前，表示在第一个句子所讲的情况之外有增加或补充。如：

他昨天来过，今天还要来。

我今天早上已经喝过牛奶，现在还得喝吗？

我们今天去了商店，还去了电影院。

夏天这里经常下大雨，还刮大风。

提示

"还"和"也"的区别

(1) "还"连接的两个句子主语必须是同一个，"也"连接的两个句子，主语可以是同一个，也可以不同。如：

这件衣服洗过一遍，还要洗一遍。

他已经吃了两个包子，还想吃一个。

她身体不舒服，不想吃饭，也不想说话。

我说过一次，他也说过一次。

(2) 当两个句子主语相同时，有时可以用"还"，也可以用"也"，但是意思不同，"还"强调添加，"也"强调类同。如：

李明会打篮球，还会打网球。（会打篮球＋会打网球）

李明会打篮球，也会打网球。（在"会打"方面是相同的）

上面的两个句子的谓语是相同的，用"还"和"也"只是强调的意义不一样。但前后句子表示的是相同或不同动作的量的添加时，只能用"还"而不能用"也"。如：

我要两斤苹果，还要一个西瓜。

他喝了一杯咖啡，还吃了一块蛋糕。

(3) "还"和"也"除了可以单独用于连接句子之外，还可以与其他连词一起使用，组成"不但……还(也)……""不仅……还(也)……"等。用"还"和"也"的区别同上面第2点。

练一练

一、用"还"或"也"和括号里的词语完成句子。

1. 这个学生问了几个问题，__________________。（提、一个要求）
2. 玛丽学了三年汉语，__________________。（杰克、汉语）
3. 我要了四个小笼包子，__________________。（要、一碗面）
4. 在动物园，她看到了很多猴子，__________________。（看到、两只大象）
5. 大家都在笑，__________________。（她、在笑）
6. 哥哥长得很高，__________________。（弟弟、很高）

二、把下面的句子改写成用“也”连接的句子。

1. 玛丽和朱丽叶都是美国人。

2. 李强和王飞都去过西安。

3. 爷爷和奶奶都喜欢散步。

4. 我和小王都住在宿舍。

三、判断下列句子的对错，并改正错句（对的画√，错的画×）。

1. 爷爷每天去公园，下大雨的那天也他去公园。（　　）
2. 我家有一只狗，还有一只猫。（　　）
3. 雨太大了，她的漂亮裙子湿，带的花也湿了。（　　）
4. 上海比北京大，还有比北京多人。（　　）
5. 在家休息的时候，我唱歌和听音乐。（　　）
6. 圣诞节真好，全家人团聚，我们还有多日不要工作，吃很多东西。（　　）

参考答案

一、1. 还提了一个要求
2. 杰克也学了三年汉语
3. 还要了一碗面
4. 还看到两只大象
5. 她也在笑
6. 弟弟长得也很高

二、1. 玛丽是美国人，朱丽叶也是美国人。
2. 李强去过西安，王飞也去过西安。
3. 爷爷喜欢散步，奶奶也喜欢散步。
4. 我住在宿舍，小王也住在宿舍。

三、1.（×）　改：爷爷每天去公园，下大雨的那天也去了。
2.（√）
3.（×）　改：雨太大了，她的漂亮裙子湿了，带的花也湿了。
4.（×）　改：上海比北京大，（还有）人也比北京多。
5.（×）　改：在家休息的时候，我常常唱唱歌，听听音乐。
6.（×）　改：圣诞节真好，全家人团聚，还可以有好多天休息，吃好吃的东西。

第三课　一边……一边……

试一试

用“一边……一边……”完成下面的句子。

1. 我喜欢在公园里________________。
2. 他们俩________________，一会儿就到了学校。
3. 坐火车的时候，她常常________________。
4. 妈妈在家时，电视常常开着，她________________。

讲一讲

关联副词，用于动词之前，表示两个或者两个以上的动作同时发生。

1. “一边……一边……”连接的两个动作有共同的主语。如：
   我喜欢一边看书一边听音乐。
   爸爸经常一边看报纸一边吃早饭。
   他一边接电话，一边在纸上写着什么。
   他一边跟客人说话，一边拿出钥匙来开门。
2. “一边……一边……”连接的两个动作有不同的主语。如：
   老师一边讲，学生一边听。
   王经理一边说，他的秘书一边记。
   校长一边讲中文，王老师一边把他的话翻译成英文。
3. 有时可以有两个以上的“一边”连着用。如：
   那个歌手一边弹吉他，一边唱歌，一边跳舞。
   他一边吃花生，一边喝酒，一边看书。

提示

(1)“一边……一边……”强调两个或者两个以上的动作是在同一时间内进行的，不能同时进行的动作，就不能用“一边……一边……”连接。如：

*她一边哭一边笑。（“哭”和“笑”是不能同时进行的两个动作）

改：她又哭又笑。

(2)有时也可以说“边……边……”，但是只能用于主语相同时。如：

张爷爷边听边摇头。

我们边走边唱。

练一练

一、用"一边……一边……"改写句子。

1. 他们聊着天儿等朋友。

2. 外边有人喊她,王晓雨答应着跑了出去。

3. 玛丽喝可乐的时候想着昨天晚上的梦。

4. 这个画家有个奇怪的习惯,经常喝着酒画画儿。

5. 杰克整理房间的时候听新闻。

二、根据所给情景,用"一边……一边……"完成对话。

1. B 吃饭时不说话,因为他妈妈说过:吃饭的时候说话不好。
   A:你为什么不说话?
   B:我妈妈说,________________。
2. A 开车,B 坐在他旁边。A 想用手机打电话。B 觉得这样做很危险。
   A:我要打个电话。
   B:等一下到前面停车后再打吧,________________。
3. A 和 B 在谈论自己在家最喜欢做的事情。B 喜欢听着音乐喝茶。
   A:你在家最喜欢做什么事情?
   B:在家里,________________。

参考答案

一、1. 他们一边聊天儿,一边等朋友。
   2. 外边有人喊她,王晓雨一边答应,一边跑了出去。
   3. 玛丽一边喝着可乐,一边想着昨天晚上的梦。
   4. 这个画家有个奇怪的习惯,经常一边喝着酒,一边画画儿。
   5. 杰克一边整理房间,一边听新闻。

二、1. 一边吃饭一边说话不好
   2. 一边开车一边打电话很危险
   3. 我喜欢一边喝茶一边听音乐

第四课 还是 或者

试一试

判断对错。

1. 昨天在4路车上的是你或者你妹妹？（　　）
2. 你喜欢她还是不喜欢她，自己应该清楚吧？（　　）
3. 或者王经理，或者李经理，这次的会议非常重要，必须经理来主持。（　　）
4. 作业是你自己写的，还是别人写的吗？（　　）

讲一讲

一、还是

表示选择的连词。

1. 可以单用，用于连接词语或者句子。常用于疑问句。如：

你喜欢蓝色还是绿色？

请问，您要茶还是咖啡？

也可以构成表示不确定意义的小句，作有些陈述句的主语或宾语。如：

三月还是四月回国，我还没有接到通知。（小句作主语）

我不知道他是法国人还是美国人。（小句作宾语）

2. 可以和“是”一起用，构成“是……还是……”结构。用法像上面一样，也有疑问和陈述两种。如：

这是你的还是我的？

是你去，还是我去？

坐4路车，还是坐14路车，妈妈没有告诉我。

他心里高兴还是难过，我看不出来。

提示

(1) 表示选择疑问的“还是”不能用于“吗”问句中。如：

*他在睡觉还是看书吗？

改：他在睡觉还是看书？

*你是坐汽车还是骑自行车来的吗？

改：你是坐汽车还是骑自行车来的？

(2) 用"是……还是"连接词语时,"是"应该置于谓语动词之前。如:

* 你喜欢是菜还是肉?

改:你是喜欢菜还是肉?(也可以不用"是":你喜欢菜还是肉?)

* 他穿是大号还是小号?

改:他是穿大号还是小号?(也可以不用"是":他穿大号还是小号?)

(3) 在回答"还是""是……还是……"构成的选择疑问句时,被问者只要用问者所提供的两种可能性之一回答就行。如:

问:这里的葡萄是八块钱一斤还是九块钱一斤?

答:八块钱一斤。

问:你想打篮球还是羽毛球?

答:羽毛球。

二、或者

表示选择,多用于陈述句中。可以单用,也可以两个或者几个一起用。用于连接词语或者句子。如:

早上他经常喝牛奶或者果汁。

我每天上三节课或者四节课。

在外国,我们总会发现一些新的或者陌生的东西。

从那以后,已经没有人再知道或者提到他的名字了。

或者打太极拳,或者看京剧,或者下棋,退休后爷爷的生活变得很丰富。

或者打电话,或者去他家,星期三以前告诉他就可以了。

提示

(1) 用于连接主语不同的两个分句时,"或者"要放在主语之前。如:

或者他去找朋友,或者朋友来家里找他,他每天都和他的朋友在一起。

在家里,或者妈妈做饭,或者爸爸做饭,所以她没有做过饭。

(2) 用于连接两个分句时,主语相同时通常使用一个"或者",主语不同时多使用两个"或者"。如:

您可以打他的手机,或者晚上再打电话过来。

去年一年他做了什么,或者去了哪里,他的父母都不清楚。

或者你来我家,或者我去你家,今天晚上我们一定要见面。

(3) "还是"和"或者"的区别。

① "还是"常用于表示选择的疑问句中,而"或者"则不能。如:

* 考试的时候,我应该用铅笔或者圆珠笔?

改:考试的时候,我应该用铅笔还是圆珠笔?

② "还是"构成的小句在作主语或宾语时,表示不确定;"或者"构成的小句在作主语或宾语时,表示二者中应选择一个。如:

王老师想了解<u>这个学生口语能力强还是听力强</u>。(小句意思不确定)

我希望<u>明天上午或者下午能跟你见面</u>。(上午或下午必须选择一个)

练一练

一、用"是……还是……""或者……或者……"把下列每组词连接成句子。

1. 看朋友　　看电影

2. 吃中餐　　吃西餐

3. 学习汉语　　学习日语

4. 星期三来　　星期四来

5. 坐公共汽车　　坐出租车

二、用"是……还是……""或者……或者……"完成对话。

1. A:你想要什么? ________________?
   B:我不想要磁带,我想要书。
2. A:李明喜欢什么样的菜? ________________?
   B:他是南方人,我想他应该比较喜欢淡一点儿的。
3. A:你打算去哪个城市上大学?
   B:________________。

参考答案

一、1. 今天下午你去看朋友,还是去看电影?
今天下午我去看朋友,或者去看电影。
2. 晚上你想吃中餐,还是想吃西餐?
吃中餐或者吃西餐,我都喜欢。
3. 你妹妹现在学习汉语还是学习日语?
杰克打算将来学习汉语或者学习日语。
4. 王经理星期三来还是星期四来?
李老师星期三来或者星期四来。
5. 今天我们坐公共汽车还是坐出租车去火车站?
我们坐公共汽车或者坐出租车去火车站。

二、1. 是磁带还是书
2. 是咸一点儿的还是淡一点儿的
3. 或者北京,或者上海

第五课　就

试一试

选出“就”的合适位置。

1. 李明 A 接了 B 一个电话 C 到楼下 D 去了。(　　)
2. 妈妈住院了,A 她 B 每天 C 下了班 D 去医院。(　　)
3. 昨天你要是在这里的话,A 能 B 见 C 到 D 王大夫了。(　　)
4. A 我 B 前天早上 C 从北京 D 回来了。(　　)
5. 如果明天他还没有回来,A 我们 B 打电话 C 给 D 他。(　　)

讲一讲

一、作为关联副词的“就”

1. 表示一件事情紧接着另一件事情发生。

(1) 动词短语(小句) + 就 + 动词,“就”后的动词可以是单音节动词。如:

我下了课就去找你。

(主人对客人说)你先坐一会儿,看看电视,我炒好这个菜,我们就吃饭。

昨天早上他拿到钱就去买东西了。

他整理好桌子就走。

你先睡,我写完这一段就睡觉。

我刚走进教室,上课铃就响了。

(2) 动词短语(小句) + 就 + 形容词,“就”后的形容词表示前面动作的结果。如:

她想了几分钟就明白了。

吃了这两包药,你的病就好了。

奶奶看到小孙子就高兴。

(3) 与副词“一”构成固定结构“一……就……”,强调一件事情紧接着另一件事情发生。详见本单元第六课“一……就……”。

2. 表示在什么样的情况或条件下出现的结果,用于表示因果、目的、假设、条件等关系的复句中,用于第二个分句。如:

因为以前遇到过相同的事情,这次就没有多想。

因为想你,就来了。

既然你已经决定了,我就不说了。

既然大家都来了，我们就开始吧。（以上因果关系）

为了早点儿到学校，今天他就没有等李雪。

为了在下午两点前到上海，我们就坐飞机吧。（以上目的关系）

如果下雨，我们就不去。

如果买不到车票，他今天就来不了了。（以上假设关系）

只要交了试卷，你们就可以走了。

只要大哥同意，我就同意。（以上条件关系）

二、作为连词的“就”

用于第一个分句，表示假设的让步，同“就是”，第二个分句中常有“也”与之相呼应。“就”的这种用法常见于口语中。如：

你就不说，我也会知道的。

你就不请，他也会来的。

这个问题老师就不讲，大家也应该明白。

提示

（1）如果第一个分句中没有相应的关联词语，对于“就”所连接的句子表示的关系需要根据上下文或相关语境来决定。如：

下雨，我们就不去。

“下雨”和“我们不去”的关系可以是以下两种：

如果下雨，我们就不去。

只要下雨，我们就不去。

（2）“就”可以用于紧缩句中。如：

这个词语比较难，大家知道就行了。

（大家只要知道，就行了。）

不会就学嘛。

（如果不会，就学嘛。）

练一练

HSK 仿真题：找出下面每段话中有错误的一部分。

1. 第二天，警察一开门却大吃一惊（A）。地面上都是鱼（B），有两个人正靠在窗户上钓鱼呢（C）。他们很专心，没发现警察已经进来了（D）。

2. 我一到家就开始玩游戏（A），就是一边蒙上眼睛一边写汉字（B），看起来很有意思（C）。这时候爸爸回来了，他也很感兴趣（D）。

3. 儿子想，作业错的太多了，如果让爸爸看到的话，就爸爸要骂他。怎么办呢？最后他终于想出了一个好办法。

A　　　B　　　C　　　D

参考答案

1. A，应改为“警察一开门就大吃一惊”。
2. B，应改为“就是蒙上眼睛写汉字”。
3. C，应改为“爸爸就要骂他”。

第六课 先……然后…… 一……就……

试一试

用“先……然后……”或“一……就……”填空。

1. 想参加考试的同学要___________在这里报名，___________参加考试。
2. 你们___________自己做，___________我会告诉你们答案。
3. 商店门___________打开，很多人___________进去了。
4. 他们两年没有见面了，所以___________见面___________有说不完的话。

讲一讲

一、先…… 然后……

表示两件事情发生的先后顺序，前一个分句表示先做或者先发生的事情，后一个分句表示后做或者后发生的事情。如：

你只能先看完这本书，然后借别的，因为你一次只能借一本书。
他们俩决定先打电话找朋友，然后再找个地方吃饭。
去她家真不容易，先是坐了五个小时火车，然后是汽车，最后是船。
他先到上海，然后到杭州、桂林、昆明等地，玩遍了中国有名的地方。

提示

(1)“然后”的后面经常出现“再”“才”“又”等副词，有这些副词的时候，“然后”可以省略。如：

我先去商店买一瓶饮料，然后再去体育馆。
他们先游览了长城，然后又去了故宫。
先要学会拼音，然后才能学习词语和句子。
先坐飞机到成都，再转乘汽车到重庆。
他先用汉语说了一遍，又用英语说了一遍。
老师先复习了昨天的课，才开始讲新课。

(2)前后两个分句有不同的主语时，“然后”要放在后一个分句的主语之前。如：

我们先去外边逛逛，然后李阿姨会请我们吃饭。
每次给家里人写信都是他先写英文，然后我再帮他翻译成汉语才能寄回去。

二、一……就……

1. 承接关系。表示一件事情发生后，另一件事情紧接着发生。如：

坐了一天一夜的火车，他太累了，一躺下就睡着了。

很多同学一放假就回家了。

孩子一看到妈妈，就跑了过来。

昨天晚上他一写完作业就睡觉了。

病一好，他就忘了医生的话。

2. 条件复句。前一个分句表示条件，后一个分句表示结果。如：

汽车一开，我就想睡觉。

一说到中国的名胜古迹，大家就想到万里长城。

每天一到下午五点，他就离开办公室。

在这里，一到五月，女孩子就可以穿裙子了。

老王一喝酒就脸红。

一到周末，他就睡懒觉。

一想到早上爸爸生气的样子，李明就不敢回家。

他的脚以前受过伤，现在一下雨就疼。

一有新的电影，妹妹就要去看。

提示

(1) 后一个分句有主语时，"就"应放在主语之后。如：

* 在北京，一到十月，就天气冷了。

改：在北京，一到十月，天气就冷了。

* 一回家，就他打电话给我了。

改：一回家，他就打电话给我了。

* 表演一完，紧张就没有。

改：表演一完，就不紧张了。

(2) 在第一个分句前加上"只要"，如果句子的意思没有改变，那么"一……就……"连接的两个分句就是条件关系，否则，就是承接关系。如：

一见到狗，她就害怕。

只要一见到狗，她就害怕。

车一停，他就跑下去了。

* 只要车一停，他就跑下去了。

(3) 在语境不明的情况下，"一……就……"所连接的分句的关系可能是承接关系，也可能是条件关系。

练一练

一、用"先……然后……"和下列词语造句。

1. 吃早饭　　　　　去学校

2. 带他参观图书馆　　　　告诉他怎么借书

3. 游泳　　　　回家

4. 写完作业　　　　看电视

5. 唱歌　　　　跳舞

二、用"一……就……"改写句子。

1. 到了雨季，这里每天下雨。

2. 不要紧张，紧张了容易写错。

3. 下了课，他要去医院。

4. 我不能喝咖啡，喝了咖啡睡不着。

5. 雨停了，我们马上走。

三、HSK 仿真题：在下面 ABCD 中选择唯一正确的填入空中。

1. 这个玩具______ 便宜______ 好玩，就买这个送给你小侄子吧。

A. 或者……或者……　　B. 又……又……

C. 是……还是……　　D. 先……然后……

2. 买衣服的时候，你应该______试试，______再想买不买。

A. 一边……一边……　　B. 一……就……

C. 先……然后……　　D. 是……还是……

3. 你打算在这里呆多长时间？______一个月______两个月？

A. 如果……就……　　B. 又……又……

C. 是……还是……　　D. 也……也……

4. 你们应该______设定比赛规则，______再进行比赛。

A. 先……然后……　　B. 又……又……

C. 一边……一边……　　D. 或者……或者……

5. 铃声______ 响，同学们______跑出了教室。

A. 先……然后……　　B. 又……又……

C. 一……就……　　D. 一边……一边……

6. 我是学外语的，毕业以后，我打算______进公司做翻译，______到学校做老师。

A. 如果……就……　　B. 先……然后……

C. 因为……所以……　　D. 是……还是……

7. 李丽的头发长得______黑______长。

A. 一边……一边……　　B. 又……又……

C. 是……还是…… D. 或者……或者……

8. 每天早上天______亮，妈妈______起床。

A. 先……然后…… B. 因为……所以……

C. 一……就…… D. 一边……一边……

9. 大家都坐下吧，咱们______吃______谈。

A. 又……又…… B. 一……就……

C. 是……还是…… D. 一边……一边……

10. 听说你姐姐生孩子了，______男孩______女孩？

A. 先……然后…… B. 又……又……

C. 是……还是…… D. 一边……一边……

参考答案

一、1. 妈妈让我先吃早饭，然后再去学校。
2. 我先带他参观图书馆，然后再告诉他怎么借书。
3. 今天我想先去游泳，然后回家。
4. 好孩子应该先写完作业，然后看电视。
5. 他们先唱歌，然后跳舞。

二、1. 一到雨季，这里就每天下雨。
2. 不要紧张，一紧张就容易写错。
3. 一下课，他就要去医院。
4. 我不能喝咖啡，一喝咖啡就睡不着。
5. 雨一停，我们就走。

三、1. B 2. C 3. C 4. A 5. C 6. B 7. B 8. C 9. D 10. C

第七课 不但……而且……

试一试

完成句子。

1. 我不但认识李明,＿＿＿＿＿＿。
2. ＿＿＿＿＿＿,而且在家里也说汉语。
3. 她的工作很忙,＿＿＿＿＿＿,而且周末也常常加班。
4. 三年没见,他不但结婚了,＿＿＿＿＿＿。

讲一讲

"不但……而且……"表示意思更进一层。

1. 连接词语,主要是动词、形容词。如:

   爸爸不但不反对而且很支持他的做法。

   玛丽不但爱听而且爱唱这首中国歌。

   这间房子不但大而且很安静。

   她是一个不但美丽而且聪明的女人。

2. 连接句子。两个分句可以是相同主语,也可以是不同主语。如:

   今年我不但要考上大学,而且要考上好的大学。

   李明不但没有吃过芒果,而且没有见过这种热带水果。

   不但她没有来过中国,而且她的家人也没有来过中国。

   不但我去过西安,而且我们班别的同学也去过西安。

提示

(1)"不但……而且……"连接的两个分句主语相同时,"不但"位于主语之后;主语不同时,"不但"位于主语之前。"而且"一般位于第二个分句的开头。如:

在上海,坐地铁不但很快,而且很舒服。

他不但会说汉语,而且还说得非常流利。

不但老师来了,而且校长也来了。

不但玛丽唱中国歌,而且朱丽叶也会唱。

(2)连词"不但"必须和"而且"或者其他的词语配合使用。但是"而且"可以跟别的词语配合使用,也可以单独使用。如:

朱丽叶很喜欢白色，而且是纯白色。

后来他上了大学，而且是国内最好的大学。

我去找他的时候，他已经走了，而且已经走了两天了。

练一练

判断对错。

1. 不但我们班有东方人，而且有西方人。(　　)
2. 玛丽不但游览过西湖，而且她的朋友也游览过。(　　)
3. 过了春节，这家服装店的衣服不但没有便宜，而且更贵了。(　　)
4. 我昨天不但见过杰克，而且今天早上也见过。(　　)
5. 不但这本书是我的，那本书而且也是我的。(　　)

参考答案

1.(×)　改：我们班不但有东方人，而且有西方人。

2.(×)　改：不但玛丽游览过西湖，而且她的朋友也游览过。

3.(×)　改：过了春节，这家服装店的衣服不但没有便宜，反而更贵了。

（说明："不但……而且……"表示的是递进关系，而"便宜"和"更贵"不是递进关系，而是相反关系，所以不能用"不但……而且……"连接。）

4.(×)　改：我不但昨天见过杰克，而且今天早上也见过。

5.(×)　改：不但这本书是我的，而且那本书也是我的。

第八课 因为……所以…… 为了……

试一试

判断对错。

1. 因为坐了一天的车，很累，她所以不到八点就睡觉了。(　　)
2. 为了他没有时间，我来接你了。(　　)
3. 所以我们那天没有去公园，因为天气不好。(　　)
4. 因为睡得舒服一些，他买了一张很好的床。(　　)

讲一讲

一、因为……所以……

表示事情发生的原因和结果。"因为……"表示原因，"所以……"表示结果。

1. 两个分句主语相同时，主语可以放在"因为"前或者"因为"后，也可以放在"所以"之后。如：

他因为生病了，所以今天没有来上课。

因为他忘了，所以没有给你打电话。

因为怕冷，所以他决定毕业以后到南方工作。

对不起，因为今天晚上我有别的事，所以不能参加你的生日晚会了。

2. 两个分句主语不同时，"因为""所以"分别位于主语之前。如：

因为时间已经很晚了，所以路上车很少。

因为这里风景很美，所以很多人来这里旅游。

因为爸爸妈妈不同意，所以她不能一个人去旅行。

因为李亮是新同学，所以大家都应该帮助他。

提示

(1) 表示结果的分句是第一分句，"因为"连接的分句是第二分句时，第一个分句前不能用"所以"。如：

他的汉语不太好，因为他刚学了两个月。

李明很喜欢去图书馆，因为他喜欢看书。

她很难过，因为这次考试考得不好。

你带把伞吧，因为天气预报说今天有雨。

(2) 除了和"因为"配合使用外,"所以"也可以单独使用。如:

今天有朋友来,所以她要去机场接。

苏州是一个古老的城市,所以有很多名胜古迹。

整天下雨,所以我们不能出去玩。

刚来中国的时候,我一个人也不认识,所以很想家。

那件衣服很好看,但是很贵,所以我没有买。

二、为了……

"为了"用于第一分句表示目的,第二分句表示为了达到前一分句所说的目的所采取的行动。如:

为了学习汉语,玛丽来到了中国。

为了早点儿完成任务,她每天工作到很晚。

为了买这本书,李明跑遍了上海所有的大书店。

为了让女儿高兴,爸爸决定带她一起出去玩。

为了让大家听懂,老师讲得很慢。

提示

(1) "为了……"所连接的两个分句的主语相同时,第一个分句的主语通常省略。如:

为了通过这次考试,他已经认真准备一个月了。

("通过这次考试"的主语是"他")

为了记住这些词语,张力每天都要看一遍。

("记住这些词语"的主语是"张力")

(2) 有时,也可以把要采取的行动放在前面,后面用"是为了"连接所要达到的目的。如:

他去那里是为了学英语。

我们这样做是为了帮助你。

昨天晚上去他家是为了告诉他明天放假。

今天他没有吃早饭是为了上课不迟到。

练一练

一、用"因为……所以……"回答问题。

1. 为什么这里的人们出去的时候都带着雨伞?

2. 你为什么很紧张?

3. 他今天为什么没有骑自行车?

4. 为什么李明这几天很不开心?

5. 她为什么每天去医院？

6. 老王今天为什么要早点儿回家？

二、完成句子。

1. 因为这张桌子太重了，____________________。
2. ____________________，所以我们每天去游泳。
3. 因为他不会做饭，____________________。
4. ____________________，所以她很少回家。
5. 因为坐飞机太贵了，____________________。
6. 因为昨天晚上的电影不好看，____________________。
7. ____________________，所以她的汉语提高得很快。
8. 为了考上好的大学，____________________。

参考答案

一、1. 因为这里经常下雨，所以人们都带着雨伞出去。
2. 因为要考试了，所以我很紧张。
3. 因为他的自行车坏了，所以他今天没有骑。
4. 因为他的钱包被偷了，所以李明这几天很不开心。
5. 因为妈妈在住院，所以她每天去医院。
6. 因为今天是妻子的生日，所以他要早点儿回家。

二、1. 所以我搬不动
2. 因为天气很热
3. 所以天天在饭店吃饭
4. 因为离家很远
5. 所以我坐火车
6. 所以他们看了一半就回来了
7. 因为她有很多中国朋友
8. 她每天努力地学习

第九课　如果……就……

试一试

用“如果……就……”或“要是……就……”和下面的每组词说一句完整的话。

1. 想了解中国文化　　　　要到中国来
2. 这个周末　　　　钓鱼
3. 早点儿起床　　　　看日出
4. 有好消息　　　　告诉老师
5. 不会做　　　　问他

讲一讲

在“如果……就……”中，“如果”表示假设。“如果”引导的分句假设一种情况，“就……”根据“如果”假设的情况推出结论。

1. “如果……就……”连接的分句可以有相同的主语，也可以有不同的主语。如：

　　如果你觉得这些菜不好吃，就告诉我。

　　如果有时间，我就会去看你。

　　如果你不帮我，我就不能在下班以前完成。

　　如果李明不能去，你就自己去吧。

2. “如果”可以放在主语前，也可以放在主语后。“就”只能放在主语后。如：

　　如果这本词典对你有用，就拿走吧。

　　如果这条路比较近，我们就走这条路。

　　如果明天不下雨，我们就去看大海。

　　如果你不饿，我们就等一会儿再去吃饭。

　　你如果去邮局，就帮我把这封信寄了。

　　他如果来了，就请他在这儿等一下。

3. “要是”与“如果”相同，但是没有“如果”正式。“要是……就……”经常用于口语中。如：

要是你已经知道了，我就不说了。

你要是已经去过了，这次就不要去了。

要是晚上不回来吃晚饭，你就早点儿打电话告诉我。

我要是有一个哥哥，就好了。

要是他自己不说，你就不要问。

要是这种样子你不想要，我就帮你挑另一种。

练一练

HSK 仿真题：在下面 ABCD 中选择唯一正确的填入空中。

1. ______不是上班的时间，______他不会来办公室。

A. 一边……一边…… B. 如果……就……

C. 因为……所以…… D. 或者……或者……

2. ______你的头明天还疼，我______要带你去看医生。

A. 不但……而且…… B. 如果……就……

C. 因为……所以…… D. 先……然后……

3. 他那么说，我真是______想气______想笑。

A. 先……然后…… B. 又……又……

C. 如果……就…… D. 一边……一边……

4. ______来不及，我们______坐下一趟火车。

A. 因为……所以…… B. 一……就……

C. 要是……就…… D. 不但……而且……

5. ______吃完饭______运动，对身体不好。

A. 一边……一边…… B. 一……就……

C. 不但……而且…… D. 因为……所以……

6. 这个星期他心情不好，______晚上睡不着，______早上醒得也很早。

A. 要是……所以…… B. 一……就……

C. 不但……而且…… D. 又……又……

7. 这件衣服你______不喜欢，______送给她吧。

A. 或者……或者…… B. 是……还是……

C. 不但……而且…… D. 要是……就……

8. 冬天______下雪，孩子们______会特别高兴，因为他们可以玩雪。

A. 先……然后…… B. 是……还是……

C. 因为……所以…… D. 一……就……

参考答案

1. C 2. B 3. B 4. C 5. B 6. C 7. D 8. D

单元练习

一、HSK 仿真题：将下面句后括号中的词语放在唯一合适的地方。

1. A 孩子们 B 明天 C 要 D 参加运动会，而且很多家长也要来参加。(不但)
2. 李华在那个学校 A 读过书，B 他的妹妹 C 在那儿 D 读过。(也)
3. 既然你已经决定了，A 他们 B 不会 C 再 D 说什么了。(就)
4. A 他小时候很想读书，B 家里太穷了，C 只上到三年级 D 就失学了。(因为)
5. 这几年，中国人的收入 A 增加了，B 去过的地方 C 多了，想法都 D 发生了变化。(也)
6. 你应该先打扫卫生，A 然后 B 想 C 中午 D 吃什么饭。(再)
7. 上个星期天她看了一部电影，A 觉得非常好看，B 急着 C 介绍给她的朋友们，D 谁知朋友们早就看过了。(所以)
8. 你 A 这个月 B 去北京，或者等到秋天再去，C 别的时间 D 都没有这两段时间好。(或者)
9. 今天天气很好，A 她的心情 B 也很好，C 提议 D 大家一起去西山玩。(所以)
10. 吸烟 A 对吸烟者本人有害，B 对他身边的人 C 也 D 有影响。(而且)
11. A 爷爷 B 说，C 你们喜欢 D 这些画儿，就都拿去吧。(既然)
12. 我们 A 打算 B 今天 C 参观博物馆，然后回学校 D 听报告。(先)
13. 前两个星期三 A 在下雨，B 这个星期三 C 在下雨，好像现在一到星期三 D 就下雨。(又)
14. 这家超市的商品种类 A 很多，B 服务 C 好，很多人 D 都喜欢去。(又)
15. 这种电脑现在暂时还没到，你 A 可以现在预订，B 可以 C 下周三 D 过来直接购买。(也)
16. A 他 B 早上能按时起床，C 上课不迟到，D 妈妈特意为他买了一个小闹钟。(为了)
17. 你 A 从去年开始 B 就 C 把每个月浪费的钱 D 都省下来，现在也能买电脑了。(要是)
18. A 他 B 篮球 C 打得 D 好，而且足球也踢得不错。(不但)
19. 十年前去上海我们逛过南京路，这次 A 去我们 B 想 C 到那儿 D 看看。(还)
20. A 能 B 在国庆节期间 C 正常 D 休假，他们现在拼命地工作。(为了)

二、HSK 仿真题：在下面 ABCD 中选择唯一正确的填入空中。

1. 他______想着刚才碰到的那个人，______慢慢往前走。

A. 又……又…… B. 一边……一边……
C. 因为……所以…… D. 如果……就……

2. 你这样做，她______不会怪你，______还会感谢你呢。

A. 要是……就…… B. 因为……所以……
C. 一边……一边…… D. 不但……而且……

3. 昨天没有去成上海，______雨下得太大了。

A. 因为 B. 或者 C. 所以 D. 而且

4. 去那儿的人常常一到那儿______喜欢上了。

A. 也 B. 和 C. 还 D. 就

5. 古时候,有个______聪明______漂亮的姑娘叫祝英台。
A. 又……又……　　B. 一边……一边……
C. 是……还是……　　D. 或者……或者……
6. ______让妹妹安心学习,他没有把这个坏消息告诉她。
A. 因为　　B. 不但　　C. 为了　　D. 如果
7. 我现在一点儿也不累,坐车去______走着去你决定吧。
A. 或者　　B. 还是　　C. 还要　　D. 要不
8. ______那个男孩喜欢她,______常常打电话给她。
A. 为了……所以……　　B. 因为……所以……
C. 不但……而且……　　D. 如果……就……
9. 我觉得______他肯努力,学习一定会赶上来的。
A. 因为　　B. 只要　　C. 只有　　D. 只是
10. 我们是想坐公共汽车去的,______等了很久才来了一辆,而且上面的人非常多。
A. 不但　　B. 不仅　　C. 但是　　D. 因为
11. 小商品市场里的东西非常多,______努力找,有时候也能找到自己喜欢的东西。
A. 如果　　B. 不但　　C. 因为　　D. 只有
12. 十年前这种事他做起来很容易,______现在情况不一样了。
A. 不但　　B. 但是　　C. 因为　　D. 或者
13. 不管你是在校生______已经毕业了,都不能做有损学校声誉的事情。
A. 而且　　B. 或者　　C. 还是　　D. 就是
14. 小强,你怎么______来______惹奶奶生气呢?
A. 一……就……　　B. 不但……而且……
C. 因为……所以……　　D. 如果……就……
15. 你对孩子的这种教育是在什么时候,在十岁左右______二十岁左右?
A. 或者　　B. 和　　C. 就是　　D. 还是
16. 这几年中国的城市发生了很大变化,农村的变化______不小。
A. 也　　B. 还　　C. 更　　D. 就
17. 李华最近进步非常快,______大家都在热心地帮助他,他自己也比以前用功了。
A. 所以　　B. 而且　　C. 但是　　D. 不但
18. 他想在家里吸烟,______孩子太小,______妻子坚决不同意,让他出去吸。
A. 只要……就……　　B. 因为……所以……
C. 不但……而且……　　D. 如果……才……
19. ______不让更多的消费者上当受骗,消费者协会三天前就发了通知。
A. 因为　　B. 要是　　C. 不过　　D. 为了
20. 王奶奶______跟邻居说话,______拿钥匙开自己家的门。
A. 又……又……　　B. 一边……一边……
C. 或者……或者……　　D. 不但……而且……

三、HSK 仿真题:找出下面每段话中有错误的一部分。

1. 这时候看到男朋友,我一边高兴一边不好意思,因为没有带雨伞,雨把我的脸淋得乱七八糟。
A: 这时候看到男朋友　B: 我一边高兴一边不好意思　C: 因为没有带雨伞　D: 雨把我的脸淋得乱七八糟

2.“桂林山水甲天下”，我以前在电视、杂志上看到过介绍桂林，但我不太相信，而很想去看一次桂林特别的山、美丽的水，这次终于有机会了。

A 我以前在电视、杂志上看到过介绍桂林　B 但我不太相信　C 而很想去看一次桂林特别的山、美丽的水　D 这次终于有机会了

3. 我爸爸做生意，妈妈不工作，然后弟弟妹妹还在读书，我来中国以前，在法国学习汉语，但是每星期在学校学习汉语的时间不多。

A 妈妈不工作　B 然后弟弟妹妹还在读书　C 我来中国以前　D 但是每星期在学校学习汉语的时间不多

4. 日本的路很窄，有时候一条马路只能过一辆车，我已经习惯这样的路，但是我不习惯在很宽的路上开车，车太多了。因此，我在中国可能不开车。

A 有时候一条马路只能过一辆车　B 我已经习惯这样的路　C 但是我不习惯在很宽的路上开车　D 因此，我在中国可能不开车

5. 上周日，我们去无锡摘桃子还有梨，中午在那儿吃了农家菜，和饭店里的饭菜不一样，我不习惯在农家吃饭的气氛，因为听不懂汉语。

A 我们去无锡摘桃子还有梨　B 中午在那儿吃了农家菜　C 和饭店里的饭菜不一样　D 我不习惯在农家吃饭的气氛，因为听不懂汉语

6. 早上下了火车，我们忙着找住的地方。找到住的地方以后，我们就去天安门广场了，广场又大又有很多人，我们很快就找不到对方了。

A 我们忙着找住的地方　B 找到住的地方以后　C 我们就去天安门广场了　D 广场又大又有很多人

7. 巴拉圭是一个热带国家。夏天长和冬天短。夏天温度很高，大约30℃到45℃。冬天很短，大约一个月，温度0℃到20℃。

A 巴拉圭是一个热带国家　B 夏天长和冬天短　C 夏天温度很高，大约30℃到45℃　D 冬天很短，大约一个月，温度0℃到20℃

8. 考试后，小马克很难过，因为他的成绩非常糟糕。也他的老师很不高兴。但是最不好的是，他得让爸爸在试卷上签字。

A 考试后，小马克很难过　B 因为他的成绩非常糟糕　C 也他的老师很不高兴　D 但是最不好的是，他得让爸爸在试卷上签字

9. 下次考试前，他要努力学习和认真复习，不能像这次一样，考试前一直跟朋友们踢足球。可是这次怎么办呢？

A 他要努力学习和认真复习　B 不能像这次一样　C 考试前一直跟朋友们踢足球　D 可是这次怎么办呢

10. 昨天，我在家和爸爸一起做游戏。先我蒙好我的眼睛，然后写自己的名字。最后，我让爸爸也这样做。

A 我在家和爸爸一起做游戏　B 先我蒙好我的眼睛　C 然后写自己的名字　D 最后，我让爸爸也这样做

参考答案

一、1. A 2. C 3. B 4. B 5. C 6. B 7. B 8. A 9. C 10. B 11. C 12. C 13. C 14. C 15. B 16. A 17. A 18. B 19. B 20. A

二、1. B 2. D 3. A 4. D 5. A 6. C 7. B 8. B 9. B 10. C 11. A 12. B 13. C 14. A 15. D 16. A 17. D 18. B 19. D 20. B

三、1. B,应改为“我既高兴又不好意思”。

2. C,应改为“所以很想去看一次桂林特别的山、美丽的水”。

3. B,应改为“弟弟妹妹还在读书”。

4. C,应改为“所以我不习惯在很宽的路上开车”。

5. A,应改为“我们去无锡摘桃子和梨”。

6. D,应改为“广场很大,人很多”。

7. B, 应改为“夏天长,冬天短”。

8. C,应改为“他的老师也很不高兴”。

9. A,应改为“他要努力学习、认真复习”。

10. B,应改为“我先蒙好我的眼睛”。

·第二单元·

第一课　却　不过

试一试

用括号内的词语完成下面的句子。

1. 小强八点钟就说想睡觉了,现在十一点了,他 ______________。(却)
2. 尽管已经十年没有见面了,我们______________。(却)
3. 虽然已经是秋天了,气温______________。(却)
4. 他的家很旧很小,______________。(却)
5. 父母想让他学习经济,______________。(却)
6. 虽然二十年前他是一个非常有名的作家,但是现在______________。(却)
7. 坐 29 路公共汽车可以到那里,______________。(不过)
8. 有人愿意帮助她,______________。(不过)
9. 他学习是很努力,______________,所以考试成绩并不太好。(不过)
10. 这条裙子样子还可以,______________。(不过)
11. 我每天八点以前就要到公司,______________。(不过)
12. 这件事我知道,______________。(不过)

讲一讲

一、却

关联副词,表示转折,语气比较弱。用"却"连接的句子,前一分句说明一种情况,后一分句所说的情况与前一分句意思相反或相对。

1. 可以单独用于表示转折的句子中。如:

　　她想说,却不敢说。

　　这里离热闹的大街很近,却很安静。

　　田中想安慰他,却不知道应该说什么。

　　他只是一个孩子,想法却像大人一样。

　　我看见了他,他却没有看见我。

他们不想让我知道，我却知道了。

大家都来参加他的生日晚会，他自己却不在。

2. 可以与“虽然”“尽管”等连词搭配使用，“却”用于后一分句。如：

虽然以前没有来过，他却非常了解这里。

虽然他已经准备好了，却还是有点紧张。

虽然很不舒服，却不想让大家看出来。

尽管事情已经过去三年了，老王却觉得好像刚发生一样。

尽管她的声音很轻，大家听得却很清楚。

尽管这家咖啡馆离他家不近，他却经常来。

3. 可以与表示转折的连词“但是”“可是”“不过”等同时出现在后一分句中，加强转折语气。如：

我虽然见过很多大桌子，但是这么大的却是第一次见到。

虽然她已经八十多岁了，但是身体却很好。

他虽然有英文名字，但是却很不喜欢别人叫他的英文名字。

虽然她已经不记得我了，可是我却一直记得她。

虽然我经常去张强家玩，不过他却很少到我家来玩。

哥哥不爱说话，不过妹妹却非常爱说话。

前几天经常见到他，不过这几天却很少看见他。

提示

“却”与“但是”的区别

(1)“但是”是连词，位于主语之前；“却”是关联副词，位于主语之后。如：

玛丽汉字写得一般，但是口语很好。

玛丽汉字写得一般，口语却很好。

*我非常着急，可是却李明一点儿也不着急。

改：我非常着急，可是李明却一点儿也不着急。

*虽然在同一个公司，但是却我们很少见面。

改：虽然在同一个公司，但是我们却很少见面。

(2)“但是”和“却”都可以连接谓词性词语或者短语，但“但是”连接的前后两项是同一个句法成分；而“却”连接的前后两项可以是同一个句法成分，也可以是不同的句法成分。如：

这是一份简单但是很有意义的生日礼物。

（“但是”连接的“简单”和“很有意义”共同构成“生日礼物”的定语）

他写得很快但是不潦草。

（“但是”连接的“很快”和“不潦草”共同构成“写”的补语）

我们公司每天来得最早却走得最晚的人是王秘书。

（“却”连接的“来得最早”和“走得最晚”共同构成“人”的定语）

别人忙着玩的时候，他却在忙着学习汉语。

（“别人忙着玩的时候”是状语，“忙着学习汉语”是谓语，用“却”连接，此处不能换作“但是”）

已经人到中年的她，却常常像一个小女孩一样不好意思。

（“人到中年”和“小女孩”形成对比，此处的“却”不能换作“但是”）

(3) 用“但是”的句子重在客观叙述，而用“却”的句子常常带有一定的主观性(说话人的主观看法、估计等)。如：

昨天天气很不好，但是今天天气很好。

女儿喜欢喝咖啡，但是妈妈喜欢喝茶。

这孩子总是说想姑姑，姑姑来了，却躲着不见。(说话人认为孩子应该出来见姑姑)

他是英国人，却不喜欢别人跟他说英语，真奇怪！(说话人认为他应该喜欢说英语)

小李上课经常迟到，今天雨下得这么大，却没有迟到，真让人意外。(出乎预料)

二、不过

连词，表示转折，与“但是”相比，“不过”语气较轻，多用于口语中。

1. “不过”连接的句子补充、修正、限制前面的内容。如：

我今天跟她一起去逛街了，不过我没有买东西。

玛丽爱吃辣的，不过今天的菜真的太辣了，所以她只吃了一点儿。

我要去图书馆，不过要到两点以后才去，现在我想先休息一下。

她跟他们一起玩过，不过已经忘了他们的名字。

这个词语我们学过，不过现在已经不知道怎么读了。

他说他给我写过信，不过我没有收到过。

2. “不过”连接的句子表示的意思与前面句子意思相反或者相对。如：

前几天他病得很重，不过现在好多了。

上学期他经常不来上课，不过这学期他每天都来。

我的很多朋友都喜欢这种花，不过我不太喜欢。

他的力气是很大，不过没有李明的力气大。

3. “不过”可以与“虽然”搭配使用，构成“虽然……不过……”。如：

虽然你的建议很好，不过我还得按我的想法去做。

虽然我会说汉语，不过说得不太流利。

练一练

一、把下面的词语用“却”连成句子。

1. 很累　　　　休息

2. 年龄比我小　　　　个子比我高

3. 住在一个宿舍　　　　了解他

4. 外面非常冷　　　　房间里很暖和

5. 在上海出生　　　　在上海长大

6. 北京人　　　　　去长城

二、HSK 仿真题：在下面 ABCD 中选择唯一正确的填入空中。

1. ______早上看起来要下雨，现在天气______很好。
A. 虽然……但是……　　B. 不但……而且……
C. 虽然……却……　　D. 因为……所以……

2. 她学习打网球才半个月，打得______很好。
A. 却　　B. 就　　C. 已经　　D. 还

3. ______你打电话给他，他 ______来。
A. 虽然……却……　　B. 只要……就……　　C. 先……然后……　　D. 一……就……

4. 我的睡眠一向很好，______ 昨天晚上一直睡不着。
A. 而且　　B. 特别　　C. 却　　D. 可是

5. ______不想让他觉得不好意思，______我没有问。
A. 因为……所以……　　B. 虽然……但是……
C. 只要……就……　　D. 不但……而且……

三、用“不过”完成下列对话。

1. A：你能借我用用你的词典吗？
B：可以，________________________。

2. A：你能陪我去一趟超市吗？
B：行啊，________________________，五点钟有人要来找我。

3. A：你会打网球吗？
B：会啊，________________________。

4. A：请问，李明在家吗？能请他接电话吗？
B：他在家，________________________，因为他正在洗澡。

5. A：请问，这本书我可以借回去看看吗？
B：可以，________________________。

6. A：妈妈，我可以吃冰淇淋吗？
B：可以，________________________，不能多吃。

7. A：请问，你们公司有叫李明的吗？
B：有啊，________________________呢？因为我们公司有四个李明。

参考答案

一、1. 李明很累，却不想休息。
2. 玛丽虽然年龄比我小，个子却比我高。
3. 虽然住在一个宿舍，我却不了解他。
4. 北方的冬天，虽然外面非常冷，房间里却很暖和。
5. 虽然他在上海出生，却不是在上海长大。
6. 她是北京人，却没有去过长城。

二、1. C　2. A　3. B　4. D　5. A

三、1. 不过词典现在不在这里
2. 不过我们得五点以前回来
3. 不过打得不太好
4. 不过现在不能接电话
5. 不过你不能在书上乱写乱画
6. 不过只能吃一个
7. 不过你要找哪个李明

第二课 才

试一试

请用“只有”“必须”“除非”“因为”“为了”填空（每词只用一次）。

1. ____________得到老师允许，学生才能进办公室。
2. ____________这家商场信誉好，人们才选择来这里买东西。
3. 我们的杂志____________改版，才能在销量上有突破。
4. 你____________走得更快，才能赶上他。
5. ____________上班路近，他才在这里买房子。

讲一讲

“才”是副词，在表示条件、原因、目的关系的句子中起关联作用，用在后一分句中，表示后面所说的情况是在前面的条件下或由于前面的原因而出现的。

1. 用于条件复句中，与“只有”“必须”“要”“除非”等配合使用。如：

   只有睡在自己家里，她才会感到舒服。

   只有小王去，我才会去。

   他的耳朵不太好，你必须大声说，他才能听见。

   今天我必须见到她，才会走。

   我们要学多长时间，才能说汉语说得和中国人一样呢。

   你要问他，他才会告诉你。

   除非她不同意，我才会想别的办法。

   除非你想留下来，我才会考虑要不要留下来。

2. 用于因果复句中，与“因为”“由于”配合使用。如：

   因为孩子一直哭，他才想到孩子可能饿了。

   因为天气不好，所以我们才决定在家里玩。

   因为妈妈太担心你，才会生气。

   由于家里人不同意，我才没有去上那个学校。

   由于很长时间没有说汉语，他才会忘记。

   由于以前见过一次，我才能很快认出他。

3. 用于目的复句中，与“为了”配合使用。如：

   为了学习汉语，他才来到中国。

为了找到好工作,他才去了上海。

为了不让他知道,我们才到外边去说的。

提示

(1)"才"是副词,应放在主语之后,动词或者形容词之前。如:

*你的话要有道理,才别人会听。

改:你的话要有道理,别人才会听。

*只有吃了这些药,才你的病能好。

改:只有吃了这些药,你的病才能好。

*因为你是我的朋友,才我告诉你。

改:因为你是我的朋友,我才告诉你。

(2)"才"和"只有"常构成"只有……才……",表示前面的条件是唯一的。"才"不能和"只要"搭配使用。"只要"要和"就"搭配使用,构成"只要……就……",表示前面的条件不是唯一的。如:

*只要每个月给他五千块钱,他才答应在这里工作。

改:只要每个月给他五千块钱,他就答应在这里工作。

*只要在一起时间长了,你才会了解他们。

改:只要在一起时间长了,你就会了解他们。

练一练

一、用"才"与"只有""必须""因为""由于"等把下列词语连成句子。

1. 仔细听　　听明白
2. 喜欢你　　跟你开玩笑
3. 努力学习　　学好汉语
4. 今年夏天太热　　开始用空调
5. 你去请他　　他会来
6. 东西用完　　她会去买
7. 作业写完　　交给老师
8. 老师自己懂了　　教给学生
9. 太紧张了　　会说错

10. 修改好　　　　　　出版

二、选词填空。

才　却　就

1. 因为很长时间没有见面，＿＿＿＿＿＿特别想念。
2. 他说要参加今天的晚会，可是＿＿＿＿＿＿没有来。
3. 我必须等他回来，告诉他这件事情，＿＿＿＿＿＿能回家。
4. 如果我们下午来，＿＿＿＿＿＿能看到这里有名的日落了。
5. 尽管她已经是大学生了，说话＿＿＿＿＿＿还和孩子一样。
6. 这里的风景太美了，如果我能把它画下来，＿＿＿＿＿＿好了。
7. 只有妈妈同意了，孩子＿＿＿＿＿＿敢吃别人的东西。
8. 该带来的没有带来，不该带来的＿＿＿＿＿＿带来了。
9. 如果是你的错，你＿＿＿＿＿＿应该承认。
10. 你昨天晚上睡得太晚了，今天早上＿＿＿＿＿＿起不来。

三、HSK 仿真题：在下面 ABCD 中选择唯一正确的填入空中。

1. ＿＿＿他看书看得太专心了，＿＿＿会忘了时间。

A. 先……然后……　　　　B. 只有……才……
C. 如果……就……　　　　D. 因为……才……

2. ＿＿＿方向对了，你＿＿＿能找到那个地方。

A. 虽然……却……　　　　B. 为了……才……
C. 只有……才……　　　　D. 不但……而且……

3. ＿＿＿看了这本书，我＿＿＿了解了他们的想法。

A. 因为……所以……　　　　B. 因为……才……
C. 要是……就……　　　　D. 由于……所以……

4. 因为今天忘了带书，他＿＿＿坐到我的旁边。

A. 也　　B. 才　　C. 就　　D. 却

参考答案

一、1. 听力考试的时候，必须仔细听，才能听明白。
2. 大家因为喜欢你，才跟你开玩笑。
3. 只有努力学习，才能学好汉语。
4. 由于今年夏天太热了，他才开始用空调，以前他一直不用空调。
5. 只有你去请他，他才会来。
6. 只有东西用完了，她才会去买。
7. 作业必须写完了，才能交给老师。
8. 老师只有自己懂了，才能教给学生。
9. 因为他太紧张了，才会说错。
10. 这本书必须修改好了，才能出版。

二、1. 才　2. 却　3. 才　4. 就　5. 却　6. 就　7. 才　8. 却　9. 就　10. 才

三、1. D　2. C　3. B　4. B

第三课 一面……一面…… 既……又……

试一试

用“一面……一面……”或“既……又……”填空。

1. 写作文的时候,你是想好了再写,还是 ________ 想 ________ 写?
2. 她希望她的男朋友________不吸烟 ________不喝酒。
3. 他 ________是我的老师,________是我的朋友。
4. 看小说的时候,她常常________看,________掉眼泪。
5. 这两个月,李明瘦了很多,因为他________要上学,________要照顾生病的妈妈。
6. 那个运动员 ________跑,________ 把球传给另一个运动员。
7. 王叔叔的孩子________ 聪明 ________懂事。
8. 李经理________接电话,________快步走进自己的办公室。

讲一讲

一、一面……一面……

表示两个或者两个以上的动作同时进行。“一面”用于动词前,主语后。多用于书面语。

1. “一面……一面……”多连接主语相同的两项,主语常在第一项之前。如:

   司机一面仔细地看,一面小心地转着方向盘。

   同学们一面听老师讲,一面记笔记。

   我一面吃饭,一面把今天发生的事情告诉她。

   老人一面喊着孙子的名字,一面往外走。

   他一面回答,一面从口袋里拿出香烟。

   玛丽一面看,一面问。

2. 有时,可以同时使用两个以上的“一面”。如:

   老人们一面下棋,一面吃花生,一面聊天儿。

二、既……又……

用于连接动词或者形容词,表示同时具有两方面的性质或情况。

1. 通常,“既……又……”连接的词语在句中作谓语。如:

   我既生姐姐的气,又为她担心。

   这么热的天,为什么既不开窗户,又不开空调?

   我们住的饭店既贵又不舒服。

北方冬天的晚上既黑又冷。

既不想喝茶,又不想喝果汁,你想喝什么呢?

2. “既……又……”连接的词语也可以在句中作定语、补语。如:

我们一定要找到一种既简单又有效的方法。

在大城市,地铁是一种既安全又方便的交通工具。

这场婚礼办得既热闹又节俭。

我在中国过得既紧张又愉快。

他记得既迅速又认真。

3. “既……又……”可连接两个主语不同的分句。如:

你既不想来,我又不想去,我们怎么见面呢?

提示

(1) “既……又……”不能连接名词,“既”不能放在主语的前面。如:

* 她是既画家又作家。

改:她既是画家又是作家。

* 开会的时候,既他当主持,又当翻译。

改:开会的时候,他既当主持,又当翻译。

(2) 主语不同谓语相同的两个句子不能用“既……又……”连接,可以用“不但……也……”连接。如:

* 她既想喝咖啡,我又想喝咖啡。

改:不但她想喝咖啡,我也想喝咖啡。

(3) 与“又……又……”的区别。

① “又……又……”可以连接单音节动词,也可以连接意义相反的短语,但是“既……又……”不能。如:

* 孩子从早上开始就既哭又闹,可能生病了。

改:孩子从早上开始就又哭又闹,可能生病了。

* 我觉得冬天既好又不好。

改:我觉得冬天又好又不好。

② 可以两个以上的“又”同时使用,表示具有几个方面的性质和情况;而“既……又……”不能这样使用。如:

她不高兴起来,又是哭,又是骂,又是打,别人都不敢在旁边。

李明第一次来就觉得这个房间又挤、又闷、又热、又乱。

泰国有名的酸辣汤,又酸又甜又辣。

练一练

一、选词填空。

既……又……　　又……又……

1. 孩子做错了事,你不应该__________打__________骂,应该跟他讲道理。

2. 他 ________不要跟我们去，________不要在家里。
3. 下午三点，令人________紧张________兴奋的拔河比赛就要开始了。
4. A：今天晚上你想去看电影吗？
B：我________想________不想，所以正在考虑呢。
5. 老师说得________合情________合理，你为什么不听呢？

不但……也…… 既……又……

6. ________风停了，雨________停了。
7. 他记得________快________认真。
8. ________李明来上课了，别的同学________都来上课了。
9. 工作________不辛苦，收入________高，这样的工作你去哪儿找啊？

二、用"一面……一面……"和下列词语组成句子。

1. 读研究生　　工作
2. 吃东西　　看小说
3. 散步　　听新闻
4. 喝茶　　低声地说话
5. 走　　看街两边的小店

三、判断下列句子的对错，并改正错句（对的画√，错的画×）。

1. 他们在一起既说又笑，很高兴的样子。（　　）
2. 这口古井里的水又甜又凉。（　　）
3. 我听到孩子在房间里既哭又喊。（　　）
4. 搬家的时候，很多人来帮忙，大家既搬又抬，很快就弄完了。（　　）
5. 那匹马突然既踢又跳，好像疯了一样。（　　）
6. 你说的既对又不对。（　　）
7. 火车上的饭菜既贵又不好吃。（　　）
8. 这是一份既苦又危险的工作。（　　）

参考答案

一、1. 又　又　2. 既/又　又　3. 既/又　又　4. 又　又　5. 既/又　又　6. 不但　也　7. 既　又　8. 不但　也　9. 既　又

二、1. 我想一面读研究生，一面工作。
2. 一面吃东西，一面看小说，时间过得很快。
3. 爷爷常常一面散步，一面听新闻。
4. 他们一面喝茶，一面低声地说话。
5. 在大街上，他一面走，一面看街两边的小店。

三、1.（×） 改：他们在一起又说又笑，很高兴的样子。

2.（√）

3.（×） 改：我听到孩子在房间里又哭又喊。

4.（×） 改：搬家的时候，很多人来帮忙，大家又搬又抬，很快就弄完了。

5.（×） 改：那匹马突然又踢又跳，好像疯了一样。

6.（×） 改：你说的又对又不对。

7.（√）

8.（√）

第四课 不仅……而且…… ……更……

试一试

用“不仅……而且……”或“……更……”和括号里的词语完成句子。

1. 王小山不仅学过英语，________________。（法语）
2. 汽车跑得很快，________________。（火车）
3. 不仅我穿着裙子，________________。（王老师）
4. 今天晚上他________________，而且还吃了苹果。（西瓜）
5. 北京的冬天很冷，________________。（哈尔滨）
6. 这个时候她不在公司，不在饭店，________________。（家里）
7. ________________，而且还爬过一些有名的山。（他）
8. 对这件事，一年前他没有生气，________________。（现在）
9. 很多人不仅晚上洗澡，________________。（早上）
10. 小强的爸爸很胖，________________。（他的妈妈）

讲一讲

一、不仅……而且……

表示递进关系，“不仅……”说出一种情况，“而且……”在前面情况的基础上更进一步。

1. 用于复句中，连接两个分句。主语相同时，“不仅”要放在主语之后；主语不同时，“不仅”要放在主语之前。如：

那个小镇不仅有汽车站，而且还有一个小小的火车站。

今年这家工厂不仅增加了产量，而且提高了产品质量。

昨天晚上他不仅回去了，而且很早就回去了。

在这里，不仅菊花很受欢迎，而且菊花做的茶也很受欢迎。

不仅每个中国人吃过这种菜，而且很多外国人也吃过。

不仅他以前来过中国，而且她的妹妹以前也来过。

2. 用于单句中，“不仅……而且……”连接的前后两项在句中共同作某一句子成分。如：

不仅我们学校，而且别的学校也会参加这次活动。

（“我们学校”和“别的学校”共同作句子的主语）

他做的菜不仅好看而且好吃。

（“好吃”和“好看”共同作句子的谓语）

这是一件不仅困难而且危险的事情。
（“困难”和“危险”共同作句子的定语）
孔子不仅在中国而且在世界上都很有名。
（“不仅……而且……”连接的词语在句中作状语）
杰克的汉语说得不仅清楚而且流利。
（“不仅……而且……”连接的词语在句中作补语）

提示

(1) 在“不仅……而且……”连接的复句中，后一分句中常有副词“还”“也”等。如：
这个图书馆不仅书少，而且还经常不开门。
我们不仅认识，而且还很熟悉。
昨天不仅他的爸爸妈妈来了，而且他的爷爷也来了。
不仅田中来自日本，而且山本也来自日本。

(2) “而且”与“并且”的异同：都表示意思更进一层。“并且”重在补充，“而且”重在转折。

① 两者都可以单独使用。单独使用时，可以连接词语，也可以连接分句。如：
那家小店的水果好吃并且便宜。
我的新家宽敞而且明亮。
我们在那家饭店吃过，而且吃过好几次呢，你忘了吗？
孩子快下课了，你去接一下吧，她还小，并且是第一次一个人坐公共汽车。

② 与“不但、不仅、不光、不只”等配合使用，强调更进一层的意思。“而且”比“并且”更常用。如：
这种花不但春天会开，而且秋天也会开。
昨天的会议不仅管理人员参加了，而且一般的员工都参加了。
不光要会说，而且要知道怎么说。

二、……更……

副词，用于后一分句中，表示后者比前者程度深或意思更进一层。

1. “更”连接的两个句子多有各自的主语。如：
哥哥长得很高，弟弟长得更高。
她的书很多，我的书更多。
他家离学校很近，我家离学校更近。
你不知道，我更不知道。
这件衣服很贵，那件衣服更贵。
你能听懂，他更能听懂。
玛丽不会相信你，我更不会相信你。

2. “更”连接主语相同的句子时，主语一般放在第一分句前。如：
李明喜欢吃鱼肉，更喜欢吃牛肉。
两个人在一起需要互相关心，更需要互相信任。
我不愿意迟到，更不愿意旷课。

提示

“……更……”连接的句子中有程度补语时，“更”应该放在后一分句的程度补语前。如：

杰克汉语说得很好，玛丽汉语说得更好。

今天早上我起得很早，妈妈起得更早。

练一练

判断下列句子的对错，并改正错句(对的画√，错的画×)。

1. 今天不仅天气很好，而且没有下雨。(　　)
2. 他们是不仅校友，而且是同班同学。(　　)
3. 玛丽不仅理解了这个词语的意思，而且会用了。(　　)
4. 李明不仅游得很好，而且喜欢游泳。(　　)
5. 不仅我想吃四川菜，而且想吃广东菜。(　　)
6. 那篇文章他不仅要写，而且要写好。(　　)
7. 我们不仅要说得很流利，而且要学会说汉语。(　　)
8. 他不仅住在上海，而且他的父母也住在上海。(　　)

参考答案

1. (×)　改：今天不仅没有下雨，而且天气很好。
2. (×)　改：他们不仅是校友，而且是同班同学。
3. (√)
4. (×)　改：李明不仅喜欢游泳，而且游得很好。
5. (×)　改：我不仅想吃四川菜，而且想吃广东菜。
6. (√)
7. (×)　改：我们不仅要学会说汉语，而且要说得很流利。
8. (×)　改：不仅他住在上海，而且他的父母也住在上海。

第五课 要么……要么…… 不是……就是……

试一试

HSK 仿真题：在下面 ABCD 中选择唯一正确的填入空中。

1. 为什么我每次看到她，她______在哭______在生气呢？

A. 是……还是…… B. 要么……要么……

C. 或者……或者…… D. 不是……就是……

2. 那个西方人一会儿说英语，一会儿说法语，我不知道他______英国人______法国人，也许是加拿大人。

A. 要么……要么…… B. 或者……或者……

C. 是……还是…… D. 不是……就是……

3. 那封信不是李明写给我的，______比尔写给我的，因为只有这两个朋友给我写信。

A. 而是 B. 就是 C. 可是 D. 还是

4. 她这几天心情不好，______不理我，______不停地吵我。

A. 一边……一边…… B. 是……还是……

C. 要么……要么…… D. 不但……而且……

5. 他的身体好像没有哪一天是好的，______这儿疼，______那儿不舒服。

A. 既……又…… B. 不是……就是……

C. 不是……而是…… D. 如果……就……

讲一讲

一、要么……要么……

表示选择，强调只有这几种选择，连接分句。如：

他非常喜欢喝酒，要么一个人在家里喝，要么和几个朋友去酒吧喝。

他要么不做，要么一定做最好。

她上课常常不注意听讲，要么和别人说话，要么看小说。

要么好好儿干，要么早点儿找别的工作。

要么我去你家，要么你来我家，别的地方我不想去。

有时候，也可以两个以上的"要么"一起用。如：

对生活在农村的人来说，这些东西要么买不到，要么没有钱，要么不习惯。

提示

"要么……要么……"与"或者……或者……"的区别

(1) 都是表示选择,用于陈述句中,但是"要么……要么……"一般只连接分句,而"或者……或者……"除了连接分句外,还可以连接词语。如:

我们会派一个人陪你去的,或者小王,或者小张。

你帮我买一条围巾,或者红色,或者浅绿色。

(2)"要么……要么……"的语气较之"或者……或者……"更委婉。

二、不是……就是……

表示从两种可能中一定要选择一个。

1. 用于复句中,连接分句。如:

每次考试他不是第一就是第二。

她每天不是开会就是上课。

她一天到晚呆在自己的房间里,不是看书,就是听音乐。

今天来参加婚礼的人不是他的同事,就是他的朋友。

他回到家,不是接电话,就是打电话,连饭都没有时间吃。

她每天上下班不是步行,就是骑自行车,当了市长以后也是这样。

不是她不喜欢人家,就是人家不喜欢她,所以到现在她还没有男朋友。

2. 在单句中,连接的前后两项共同在句中作某一句子成分。如:

李明每次来得不是太早就是太晚。

每天不是爷爷就是奶奶来幼儿园接她回家。

他不是今天就是明天要去上海。(在单句中,连接状语)

不是明天就是后天,我会给你打电话。

他在那里呆了不是三年就是四年。(在单句中,连接补语)

提示

"不是……就是……"连接的两项主语相同时,主语通常放在"不是"前;主语不同时,"不是""就是"分别位于主语前。如:

他的衣服不是大就是小,好像从来没有合适过。

这几年,他不是忙学习,就是忙工作,一直没有闲着。

每天不是别人请他吃饭,就是他请别人吃饭。

这样的话不是你说过,就是他说过。

练一练

一、用"不是……就是……"和括号里所给的提示词语回答问题。

1. 你知道哪个城市是中国最大的城市吗?(北京　上海)

2. 你什么时候给我打电话？（今天　明天）

3. 为什么你们一直没有时间见面？（我忙　他忙）

4. 这个暑假玛丽打算干什么？（回国　出去旅行）

5. 周末他会在哪儿？（家　书店）

6. 你猜猜，他是哪国人？（德国　法国）

7. 李明的生日是什么时候呢？（四月底　五月初）

8. 这个地方天气怎么样？（阴天　下雨）

二、用"要么……要么……"完成句子。

1. ______________，______________，两个人都去不可能。
2. ______________，______________，别的饭我不想吃。
3. 你______________，______________，怎么能半信半疑呢？
4. 要么坐飞机去，______________。
5. 他非常喜欢喝酒，______________，______________。
6. 你______________，______________，怎么能不说话呢？

参考答案

一、1. 中国最大的城市不是北京就是上海。
2. 不是今天就是明天，我会给你打电话。
3. 不是我忙，就是他忙，所以我们一直没有时间见面。
4. 这个暑假玛丽不是回国就是出去旅行。
5. 周末他不是在家，就是在书店。
6. 他不是德国人，就是法国人。
7. 李明的生日不是四月底就是五月初。
8. 这个地方天气很不好，常常不是阴天就是下雨。

二、1. 要么你去　要么我去
2. 要么吃米线　要么吃蛋炒饭
3. 要么不相信　要么相信
4. 要么不去
5. 要么一个人在家里喝　要么和朋友在饭店里喝
6. 要么同意　要么不同意

第六课 不是……而是……

试一试

用"不是……而是……"把下列词语连成句子。

1. 不吃　　　　吃过了
2. 下雨　　　　下雪
3. 我哥哥要结婚　　　　我姐姐要结婚
4. 不吃　　　　很好吃
5. 李明的生日　　　　他妹妹的生日
6. 第一次　　　　第二次

讲一讲

"不是……而是……"表示并列关系,先用"不是……"来否定一种情况,又用"而是……"来肯定另一种情况。

1. 可以连接词语。在句中,"不是……而是……"连接的词语共同作某一句子成分。如:

   不是我而是她没有吃早饭。

   今年春节他们不是在家里而是在饭店过的。

   老师,您讲得不是太慢了而是太快了。

2. 可以连接句子。如:

   我买的不是这本书,而是那本书。

   我不是生气,而是难过。

   这不是白开水,而是白酒。

   不是我没有说过,而是你没有听。

   这次考试他的成绩不是不好,而是非常好。

   他不是医生,而是病人。

提示

主语相同时，句子主语通常放在“不是”前；主语不同时，“不是”和“而是”分别位于两个分句的主语之前。如：

我不是不想带，而是忘记带了。

他今天不是不来，而是要来得晚一点。

不是他不想来，而是他的妈妈不让他来。

不是大家批评你，而是你真的做得不好。

练一练

用“不是……而是……”完成句子。

1. 如果现在不是出了一点小事情，____________，你说怎么办？
2. A：你看到的不是房子，____________。
   B：真的吗？汽车有那么大。
3. 近年来这里旅游的人____________，而是增加了。
4. 你现在不是孩子了，____________，所以你应该自己决定。
5. 我们不是不帮你，____________。
6. 他去日本____________，而是去工作。
7. ____________，而是你说谎太多了，让我不敢相信你。
8. 刚刚进去的那个人不是李先生，____________。

参考答案

1. 而是出了大事情
2. 而是一辆很大的汽车
3. 不是减少了
4. 而是大人了
5. 而是帮不了你
6. 不是去看朋友
7. 不是我不相信你
8. 而是他弟弟

第七课 由于……，…… ……，因此…… ……，是因为…… ……，是由于……

试一试

用括号里的词语完成句子。

1. 由于现在的房子太小了，____________________。（因此）
2. ____________________，所以不太了解他。（由于）
3. ____________________，是由于孩子生病了。（之所以）
4. 你之所以早上起不来，____________________。（是因为）
5. 由于路上堵车，____________________。（所以）
6. ____________________，因而只能听你的。（由于）
7. 他的体质太差，____________________。（因此）
8. 桂林之所以很有名，____________________。（是由于）

讲一讲

一、由于……，……

连词，表示原因。用于因果复句的前一分句，后一分句表示结果，常有“所以”“因此”“因而”与之呼应。如：

由于时间太短，所以写得不好。

由于是第一次用，所以他不知道怎么用。

由于大家忘了告诉他，所以他没有参加昨天的会议。

由于她从小就开始学习跳舞，因此这样的比赛她并不怕。

由于他的汉语说得太好了，因此很多人认为他是中国人，其实他是韩国人。

由于得到了很多人的帮助，因而提前完成了任务。

由于最近天气太热，因而大家都不出门。

提示

(1) 前后两句主语相同时，“由于”可以用于主语前，也可以用于主语后；主语不同时，“由于”用于主语前。如：

我们由于没有买到今天的飞机票，所以明天回去。

由于我们没有买到今天的飞机票，所以明天回去。

*雾由于太大，所有的船都停了。

改：由于雾太大，所有的船都停了。

(2) "由于"与"因为"的区别。

① "因为"可以用于后一分句，但是"由于"不能。如：

*他们和父母住在一起，由于他们还没有自己的房子。

改：他们和父母住在一起，因为他们还没有自己的房子。

*他养的花都死了，由于忘了浇水。

改：他养的花都死了，因为忘了浇水。

② "由于"常与"因此"配合使用，而"因为"极少与"因此"配合使用。

③ "由于"多用于书面语，"因为"口语、书面语都可以用。

二、……，因此……

连词，表示结果。

1. 用于因果关系复句的后一分句，可以单独使用，也可以和"由于"一起使用。前后两句主语相同时，"因此"可以用于主语前，也可以用于主语后；主语不同时，"因此"用于主语前。如：

听说下星期有歌唱比赛，因此我们班的同学这几天一直在排练。

HSK的成绩对他找工作非常重要，因此他现在全力以赴地准备HSK。

朋友生病了，因此我去看看他。

由于连续两次考试失败，因此他对学习失去了信心。

由于有过一次类似的经历，因此她不再害怕。

2. 用于句中，"因此"前常有否定词、"也""都"等，意思是"因为这个原因"。如：

他干活很小心，但是领导并不因此就表扬他。

今天是星期六，天气预报说有暴雨，但是很多人并不因此而不敢出门。

现在又有了一条新路，但是老路上的车并没有因此而减少。

他的收入比以前多了不少，但是他的生活并没有因此而改变。

这个学生做了很多错事，但是他的老师并没有因此而生气。

他的小说改编成电视剧后，很受欢迎，他也因此成了名人。

父亲去世了，母亲又生病了，孩子也因此不能上学了。

她很爱笑，笑的声音也很大，大家都因此记住了她。

李明经常说谎，我们都因此不敢相信他。

提示

"因此"与"因为"的区别

(1) "因为"可以作连词，也可以作介词；"因此"只能作连词。

(2) "因为"作连词时，后面连接的是原因，"因此"连接的是结果。

(3) "因此"可以与连词"由于"配合使用，而"因为"不能。

(4) "因为"既可以用于口语，也可以用于书面语；"因此"则更多地用于书面语。

三、……，是因为……　……，是由于……

两者用法相同，强调原因。前一分句常有"之所以"配合使用。多用于书面语。如：

我们没有经常联系，是因为工作以后大家都很忙。
他每年都要到这个海边的城市来玩几天，是因为他很喜欢大海。
他之所以现在还在那家公司，是因为那里还需要他。
之所以会有很多人喜欢她的作品，是因为她写的故事很吸引人。
你之所以早上起不来，是因为昨天晚上睡得太晚。
他会选择去澳大利亚留学，是由于他的姑姑在那里。
他喜欢她很长时间了，之所以不敢告诉她，是由于害怕被拒绝。
上次之所以失败，是由于我准备得不太好。

提示

后一分句有主语时，"是因为""是由于"放在主语之前，不能放在主语之后。如：
她不会洗衣服，是因为在家的时候衣服都是妈妈洗的。
大家选他做班长，是由于他很热心，很喜欢帮助别人。

练一练

一、根据下面每个对话的内容，用"由于"写句子。

例：A：李明和杰克为什么常常在一起谈论足球？
B：他们俩都是足球迷啊。
由于李明和杰克都是足球迷，所以他们常常在一起谈论足球。

1. A：为什么李明的朋友很少？
B：他不喜欢和别人说话。

2. 李明：你在中国生活习惯吗？
玛丽：我来中国才两个星期，还不太习惯。

3. A：为什么看电影的人越来越少了？
B：现在每家都有了电视，谁还看电影啊。

4. A：为什么他又到别的商店去了？
B：这家商店里没有他要买的东西。

5. A：你们怎么认识的？
B：我们的孩子在同一家幼儿园。

6. A：你怎么知道她现在在干什么？
B：她现在就坐在我的旁边。

二、判断下列句子的对错，并改正错句（对的画√，错的画×）。

1. 我今天晚上要呆在家里，由于朋友要来。（　）

2. 星期六我们玩得太高兴了，因为忘了回家。（　　）
3. 因为他不想让你知道，因而我不能告诉你。（　　）
4. 这个超市离他家最近，因为他家里的人都喜欢到这个超市买东西。（　　）
5. 由于以前他没有遇到过什么困难，因而他不知道怎么解决现在的困难。（　　）
6. 我花了很多时间才找到这个地方，由于第一次来。（　　）
7. 参加比赛的人由于很多，所以他有点儿紧张。（　　）
8. 我由于已经给他打过电话，因此他会在家等我。（　　）

参考答案

一、1. 由于李明不喜欢和别人说话，所以他的朋友很少。
2. 由于玛丽来中国才两个星期，因此生活还不太习惯。
3. 由于现在每家都有了电视，所以看电影的人越来越少了。
4. 由于这家商店里没有他要买的东西，所以他又到别的商店去了。
5. 由于他们的孩子在同一家幼儿园，所以他们认识。
6. 由于她现在就坐在我的旁边，所以我知道她在干什么。

二、1.（×）　改：我今天晚上要呆在家里，因为朋友要来。
2.（×）　改：星期六我们玩得太高兴了，因此忘了回家。
3.（×）　改：由于他不想让你知道，因而我不能告诉你。
4.（×）　改：这个超市离他家最近，因此他家里的人都喜欢到这个超市买东西。
5.（√）
6.（×）　改：由于第一次来，我花了很多时间才找到这个地方。
7.（×）　改：由于参加比赛的人很多，所以他有点儿紧张。
8.（×）　改：由于我已经给他打过电话，因此他会在家等我。

第八课 只有……才…… 只要……就…… 不管……都……

试一试

选词填空。

1. 只要他同意了，别人那儿＿＿＿＿＿＿好办了。（才　就）
2. 在火车上，＿＿＿＿＿＿认识不认识，他都能跟人家说上半天。（不管　只要）
3. ＿＿＿＿＿＿在过节的时候，她才舍得穿那条最好看的裙子。（只要　只有）
4. 只有亲眼看到，我们＿＿＿＿＿＿能相信。（就　才）
5. 他＿＿＿＿＿＿在那里生活两个星期，就会爱上那里的。（只要　只有）
6. 不管父母同意不同意，她＿＿＿＿＿＿会和王强结婚。（都　也）
7. ＿＿＿＿＿＿在星期五以前告诉李明，就行了。（只有　只要）
8. 你＿＿＿＿＿＿站在椅子上，举起手，就拿到了。（只要　只有）
9. ＿＿＿＿＿＿做什么工作，都应该认真努力。（只有　不管）
10. 不管什么人来到阅览室，＿＿＿＿＿＿不能大声说话，不能影响别人看书。（就　都）

讲一讲

一、只有……才……

表示前面所说的是后面的唯一条件。

1. 用于复句中。“只有”常放在主语前，有时候也可以放在主语后；如果后一分句有主语，“才”应该放在主语后。如：

只有你自己相信了，才能让别人相信。

你只有自己去过了，才能想象那里的美。

只有遇到了困难，才能知道谁是真正的朋友。

只有警察来了，他们才会害怕。

他只有理了发，刮了胡子，人们才能发现他还是个小伙子。

只有大家都说好，他才会感到满意。

2. 用于单句中，连接两个不同的句子成分，通常是连接主语和谓语、状语和谓语。如：

只有女人才能理解这一点。

那时候，只有很有钱的人家才有电视。

只有医生才能帮助他。（以上连接主语和谓语）

只有星期三那家商店才开门。

只有人少的时候，她才敢说话。

很多问题，只有长大以后，才能明白。

以前，只有过年的时候，才吃饺子。（以上连接状语和谓语）

二、只要……就……

表示在这样的条件下一定会出现这样的结果，但是这个条件不是唯一的。“只要”可以放在主语前，也可以放在主语后；如果后一分句有主语，“就”应该放在主语后。如：

只要有时间，他就会去书店。

这种药你只要每天晚上睡觉前吃一次，就可以了。

这种布很奇怪，只要遇冷，就会变成绿色。

他只要躺在床上五分钟，就能入睡。

你只要关心上海文化方面的新闻，就应该听说过他。

只要他房间的灯没有亮着，他就是不在家。

只要学生来了，老师就能上课了。

只要听到上课铃响，孩子们就都跑回教室了。

只要家里有好吃的，她就会请朋友一起来吃。

提示

“只要……就……”与“只有……才……”的区别

“只有……才……”表示的条件是唯一的，这个条件存在会有这样的结果，这个条件不存在就没有这样的结果；“只要……就……”表示有这样的条件会有这样的结果，但是并不排除有别的条件也会有这样的结果。如：

这个孩子只有看到了认识的人，才会笑。

（“看到认识的人”是“会笑”的唯一条件）

这个孩子只要看到了认识的人，就会笑。

（“看到认识的人”不是“会笑”的唯一条件，所以在别的条件下，这个孩子可能也会笑）

三、不管……都……

表示任何条件下都会出现这样的结果。

1. 用于复句中，“不管”连接的句子中通常会出现以下情况：

（1）“不管”后的句子中有表示任指的疑问代词：谁、怎么、哪、什么等；或者有表示程度的副词：多、多么。如：

这样的天气，不管穿什么衣服都不舒服。

不管他到什么地方，都能受到大家的欢迎。

不管到哪里，他都没有忘记自己是中国人。

不管多晚，都要回家。

每天下班后，不管有多么累，他都会和孩子玩一会儿。

不管我怎么做，他都不会满意。

（2）“不管”后的句子中有并列结构：能愿动词、作谓语的动词或形容词的正反形式；或者用“还是”连接的并列结构。如：

不管你去不去,我都会去的。

不管他听得见听不见,我都要大声地跟他说话。

不管年轻的还是年老的,都穿这样的衣服。

不管天热天冷,他都戴着一副白色的手套。

2. 用于单句中,连接不同的句子成分。如:

不管谁都没有这个权力。

不管什么人都不能这么说。(以上连接主语和谓语)

这个公司的职员不管星期几都得工作。

这里是热带,不管什么时候都很热。(以上连接状语和谓语)

提示

(1)"不管"后的句子要包含多种可选择的情况。如:

*不管昨天晚上雨那么大,他还是去学校了。

改:尽管昨天晚上雨那么大,他还是去学校了。

*不管已经睡了八个小时,现在我还是想睡觉。

改:尽管已经睡了八个小时,现在我还是想睡觉。

(2)"不管……也……"与"不管……都……"相同,但是前者使用时比较受限制。"不管……也……"多用于上面提到的第一种情况:"不管"后的句中有表任指的疑问代词,"也"后多为否定式。如:

不管谁给他,他也不要。

不管老师怎么解释,玛丽也不明白。

不管大家说什么,李明也不烦。

不管他说得多么不好,也没人敢对他说,因为他非常爱生气。

(3)"无论……都/也……""别管……都/也……"与"不管……都/也……"相同,都表示任何条件下都会出现这样的结果。但是,"无论……都/也……"多用于书面语,而"别管……都/也……"和"不管……都/也……"多用于口语。如:

无论什么菜,他都爱吃。

无论男女老少,都喜欢跟他聊天儿。

无论谁都不能迟到。

无论多少年以后你都不能忘记。

不管大家问什么,他都会回答不知道。

别管他是谁,你都应该对他说对不起,因为是你错了。

*不管如何,今天你都得呆在家里,别的地方不能去。

*别管如何,今天你都得呆在家里,别的地方不能去。

改:无论如何,今天你都得呆在家里,别的地方不能去。

("如何"是比较书面化的词语,所以不能与"不管""别管"一起用)

练一练

一、把下列句子改成用“不管……都……”连接的句子。

1. 我如果去，会给你打电话；我如果不去，也会给你打电话。

2. 你随时可以来用我的电脑。

3. 大家想听，他会说；大家不想听，他也会说。

4. 在哪儿都能看到这种蓝色的出租车。

5. 能成功，我们要试一下；不能成功，我们也要试一下。

6. 东方人喜欢这里的生活，西方人也喜欢这里的生活。

二、完成句子。

1. 只要八点钟你还不来，________________________。
2. 无论什么时候，只要你想起来了，________________________。
3. 每天晚上，只有看到孩子平安回来了，________________________。
4. 在北方，________________________，很多树的叶子就会变黄。
5. 他只要发现自己做错了，________________________。
6. ________________________才能用这个借书证借书，别的人不能用。
7. 他很爱看电视，每天________________________，他就满足了。
8. 不管别人怎么说，________________________。
9. 不管我________________________去，他都不在家。
10. 不管以后的路________________________，你都要走下去，因为这是你自己选择的。
11. 不管明天下不下雨，________________________。
12. 他是医生，有人生病了，不管是白天还是黑夜，________________________。
13. 无论________________________都不能进去。
14. ________________________她才会那样大声地说笑。

三、HSK 仿真题：在下面 ABCD 中选择唯一正确的填入空中。

1. ______是中国电影还是外国电影，我______爱看。

A. 只要……就……　　B. 不管……都……

C. 只有……才……　　D. 如果……就……

2. 不管什么东西，______是进口的，他______喜欢。

A. 只要……就……　　B. 因为……才……

C. 虽然……却……　　D. 不但……也……

3. 白天总是有很多人找他，______到了晚上，他______能一个人安静一会儿。

A. 可是……却……　　B. 只有……才……
C. 不管……都……　　D. 无论……也……

4. ______他说得对不对,我们 ______应该先听听。

A. 要是……就……　　B. 只有……才……
C. 无论……都……　　D. 为了……才……

5. ______你以前去过多少次,今天______一定要去。

A. 如果……就……　　B. 要是……就……
C. 因为……所以……　　D. 不管……都……

参考答案

一、1. 不管去不去,我都会给你打电话。
2. 不管什么时候,你都可以来用我的电脑。
3. 不管大家想听不想听,他都会说。
4. 不管在哪儿,都能看到这种蓝色的出租车。
5. 不管能不能成功,我们都要试一下。
6. 不管东方人还是西方人,都喜欢这里的生活。

二、1. 我们就不等你了　　2. 就打电话告诉我
3. 妈妈才能放心地去睡觉　　4. 只要到了冬天
5. 就会马上改正　　6. 只有你自己
7. 能看到电视　　8. 她都不相信
9. 什么时候　　10. 有多难
11. 我们都要去　　12. 他都会去的
13. 谁　　14. 只有

三、1. B　2. A　3. B　4. C　5. D

第九课 即使……也…… 就是……也……

试一试

用“即使……也……”或“就是……也……”改写句子。

1. 我们同意,他会干;我们不同意,他也会干。

2. 每月给他一千块,王强要走;每月给他三万块,他也要走。

3. 大事他要跟父母商量,小事他也要跟父母商量。

4. 我现在不会相信;我到了七十岁,也不会相信。

5. 这种情况王经理不在,大家没有办法;王经理在,大家也没有办法。

6. 你说一遍,他记不住;你说十遍,他也记不住。

讲一讲

一、即使……也……

表示假设的让步,“即使……”假设一种情况,“也……”说明结果不会因此而改变。

1. 可以用于单句中,连接不同的句子成分。如:

即使在很冷的冬天,他也是每天早上六点起床。

即使在大城市,这么大的商店也不多。(以上连接状语和中心语)

即使他也有遇到困难的时候。

即使国家领导也得遵守法律。(以上连接主语和谓语)

2. 用于复句时,前后两个分句的主语可以相同,也可以不同。“即使”可以用于主语之前,也可以用于主语之后;“也”要用于主语之后。如:

即使他不吃不睡,也完不成这么多工作。

你即使不感兴趣,也要学习。

即使有汽车,他也不会开。

即使有机会,你也抓不住。

即使妈妈同意了，爸爸也不会同意。
即使去上班，他家的小猫也跟着他。
即使不常进城，他也知道城里的事情。
王经理即使躺在病床上，也时刻担心着公司里的工作。
她即使再忙，每个周末也会去看爸爸妈妈。
即使我不说，别人也会说的。

二、就是……也……

表示假设的让步，与“即使……也……”相同。多用于口语。如：

就是校长来了，他也不怕。
就是你不给我打电话，我也会来的。
现在就是能买到今天的车票，李明也不能走。
我的房间就是再乱，也比不上你房间的乱。
就是没什么事，我也会来看你的。
我就是想离开，也离开不了。

练一练

一、用“即使”或“就是”与括号里的词语完成句子。

1. 在广州，____________，也不需要穿毛衣。（最冷）
2. 这个学校太小了，____________，也不会很大。（图书馆）
3. 你以前没有见过他，____________，你也不认识。（出来）
4. 长城的故事很多，我们____________，也讲不完。（三天）
5. 你的行李太重了，____________，也拿不动。（两个人）
6. 玛丽学习很认真，每天____________，也要做完作业。（睡觉）
7. 旅行社已经安排好了，明天____________，我们也要去黄山。（下雨）
8. 电视声音太大了，____________，你也听不见。（敲门）

二、用“即使……也……”或“就是……也……”回答问题。

1. 如果他把烟戒了，你会跟他结婚吗？

2. 这样的东西白送给李明，他会要吗？

3. 在中国北方冬天有人游泳吗？

4. 他戴上眼镜，能看清楚这些字吗？

5. 如果不看，你知道这是谁写的吗？

参考答案

一、1. 就是到了最冷的时候　　2. 即使有图书馆
3. 即使他出来了　　4. 即使讲三天
5. 就是两个人拿　　6. 即使不睡觉
7. 即使下雨　　8. 即使有人敲门

二、1. 即使他把烟戒了,我也不会跟他结婚。
就是他把烟戒了,我也不会跟他结婚。
2. 这样的东西即使白送给李明,他也不会要。
这样的东西就是白送给李明,他也不会要。
3. 即使在中国北方最冷的城市哈尔滨,冬天也有很多人游泳。
就是在中国北方最冷的城市哈尔滨,冬天也有很多人游泳。
4. 他即使戴上眼镜,也看不清楚那些字。
他就是戴上眼镜,也看不清楚那些字。
5. 即使不看,我也知道那是谁写的。
就是不看,我也知道那是谁写的。

第十课 ……，是为了…… ……为的是…… ……好……

试一试

用“是为了”或“为的是”改写句子。

1. 玛丽现在不吃牛肉了，她想减肥。

2. 要记住学过的东西，你应该多复习。

3. 他想学会游泳，每天中午去游泳馆。

4. 现在很多外国人来中国学习汉语。

5. 杰克去商场买毛衣了。

6. 他想提高英语口语，他常常去英语角。

讲一讲

一、……，是为了……

表示目的，前一分句表示动作行为，“是为了”后面表示动作行为的目的。前一分句中可以有“之所以”与“是为了”相呼应。如：

他来中国，是为了学习英语。
我今天告诉你这件事，是为了让你相信。
他这样说，是为了让大家放心。
他回家乡工作，是为了照顾上了年纪的父母。
他经常看中文报纸，是为了提高中文阅读能力。
他之所以来这个小县城，是为了帮助这里的孩子。
杰克之所以想去西藏，是为了了解那里的文化。

二、……为的是……

表示目的，与“……，是为了……”相同。多用于口语中。很少与“之所以”呼应使用，因为“之所以”是很书面化的词语。如：

我搬了新家，为的是上课方便一些。

她每天很早就回家，为的是不让母亲担心。

这家商场又进了一批这种睡衣，为的是满足顾客的需要。

有好吃的东西，妈妈总是不吃，或者只吃一点点，为的是孩子们能多吃一些。

大家都想上好的大学，为的是将来有好的工作、好的生活。

提示

如果后一分句有主语，"是为了""为的是"要放在主语之前。如：

他之所以要早点儿工作，是为了妹妹能够上更好的大学。

王阿姨每天准时做好晚饭，为的是孩子们一回来就能吃到饭。

三、……好……

副词，起关联作用。表示做前面的事情是为了或者便于做后面的事情。多用于口语。如：

留下你的地址吧，我好给你写信。

老师说得很慢，好让每个同学都明白。

今天大家好好休息，明天好爬山。

李明在家里经常帮助妈妈做家务，好让妈妈多休息一下。

再买几个衣架吧，好把另外几件衣服也挂起来。

每个楼层都有教师休息室，上课前老师们好在那儿坐坐，喝口水。

早点儿告诉大家，大家好准备。

小李这个周末必须完成这份报告，好在星期一上班的时候交给经理。

她想得到更好的成绩，好让妈妈高兴高兴。

这本书里有很多好看的图画，好让孩子们喜欢。

请告诉我你们坐的飞机什么时候到，我好让人去接你们。

提示

(1)"好"连接的分句有主语时，"好"要放在主语之后。如：

我得赶快给你买件毛衣，天凉了你好穿。

告诉我他在哪里，我好去找他。

公园里有很多椅子，游客好坐在上面休息。

(2)"是为了""为的是""……好……"都是用来表示目的的，不能用于表示原因；表示原因时，可以用"是因为""是由于"。如：

*她今天来迟了，是为了火车晚点了。

改：她今天来迟了，是因为火车晚点了。

*现在坐车的人很多，为的是春节快到了。

改：现在坐车的人很多，是由于春节快到了。

*李老师准备了一些 CD，是因为明天的课上用。

改：李老师准备了一些 CD，好在明天的课上用。

练一练

一、下面哪些句子中的“好”表示目的?(是的话,请在括号里写“A”;不是的话,请写“B”)

1. 等他来了,我们好一起出去吃饭。(　　)
2. 很长时间没有见到家里人了,好想马上回去。(　　)
3. 你住的地方太难找了,我好不容易才找到。(　　)
4. 大家一下课就到这里来,好有时间准备今天的晚会。(　　)
5. 昨天我们谈的那件事,你想好了就给我打电话。(　　)
6. 你先洗脸吧,你洗完我好洗衣服。(　　)
7. 李老师又说了一遍考试的时间和地点,好让大家都记住。(　　)
8. 他们是小学同学,也是好朋友。(　　)

二、HSK 仿真题:在下面 ABCD 中选择唯一正确的填入空中。

1. 这几天李明忙着做完那些工作,______早点儿回家过年。
   A. 是因为　B. 是由于　C. 是为了　D. 因此
2. 他买了很多礼物,回去以后______送给他的朋友们。
   A. 为了　B. 好　C. 是为了　D. 为的是
3. 之所以让他参加这次书法比赛,______老师觉得他的书法最好。
   A. 是因为　B. 因为　C. 是为了　D. 因此
4. 你先把它收好吧,下次______用。
   A. 就　B. 才　C. 也　D. 好
5. 现在她每天早上很早起来练习发音,______能成为一名优秀的播音员。
   A. 是因此　B. 由于　C. 为的是　D. 所以

参考答案

一、1. A　2. B　3. B　4. A　5. B　6. A　7. A　8. B

二、1. C　2. B　3. A　4. D　5. C

第十一课

越……越……
不……不……

试一试

用"越……越……"或"不……不……"填空。

1. 这本书你__________看__________想看,如果看了,你就放不下。
2. 那部电影太有意思了,我__________看__________想看。
3. 门前的小树__________长__________高了。
4. 今天你一定要把话说完,__________说完__________能走。
5. 飞机飞得__________高,地面上的东西看起来__________小。
6. 他一定要喝很热的水,水__________热,他__________喝。
7. 她一个人在家里__________想__________生气。
8. 很多中国人喜欢睡午觉,他们觉得__________睡午觉__________舒服。
9. 每天晚上他__________看一会儿书__________睡觉。
10. 她就是那样的人,你__________问,她__________说。

讲一讲

一、越……越……

副词,放在动词或者形容词之前。用"越……越……"关联的句子表示一方面的情况随着另一方面的情况变化而变化。

1. "越……越……"连接的两项主语相同,通常主语出现在前一项的前面。如:

   雨越下越大。

   你怎么越收拾越乱?

   每次我们在一起聊天儿,李明都是越说越快。

   他老人家越老越有精神。

   现在病人非常不舒服,医生来得越快越好。

   他的事情我们知道得越多越好。

2. "越……越……"连接的两项主语不同,前后两项有各自的主语。如:

   老师讲得越多,学生越不能明白。

   在哈尔滨,冬天天气越冷,人们越喜欢,因为可以滑冰、滑雪。

   这个时候,你越往南走,天气越热。

你越说不要，他越要给。

在这里住的时间越长，他越喜欢这里。

车厢越多，火车跑得越慢。

3. 在单句中，两个“越”用于不同的句子成分之前。如：

越难的题目他越爱做。

跟大家想的一样，年龄越大的孩子做得越好。

受教育程度越高的人普通话说得越好。

提示

(1)“越……越……”连接的两项主语不同，又是有程度补语的句子中，“越”可以位于谓语动词之前，也可以位于作程度补语的形容词之前。如：

你越说得多，他越听不懂。

你说得越多，他越听不懂。

你越说不要哭，这个孩子越哭得厉害。

你越说不要哭，这个孩子哭得越厉害。

(2)“越”后的动词或者形容词之前不能有“很”“非常”等程度副词。如：

*天气越冷，感冒的人越很多。

改：天气越冷，感冒的人越多。

*这里的景色越看越非常美。

改：这里的景色越看越美。

(3)“越来越……”用来表示随着时间的变化，前面所说的情况也在变化。其后接形容词或者动词。如：

河水越来越深。

她说得越来越快。

孩子越来越懂事了。

上大学以后，他越来越会说话了。

出现在“越来越”后的词语不能再带补语或者带其他表示程度的词语。如：

*他的生活越来越好起来了，但是他一直没有忘记过去的穷苦。

改：他的生活越来越好，但是他一直没有忘记过去的穷苦。

*我的学习方法是这样的，我学过生词后，就用它跟中国人聊天，所以越来越听懂。

改：我的学习方法是这样的，我学过生词后，就用它跟中国人聊天，所以中国人说的话我能听懂的越来越多。

*他没有道理地骂我，我不明白，越来越怪生气的。

改：他没有道理地骂我，我不明白，越来越生气。

二、不……不……

用在意思相对或相关的动词（短语）或形容词（短语）前，构成紧缩句或者一般复句。表示“如果不……就不……”的意思。

1. “不……不……”连接的两项主语相同，通常主语出现在前一项的前面。如：

你不去不行。

他们俩真是不打不相识。

明天下午三点，公园门前，我们不见不散。

这种水果不红不好吃。

天气冷了，不穿毛衣不行。

李明今天一定要在回家前写完作业，不写完不回家。

2. “不……不……”连接的两项主语不同，主语可以出现，有时也可以根据语义省略。如：

老师不说，大家不明白。

你不请，他不来，他就是这样的。

旧的不去，新的不来。

好就买，不好不买。（“好”的主语是物品，“买”的主语是说话人）

你要听我的话，不听不给你吃。

（“听”的主语是听话人“你”，“给你吃”的主语是说话人“我”）

提示

“不……不……”连接的两项中有可能补语时，“不”用在作可能补语的动词或形容词前，形成的结构与可能补语的否定式相同。如：

这些碗太油了，不用洗洁精，洗不干净。

找不到钥匙，回不了家，所以一定要找到钥匙。

他的病不动手术好不了。

练一练

一、完成句子。

1. 老李的女儿越长__________。
2. 你的东西太贵了，你__________一点儿，我们不买了。
3. 你今天怎么越走__________啊？
4. 考试的时候，老师说：不交卷，__________考场。
5. 小笼包子__________越爱吃。
6. 那两个人在不停地说话，他们越说，声音__________。
7. 妈妈对孩子说：你不洗澡，__________。
8. 李明喜欢穿宽大的衣服，__________越好。
9. 他一年只回家一次，不到过春节__________。

二、HSK 仿真题：找出下面每段话中有错误的一部分。

1. <u>因为要赶一项任务</u>，<u>她连续工作了半个月后</u>，<u>累得都站不起来了</u>。休息了两个星期后，<u>她的身体越来越恢复过来了</u>。

A　B　C　D

2. 夏天白天长晚上短，常常到了晚上七点外面还很亮。但是一过八月，傍晚的天色越来越快得暗下来。

A　　B　　C　　D

3. 早上我出门的时候，太阳很好，所以我没有带雨伞。可是到了十点钟左右，开始下雨了，而且下雨越来越大。

A　　B　　C　　D

4. 我本来穿41号的鞋，可最近我的脚越来越有点儿大，所以现在穿42号。我都二十五岁了，脚还在长，真是奇怪。

A　　B　　C　　D

5. 近年来中国的经济发展得很快，中国人的生活水平也因此越来越提高了，商场里很贵的衣服卖得很快，新的高档电器一出来就有人买。

A　　B　　C　　D

三、下面哪些句子中的“不……不……”表示假设？（是的话，请在括号里写“A”；不是的话，请写“B”）

1. 这件衣服你穿不大不小，正合适。（　　）
2. 你这样不吃不喝，身体能行吗？（　　）
3. 我们要让他自己决定，所以不告诉他不行。（　　）
4. 昆明一年四季都不冷不热，很舒服。（　　）
5. 他已经邀请过你了，你不去不好。（　　）
6. 这只小狗快死了，它已经不吃不喝三天了。（　　）
7. 考试不好，你不能去旅行。（　　）
8. 真是不看不知道啊！（　　）
9. 不放假，大家不能离开学校。（　　）
10. 小女孩不声不响地离开了。（　　）

参考答案

一、1. 越漂亮　2. 不便宜　3. 越慢　4. 不能离开　5. 越吃　6. 越大　7. 不能上床睡觉　8. 越宽大　9. 不回家

二、1. D，应改为“她的身体恢复过来了”。　2. D，应改为“傍晚的天色暗得越来越快”。
3. D，应改为“而且雨下得越来越大”。　4. B，应改为“可最近我的脚越来越大”。
5. B，应改为“中国人的生活水平也因此提高了”。

三、1. B　2. B　3. A　4. B　5. A　6. B　7. A　8. A　9. A　10. B

单元练习

一、HSK 仿真题:将下面句后括号中的词语放在唯一合适的地方。

1. A 来中国以后,B 他 C 看过 D 电影,而且还看过很多次。(不仅)

2. 她 A 很 B 适应中国的生活,住的时间越长,C 她 D 喜欢。(越)

3. 刚才我去过商店了,A 忘记给你买牙膏了,B 看见你 C 我才想到 D 忘了买。(不过)

4. A 这个厂生产的冰箱 B 质量非常好 C,D 用十年也没问题。(即使)

5. 你要找美国来的大卫? A 不是 B 那个穿白色衬衫的,就是 C 那个穿粉色衬衫的,D 这儿只有两个美国人。(因为)

6. 这个法国人不仅喜欢中国画,A 对 B 中国书法的兴趣 C 也 D 很大。(而且)

7. 年轻的时候 A 努力 B 工作,多挣点儿钱,老了 C 生活 D 舒适一些。(好)

8. A 考虑到人们的收入水平,B 他们 C 决定把商品的价格 D 调低一些。(才)

9. 现在 A 我们的生活超出了十年前的想象,B 我 C 知道,D 这一切是经历了很多困难后才有的。(但是)

10. 李华的歌 A 唱得不错,B 他的钢琴 C 弹得 D 好。(更)

二、HSK 仿真题:在下面 ABCD 中选择唯一正确的填入空中。

1. 他们______喝茶,______低声地说话。

A. 一面……一面…… B. 既……又……

C. 只有……才…… D. 越……越……

2. 孩子______不跟大人出去,______不想一个人在家。

A. 不但……而且…… B. 一边……一边……

C. 因为……所以…… D. 既……又……

3. 这一周学生放假,老师______不放假。

A. 才 B. 不过 C. 却 D. 还

4. 她走路,步子不大,______走得很快。

A. 也 B. 而且 C. 所以 D. 却

5. 孩子需要关心,老人______需要关心。

A. 却 B. 才 C. 就 D. 更

6. 每天的主食______米饭______面条,都吃腻了。

A. 是……还是…… B. 或者……或者……

C. 要么……要么…… D. 不是……就是……

7. 你看错了,个子高的那个______哥哥______弟弟。

A. 不是……而是…… B. 不是……就是……

C. 是……还是…… D. 又……又……

8. ______想法非常不同,______他们常常吵架。

A. 由于……所以…… B. 不但……而且……

C. 因为……因此…… D. 为了……所以……

9. ______发生什么事情,他______不会慌张。

A. 只有……才…… B. 不管……都……

C. 不管……也…… D. 只要……就……

10. 有时候______没有课,李老师______会来学校看看书,备备课。

A. 即使……也…… B. 只有……才……

C. 不管……都…… D. 因为……所以……

11. 他回家乡工作,______照顾上了年纪的父母。

A. ……,是由于…… B. ……,是因为……

C. ……,是为了…… D. 因此

12. 地方______有名,来游览的人就______多。

A. 又……又…… B. 一边……一边……

C. 越……越…… D. 不……不……

13. 我不知道她喜欢什么菜,她______不喜欢酸的,______不喜欢甜的。

A. 即使……也…… B. 既……又……

C. 越……越…… D. 不是……就是……

14. ______父母最终同意不同意,他们______要在国庆节结婚,为此她的父母更生气了。

A. 不管……也…… B. 不管……都……

C. 无论……也…… D. 因为……所以……

15. 这幢大楼的主体部分虽然已经完工了,可是要最后完成______需要一段时间。

A. 又 B. 再 C. 就 D. 还

16. ______是谁,______不能随便打骂孩子。

A. 不管……就…… B. 哪怕……也……

C. 无论……都…… D. 既然……也……

17. ______已经过了报名日期,他还是想去报名处问问。

A. 不管 B. 因为 C. 尽管 D. 既然

18. 任务重,时间短,______增加人手,就______能按时完成。

A. 不……不…… B. 越……越……

C. 又……又…… D. 哪怕……也……

19. 朋友请我帮他买一本书,据说,______在上海______能买到。

A. 只要……就…… B. 如果……就……

C. 只有……就…… D. 只有……才……

20. ______急着去赶火车,因此下了出租车,他就直奔入口处,东西都忘拿了。

A. 为了 B. 因为 C. 由于 D. 即使

21. 发生这样的事情,最伤心的______别人,______孩子的父母。

A. 不是……就是…… B. 或者……或者……

C. 不是……而是…… D. 不仅……而且……

22. 三年时间她______还清了贷款,______还有了一笔不小的存款。

A. 只有……才…… B. 不仅……而且……

C. 尽管……但是…… D. 只有……就……

23. ______是现在做生意还是以前当老师，她______干得非常好。

A. 无论……都…… B. 哪怕……也……

C. 无论……也…… D. 要是……就……

24. ______他的病越来越严重了，______服用的药量不对。

A. 因为……所以…… B. 由于……所以……

C. 之所以……是因为…… D. 先……然后……

25. 要去修电脑，他什么都带了，______把最重要的发票忘在家里了。

A. 所以 B. 还 C. 也 D. 却

26. 爸爸自从迷上了足球，______不再阻止儿子踢足球了，______父子俩有空儿还讨论一下球艺。

A. 既然……就…… B. 因为……所以……

C. 不仅……而且…… D. 如果……就……

27. 孩子长得______快，就______需要增加营养。

A. 不……不…… B. 越……越……

C. 又……又…… D. 也……也……

28. 带着手机吧，有事我们______联系。

A. 好 B. 却 C. 更 D. 还

29. 他下定决心了，______把房子卖了，他______要治好孩子的病。

A. 如果……就…… B. 即使……也……

C. 不仅……而且…… D. 只有……才……

30. 这条路他已经走了不下一百遍了，这次______走错了，很奇怪。

A. 但是 B. 却 C. 也 D. 可是

三、HSK 仿真题：找出下面每段话中有错误的一部分。

1. 我的故乡是个非常美丽的地方(A)，不仅山好水好(B)，而且人也好(C)，无论如何，我很思乡(D)。

2. 为了下雨了(A)，马路上都是水(B)。走了一会儿(C)，鞋就湿了(D)。

3. 那天吃完早饭后(A)，她就对着镜子高高兴兴地打扮起来(B)，她不是为了上班(C)，而是因为和她男朋友大卫见面(D)。

4. 她的回答让大卫不知道说什么(A)，可是大卫认为(B)，她无论怎么样(C)，还是最漂亮、最可爱(D)。

5. 山田刚学汉语时(A)，觉得虽然汉语声调非常难(B)，汉字比较容易(C)。可现在他发现汉字也不容易(D)。

6. 今年四月末去了太湖，那里风景美丽，空气清新，小草碧绿，油菜花金黄。又太湖上有三座大桥，真像三条巨龙横卧。

A B C D

7. 开始表演之前，我们面前桌子上的东西已经大部分都吃完了。不是因为肚子饿，因为晚会晚开始了二十分钟，我们没事做只能吃。

A B C D

8. 有人告诉我她确实是日本人。可我觉得她汉语说得比日语好。因为她的日语发音有时候很怪。可是她是在中国生活时间很长的日本人吧。

A B C D

9. 每个星期三我都要连看两部电影。因为星期三只有女观众看的电影便宜。其他日子看一部电影要50元，而是星期三女观众只要30元。

A B C D

10. 我和弟弟已经两年没见面了。他最近打电话来说，他已经大学毕业了，而找到了工作。

A B C D

11. 我在韩国要电脑考试，于是得考完试才能去中国。我已经预定了12日的飞机票，到上海后就跟你联系。

A B C D

12. 期中考试成绩出来了。小明考得很不好。不但老师批评了他，还说要请他爸爸来学校谈谈。

A B C D

13. 你知道南美洲的"巴拉圭"吗？我的家在那儿。我是日本人，但是出生在和住在巴拉圭。

A B C D

14. 有两个人在禁止钓鱼的地方钓鱼，警察看到后，狠狠地先批评了他们一顿，然后就把他们带走了。

A B C D

15. 我和丽娜以前不认识。奇怪的是，在苏州不论我们没谈过几次话，可是却成了很好的朋友。

A B C D

参考答案

一、1. C 2. D 3. A 4. D 5. D 6. A 7. C 8. C 9. B 10. D

二、1. A 2. D 3. C 4. D 5. D 6. D 7. A 8. A 9. B 10. A 11. C 12. C 13. B 14. B 15. D 16. C 17. C 18. A 19. D 20. C 21. C 22. B 23. A 24. C 25. D 26. C 27. B 28. A 29. B 30. B

三、1. D,应改为“无论走到哪儿,我都很思念我的家乡”。

2. A,应改为“因为下雨了”。

3. D,应改为“而是为了和她男朋友大卫见面”。

4. D,应改为“都是最漂亮、最可爱的”。

5. C,应改为“但是汉字比较容易”。

6. C,应改为“太湖上有三座大桥”。

7. C,应改为“而是因为晚会晚开始了二十分钟”。

8. D,应改为“可能她是在中国生活时间很长的日本人吧”。

9. D,应改为“而星期三女观众只要30元”。

10. D,应改为“而且找到了工作”。

11. B,应改为“所以得考完试才能去中国”。

12. C,应改为“老师不但批评了他”。

13. D,应改为“但是出生在巴拉圭,也一直住在巴拉圭”。

14. C,应改为“先狠狠地批评了他们”。

15. C,应改为“在苏州我们尽管没谈过几次话”。

·第三单元·

第一课 于是 此外

试一试

用指定的词语完成句子。

1. 她有点儿灰心，听了朋友的劝告，________________。（于是）
2. 王小东没能通过这次的考试，________________。（因此）
3. 以前，去我外婆家只能靠走路，________________。（此外）
4. 暑假，我们除了想去东北旅行外，________________。（另外）

讲一讲

一、于是

表示承接关系的连词，可以连接分句或句子。一般用于后一分句或句子的主语之前或之后，将前后两个在事理上紧密相关、顺接的句子连接起来，后一句所表示的事情往往是由前一句所表示的事情引起的，是前一句事情发展的结果。如：

听说这家服装公司正在招聘设计师，于是我就来报名了。

小王病得很厉害。于是，大家把他送进了医院。

工人们请来了老专家，问题于是很快就解决了。

看到她哭得那么伤心，我于是决定留下来劝劝她。

走过一片农田，穿过一个小树林，于是静湖便出现在眼前了。

从前后分句的语义关系看，"于是"所引导的结果句有以下几种：

1. "于是"句是针对前一句的情况采取的对策。如：

清早起来，看到外面阳光灿烂，于是便约了大卫去爬山。

听说他家很穷，交不起学费，于是大家纷纷捐钱帮助他。

2. "于是"句是由前一句动作等引起的反应或进一步的发展。如：

回家后，李平越想越气，于是大哭了一场。

明明商店已经关门，小张却拼命地吵着要进去，于是周围的人都惊奇地看着他。

3. "于是"句表示随着动作的移动，出现或到达了新的场所。如：

过了一座山，又过了一条河，于是我家就在眼前了。

“于是”常常说成“于是乎”，略带文言色彩。如：

从同学们的反应中他知道自己说错了话，于是乎，低头不语。

我非常喜欢这位歌星的歌，于是乎，一看到她的专辑就买。

提示

(1) 用“于是”的句子，说话人不关心原因，关心的是结果，即重在强调后面出现了什么，或动作者采取了什么行动。如：

弟弟这几天总发愁，听我一说，于是又高兴起来。

忙了半天，饭菜都准备好了，于是大伙儿一起坐下来品尝我的手艺。

谈着谈着走到了家门口，他于是请我们进去玩玩。

(2) “于是”所连接的后一句多为肯定句，所记述的动作一般是过去已经完成的。如：

三木刚来中国时，听不懂中国话，于是请了一位家教。

作业做完了，天下雨又不能出去，于是在家看了一天电视。

*女朋友的爸爸是公司的经理，于是他在公司要好好表现。（后一句表示将来的行动）

改：女朋友的爸爸是公司的经理，因此他在公司要好好表现。

*昨天我一直加班加到早上两点，于是没回家睡觉。（后一句是否定句）

改：昨天我一直加班加到早上两点，因此没回家睡觉。

*他由于心里焦急，于是没往那方面想。（后一句是否定句）

改：他由于心里焦急，所以没往那方面想。

上面的句子都是强调由于前面的原因引起了否定的结果或将引起的结果，当要表达这类意义时，只能用因果复句，不能用“于是”。“于是”也不能用于下面的假设句：

*如果身体没完全恢复，于是一工作就又会复发。（“于是”应删去）

(3) “于是”所连接的复句主要用于动态的叙述和描写。它不能像一般因果句那样可用于对结果进行静态的叙述和描写。如：

*可怜的兰花由于家穷，于是常穿一身旧衣服。

改：可怜的兰花由于家穷，常穿一身旧衣服。

*张老师是我爸爸的老师，于是我比别的同学更尊敬他。

改：张老师是我爸爸的老师，因此我比别的同学更尊敬他。

(4) “于是”一般不连接“好容易才实现或完成的动作”或对动作的量或范畴有所限定的结果句，而“因此”等因果连词则可以。如：

*最近因为身体不好，于是这篇文章今天才写好。

改：最近因为身体不好，所以这篇文章今天才写好。

*路上堵车，于是我们十点才赶到旅馆。

改：路上堵车，我们十点才赶到旅馆。

*时间很紧急，于是我们只能给你两天时间。

改：时间很紧急，因此我们只能给你两天时间。

二、此外

连词，除了上面所说的事物或情况以外，除此之外。用于后一分句的句首，起连接作用。

具有书面语色彩。

1. 除了上面所说的还有别的什么，"此外"后边用肯定形式。常跟"还、也"连用。如：

南方人习惯吃米饭，此外也吃一点面食。

这里出产水稻，此外还盛产橘子。

他会说北京话和上海话，此外也懂点儿广东话。

这次到上海，是去看望多年不见的大姐。此外，还想去杭州玩玩。

（这一句中的"此外"可以换成"另外"）

他在超市买了一袋米，此外还买了两盒牛奶。（同上）

2. 除了上面所说的没有别的什么，"此外"后面用否定形式。如：

他一生就写过这两部书，此外没有别的著作了。

只有这样做，才能按时完成任务，此外没有任何别的办法。

爸爸喜欢喝酒和爬山，此外没有别的爱好。

上面的"此外"可以用"除此之外"替代。

提示

"此外"与"另外"的区别

(1)"此外"的第 1 种用法，有的可以换用"另外"，一般是动作性较强的、一次性动作。如：

他家有四口人，此外/另外还有一个保姆。

(2)"此外"的第 2 种用法，那些表示习惯、常规性的动作或情况的"此外"，一般不用"另外"。如：

*要出去只能走这条路，另外没有别的出路。

改：要出去只能走这条路，此外没有别的出路。

(3)"另外"多用于口语，"此外"多用于书面语。

(4)"此外"只有连词一种用法，"另外"除了作连词之外，还有代词、副词的用法。如：

另外的一份饭我让明明吃了。

玛丽要另外再买一份礼物给张老师。

练一练

一、HSK 仿真题：在下面 ABCD 中选择唯一正确的填入空中。

1. 听说这家公司要招三名职员，______我去报了名。

A. 接着　　B. 于是　　C. 就　　D. 然后

2. 我和他是多年的老朋友，______对他很了解。

A. 因为　　B. 因而　　C. 于是　　D. 为了

3. 看到她笑得那么开心，妈妈______放心地走了。

A. 于是　　B. 所以　　C. 结果　　D. 因而

4. 这所大学历史悠久，校园也十分漂亮，这是我______来这里学习的原因。

A. 所以　　B. 因为　　C. 然后　　D. 于是

5. 我是上网查找的资料，______资料很快就找到了。

A. 但是　　B. 因此　　C. 于是　　D. 只是

6. 还有十分钟就要上课了，我______买了个面包边走边吃。

A. 所以　　B. 就是　　C. 接着　　D. 于是

7. 听了老师的鼓励，______，大家开始努力地看书。

A. 总之　　B. 于是　　C. 所以　　D. 因此

8. 翻过一座山，再走过一条河，小刘的家______就在眼前了。

A. 这样　　B. 接着　　C. 于是　　D. 所以

9. 他们已经搞了一套计划，我们不能______再搞一套。

A. 此外　　B. 另外　　C. 外面　　D. 以外

10. 汪老师喜欢下棋和打篮球，______没有别的爱好。

A. 但是　　B. 另外　　C. 此外　　D. 可是

11. 你别走了，我还要跟你说______一件事。

A. 之外　　B. 又　　C. 此外　　D. 另外

12. 他的情况只有他的父母知道，______没有告诉别人。

A. 另外　　B. 此外　　C. 所以　　D. 于是

二、判断下列句子的对错，并改正错句（对的画√，错的画×）。

1. 上完课，时间还早，于是我们去观前街吧。（　　）
2. 有一天，我跟玛丽一起吃饭，我们边吃边聊。于是，她问我：你信什么教？（　　）
3. 苏州既安静又漂亮，于是，大家都很喜欢到这儿来生活。（　　）
4. 她一连病了好几天，所以脸色不好。（　　）
5. 爬过一座山，再走过一座桥，所以小镇就在我们眼前了。（　　）
6. 昨天刮了一夜的大风，于是今天很冷。（　　）
7. 这儿的气候越来越差，于是我们只能搬到别的地方去住。（　　）
8. 她只说了一点情况，另外就再也不开口了。（　　）

参考答案

一、1. B　2. B　3. A　4. A　5. B　6. D　7. B　8. C　9. B　10. C　11. D　12. B

二、1.（×）　改：上完课，时间还早，于是我们去观前街了。

2.（×）　改：有一天，我跟玛丽一起吃饭，我们边吃边聊。突然，她问我：你信不信耶稣？

3.（×）　改：苏州既安静又漂亮，所以，大家都很喜欢到这儿来生活。

4.（√）

5.（×）　改：爬过一座山，再走过一座桥，于是小镇就在我们眼前了。

6.（×）　改：昨天刮了一夜的大风，所以今天很冷。

7.（√）

8.（×）　改：她只说了一点情况，此外就再也不开口了。

第二课 何况 况且

试一试

用括号里的指定词语改写句子。

1. 广东话很多中国人都听不懂，外国人怎么听得懂？（何况）

2. 这个问题小学生都能回答，更别说老师了。（何况）

3. 你去陪他开车吧。他是个新手，而且也不熟悉道路情况。（何况）

4. 小李家离学校很远，加上路上堵车，所以来晚了。（况且）

5. 这本词典是老师推荐的，而且也不贵，你就买一本吧。（况且）

讲一讲

一、何况

递进连词，用在复句后一分句句首。

1. 前一分句作为衬托，后一分句常用“何况”引出反问句，把意思推进一层，表示经过比较，“何况”句的结论不言自明了。前一分句有时用“尚且、都、连……都/也……”等与之呼应使用。如：

她平时就很好看，何况今天精心打扮了，就更光彩照人了。
这个字很多中国人都不认识，何况我们外国人呢？
爬山本来就够艰难的了，何况又碰上下雨呢？
风大得连汽车都开不了，何况走路呢？
你年纪不大尚且爬不到山顶，何况快退休的老孙呢？

有时“何况”前还加“更”或“又”。如：

他跟陌生人都能聊得很开心，更何况老朋友呢？
这个问题老师都不会，又何况是他呢？

2. 可连接分句和句子。前一分句或句子已经举出理由，后一分句用“何况”引出补充或追加的理由，表示更进一层，相当于“况且”。前后都是陈述句。如：

咱们去师傅家得买点儿水果，何况他家还有小孩儿。

他一说话就脸红，何况在他眼前的是他暗恋许久的女孩儿。

你去路口接接她，咱们这儿不好找，何况她又是第一次来。

天不早了，何况又在下雨，你就在这儿住一晚吧。

二、况且

递进连词，用在后一分句句首，表示进一步说明理由或者补充、追加新理由。常和"又、也、还"等配合使用。如：

坐车的时间不会太长，况且还是空调车，你不会觉得很辛苦的。

这瓶酒是在专卖店买的，况且还有防伪标志，不可能是假的。

他家离学校很远，况且路上又堵车，所以来得很晚。

北京那么大，况且你又是第一次来，还是我去车站接你吧。

她是个女人，况且还怀孕了，你怎么能打她呢？

李智聪明、伶俐，况且又刻苦努力，学习一定很好。

这本词典是老师推荐的，况且也不贵，买一本吧。

提示

(1)"况且"后的理由比前面的理由往往更有说服力，后面一般还要有表示结论的句子。

(2)"何况"与"况且"的区别。

"何况"常用于反问句表示更进一层意思，这类"何况"不能换成"况且"。如：

*这个字很多中国人都不认识，况且我们外国人？

改：这个字很多中国人都不认识，何况我们外国人？

*连硬座票都卖光了，况且卧铺票？

改：连硬座票都卖光了，何况卧铺票？

(3)"况且"与"而且""并且"的区别。

①"而且""并且"能够连接词、词组，"况且"不能。如：

聪明而且美丽（"况且"没有这种用法）

会唱歌而且会跳舞（同上）

②"而且""并且"和"况且"都能连接句子，但语气和用法不太一样。

"而且""并且"一般只是进一步引出另一情况，语气比较直接，不用带表示结论的句子，主要用于陈述。（"而且"与"并且"的比较见前）

"况且"语气比较委婉，在补充说明理由之后往往还要有表示结论的句子。多用于解释、说明、推理的因果复句。如：

我们学校不仅学习环境好，而且生活条件也很不错。（"而且"不能换用"况且"）

他有稳定的工作，而且还有幸福的家庭。（同上）

他学过汉语，并且当过汉语老师。（同上）

下雨了，况且你又有病，今天就别出去了。（后面有结论句，下同）

这本书写得不好，又很贵，样子也不好看，况且你已经有了一本，还买它干什么？

练一练

一、HSK 仿真题：在下面 ABCD 中选择唯一正确的填入空中。

1. 这个地方平时人就多，又______是周末，人更多了。

A. 并且　　B. 而且　　C. 何况　　D. 同时

2. 他不仅不喝白酒，______不喝葡萄酒。

A. 但是　　B. 何况　　C. 况且　　D. 而且

3. 父母亲终于理解______支持我们了。

A. 于是　　B. 而且　　C. 和　　D. 并且

4. 这件衣服质量不错，______价格也合适，我要买一件。

A. 又　　B. 然后　　C. 并且　　D. 况且

5. 他平时学习就很努力，______快要考 HSK 了，因而一直在看书。

A. 况且　　B. 而且　　C. 何况　　D. 因为

6. 他已经走了，______把房间退了。

A. 而且　　B. 于是　　C. 就　　D. 何况

7. 这个房间大______亮。

A. 并且　　B. 而且　　C. 又　　D. 和

8. 这些字中国人都不认识，______我们外国人呢？

A. 况且　　B. 何况　　C. 并且　　D. 而且

9. 第一次出国，难免有些紧张，______语言又不通，就更觉得紧张了。

A. 接着　　B. 可是　　C. 而且　　D. 况且

10. 他还是个孩子，______身体也不好，这回搬家就别叫他了。

A. 接着　　B. 可是　　C. 而且　　D. 而

二、完成句子(给出指定词语的用指定词语完成)。

1. 李娜喜欢热闹，连周末的小聚会都不肯错过，又__________________？(何况)
2. 那个地方不安全，__________________，我们陪你去吧。(况且)
3. 他的学习成绩不错，__________________，我们应该选他做优秀生。(况且)
4. 大家好不容易聚在一起，__________________，就再玩一会吧？(况且)
5. 我很尊重他，因为他是我的长辈，__________________。(而且)
6. 他是个不爱学习的人，平时连__________________，何况没有作业的时候呢？

参考答案

一、1. C　2. D　3. B　4. D　5. C　6. A　7. B　8. B　9. D　10. C

二、1. 何况这种大聚会呢　　2. 况且又是晚上

3. 况且各种比赛也都获奖了　　4. 况且时间还早

5. 而且很有学问　　6. 作业都不做

第三课　宁可　与其

试一试

在画横线处填上恰当的表示选择的关联词。

与其……不如……　宁可……也要……　宁可……也不……　或者……或者……
如果……宁可……

1. 他__________不要工作，__________跟她在一起。
2. 我__________多走点路，______坐你的车。
3. __________花钱买不好的东西，__________不买。
4. 这个公司__________自己麻烦一点儿，__________让广大消费者满意。
5. __________让他们去，__________让我去。
6. 我__________轰轰烈烈地活 10 年，__________要平平淡淡地活 50 年。
7. 他__________不吃饭不睡觉，__________把工作做完。
8. __________坐出租车去，__________骑自行车去。
9. __________不给他自由，他__________不要生命。
10. __________读书，__________工作，你一定要做点什么，不能再整天无所事事。

讲一讲

一、宁可

常连接选择复句的连词，表示在比较利害得失之后做出某种选择。主要用法有：

1. 宁可……也不……

前后两句表示的做法都不是说话人原本打算选择的，但是说话人必须在二者中做出选择。通过比较之后的结果是，说话人情愿选择前者，也不选择后者。有时，为了加强取舍的决心，在“也”与“不”之间可用语气副词“绝”“绝对”“一定”等。如：

> 她宁可三天不吃不喝，也不放弃自己的减肥计划。
> 我宁可骑自行车去，也绝不坐那么挤的公共汽车。
> 他宁可辞职，也绝对不愿意跟老板的女儿结婚。

2. 宁可……也要……

“宁可 A 也要 B”与“宁可 A 也不 B”不同的是：A 和 B 是条件与目的关系，A 是说话人为了达到目的 B 所做出的选择，A 与 B 都是说话人所要的，而不是像“宁可 A 也不 B”那样选择 A 而放弃 B。“宁可 A 也要 B”的“也”与“要”之间常用副词“一定”等。如：

他宁可三天不睡觉，也一定要把论文写好。

王老师每天宁可自己晚点走，也要把学生的作业改完再回家。

妈妈宁可自己受苦受累，也要让我们读书。

他是个热心人，宁可自己吃亏，也要帮助别人。

3. 与其……宁可……（见下面“与其”条）

4. 如果/只要……宁可……

在具备某种假设条件或必要的条件时，说话人愿意选择一般人所不愿意做的事。如：

如果能让我年轻10岁，我宁可做个穷学生。

只要觉得这种选择有价值，我宁可得罪爸爸妈妈。

5. 宁可+形容词+（一）点儿/些。如：

咱们还是宁可小心一点儿的好。

对待别人宁可谦虚一些，不要太骄傲。

买衣服宁可贵一点儿的，但质量一定要好。

“宁可”句是说话人做出的选择。经比较而放弃的另一项可以出现，也可以省略不说。

提示

(1)“宁可”与“宁愿”的意义与用法相似。“宁可”偏重对客观情况和利害得失的比较，“宁肯”偏重说明主观愿望。如：

宁可长年没有灾情，也不能一天没有防备。

宁可耽误自己的演出时间，他也绝不闯红灯。（以上两句都不用“宁肯”）

他宁肯自己吃亏，也不让别人受损失。

我宁肯被别人误解，也不会放弃努力。

(2)“宁肯”的意义和用法与“宁愿”相同。

二、与其

“与其”引出前一分句，表示经过比较之后所放弃的某一动作、做法或说法等，后接一分句是说话者所选择的动作、做法或说法等，“与其”后是放弃项。常见句式有：

1. 与其……不如……

连接前后两个意义对比或相对的句子，句子结构往往比较相近。如：

与其让他们去，不如让我们去。

与其说他是我们的对手，不如说他是我们的朋友，他在生意中给我们的帮助太多了。

今天天气不太好，我们与其去爬山，不如在家看电视。

他的脸很红，与其说因为害羞，还不如说因为生气。

“不如”前可以加上“还、倒、真”等词语，来强调说话者的主观倾向。如：

与其考试前熬夜复习，倒不如平时努力学习。

周末时间太短了，与其去北京，还不如去上海。

与其坐飞机去北京，还不如坐晚上的卧铺火车去北京。

提示

(1)“与其”所在句的动词不可以重叠，后一分句的动词有时能重叠。如：

与其去爬山，不如上街玩玩。

与其上街玩，不如去爬爬山。

*与其去爬爬山，不如上街玩。

(2) 前后分句都可以加上反映说话人的态度和看法的评说成分。如：

与其出国留学，不如留校当老师！

与其出国留学受洋罪，不如留校当老师！

与其毫无保障地出国留学，不如留校当老师！

(3) 后面“不如”分句可以加入含褒义的或分析选择原因的评说成分。如：

与其再等几小时，不如走路去。

与其再等几小时，不如走路去，走路去还可以锻炼身体。

2. 与其……宁可/宁愿/宁肯……

表示经过考虑做出的选择。后面的选择带有较强的主观意愿。如：

与其坐出租车去，宁可骑自行车去。

与其马马虎虎写一篇作文交给老师，我宁愿多花些时间，晚一点儿交。

与其花钱请辅导，我宁肯多买几本书自学。

3. 与其……何不……

带有征求对方同意或建议对方做某事的意味。如：

天气太热，与其到外边吃饭，何不在家吃碗凉面？

与其让父母在家着急，何不马上给他们打个电话？

4. 与其说……不如说……

表示对客观情况的判断；在说话人看来，后一种说法更正确些。常用于批评、评价别人或更正别人的说法。如：

你这样做与其说是鼓励，不如说是批评。

与其说是老师教得好，不如说是学生学得好。

提示

(1)“宁可”和“与其”连接的都是表示取舍已经决定的选择复句，说话者对分句提出的选择项，已经做出了选择。“或者……或者……”也可以连接选择复句，但这类复句对所提出的选择项还未做出取舍，即说话者还没决定到底选择哪一项。如：

或者你去，或者让小王去，或者你们一起去。(有三项供选择，但未决定)

你或者继续学习，或者去找份工作。(有两项供选择，但未决定)

我宁可让小王去，也不要你去。(已选择小王去)

与其继续学习，不如去找份工作早点挣钱。(已选择找工作)

(2)“宁可……也不……”是先取后舍，说话者选择了前项而舍弃了后项，即肯定前项否定后项；“与其……不如……”是先舍后取，说话者放弃了前项而选择了后项，即否定前项肯定后项。

(3)“宁可……也不……”和“与其……不如……”表示取舍已经决定的选择复句，主观态度十分明显，选择语气十分坚决。不过，相对来说，“宁可……也不……”这种先取后舍的复句要比“与其……不如……”这种先舍后取的复句态度更加坚决些，后者语气委婉一些。前者多用于表示说话者的选择，一般不用于劝说对方；后者既可表示说话者的选择，也常用于劝说对方。当选择者是第三人称时，两类选择复句的区别主要在语气。如：

我宁可吃方便面，也不去食堂吃那些难吃的东西。

与其去食堂吃那些难吃的东西，不如吃方便面。

练一练

一、HSK 仿真题：在下面 ABCD 中选择唯一正确的填入空中。

1. 妈妈______自己多吃一点儿苦，______想看到孩子受苦。

A. 宁愿……也不…… B. 宁愿……也要……

C. 如果……就…… D. 即使……也……

2. 他______把房子卖了，______给妻子治病。

A. 宁肯……也要…… B. 哪怕……也……

C. 宁愿……也要…… D. 虽然……但是……

3. 他总是在学校里卖这卖那，______说他是个学生，不如说他是个商人。

A. 宁可 B. 如果 C. 还是 D. 与其

4. 我______花完家里所有的钱，______打赢这场官司。

A. 如果……就…… B. 宁愿……也要……

C. 尽管……可是…… D. 宁愿……也不……

5. 有志气的人______被杀头，______维护国家的尊严。

A. 哪怕……也…… B. 宁愿……也不……

C. 尽管……但…… D. 宁肯……也要……

6. ______花很多钱修理手机，我宁可再买个新的。

A. 不如 B. 如果 C. 与其 D. 还是

7. 我妹妹是我见过的最善良的人，______自己吃亏，也不让别人吃亏。

A. 宁肯 B. 如果 C. 还是 D. 与其

8. ______在这里被人管来管去，我宁可过自由的生活。

A. 也不 B. 与其 C. 还是 D. 如果

二、仿照例句，用“宁愿……也……”或“宁肯……也……”改写下面的句子。

例：为了把文章改出来，他决定不休息。

他宁可不休息，也要把文章改出来。

1. 为了不让朋友吃亏，我还是自己受点儿委屈吧。

2. 小李为了不让大家等他，决定早出发半个小时。

3. 为了让全家过得好一些，他决定每天打两份工。

4. 为了能按时还清贷款,刘明决定三年内不出去旅游。

5. 为了能把罪犯全都抓住,这位警察决定牺牲自己的生命。

三、用"与其 A 不如 B"改写句子。

1. 与其这么长时间地等待,为什么不进城找他呢?

2. 与其买股票,还是放在银行里拿利息保险。

3. 与其被大家猜疑,我看还是主动说出来为好。

四、用括号里的词语完成下面的句子。

1. ______________________,也不给家里人增加负担。(宁愿)
2. 我宁愿在家里看电视,________________________。(也不)
3. 他宁肯做个平凡的人,________________________。(也不)
4. ______________________,也要完成老师布置的作业。(宁愿)
5. 我宁可一个月不吃零食,_____________________。(也)

五、HSK 仿真题:找出下面每段话中有错误的一部分。

1. <u>与其说杰克是学生</u>(A),<u>不如说他是来旅游的</u>(B)。<u>你看他包里全是旅游用的东西</u>(C),<u>没有一本书</u>(D)。

2. <u>玛丽去北京玩了一个星期</u>(A),<u>回来跟我讲了北京的很多情况</u>(B),<u>她说北京烤鸭特别好吃</u>(C),<u>于是我明年也要去北京吃烤鸭</u>(D)。

3. <u>大卫请我去他家做客</u>(A),<u>叫你也去</u>(B)。<u>听说他妈菜做得好</u>(C),<u>况且她做的蛋糕更好吃</u>(D)。

4. <u>天气太冷</u>(A),<u>与其去海</u>(B),<u>还不如去室内游泳池游泳</u>(C),<u>那里毕竟比较暖和</u>(D)。

5. <u>别看电视了</u>(A),<u>早点睡吧</u>(B),<u>现在已经十二点了</u>(C),<u>你何况还要去上海呢</u>(D)!

参考答案

一、1. A 2. C 3. D 4. B 5. D 6. C 7. A 8. B

二、1. 我宁肯/宁愿自己受点儿委屈,也不让朋友吃亏。

2. 小李宁肯/宁愿早出发半个小时,也不让大家等他。

3. 他宁愿/宁肯每天打两份工,也要让全家过得好一些。

4. 刘明宁肯/宁愿三年不出去旅游,也要按时还清贷款。

5. 这位警察宁肯/宁愿牺牲自己的生命,也要把罪犯全部抓住。

三、1. 与其这么长时间地等待,不如进城找他。

2. 与其买股票,不如放在银行里拿利息保险。

3. 与其让大家猜疑,不如主动说出来。

四、1. 他宁愿利用课余的时间打工

2. 也不去逛街

3. 也不愿花费所有的精力去追求卓越

4. 我宁愿不吃不睡

5. 也不愿去打工挣钱

五、1. A,应改为"与其说杰克是来学习的"。

2. D,应改为"于是我决定明年也要去北京吃烤鸭"。

3. D,应改为"而且她做的蛋糕也好吃"。

4. B,应改为"与其去海里游泳"。

5. D,应改为"何况你明天早上还要去上海呢!"

第四课 既然……就…… 因……而…… 之所以……是因为……

试一试

选择“既然”或“因为”填空。

1. 你(　　)来了,就多住几天再走。
2. (　　)不习惯这儿的生活,杰克很想早点回国。
3. (　　)要学,就一定要学好。
4. (　　)身体不舒服,我今天没去上课。
5. (　　)身体不舒服,你就别去上课了。
6. (　　)知道错了,为什么不马上改正呢?

讲一讲

一、既然……就……

“既然”用于前一分句,提出已成为现实的或已肯定了的前提,后一分句根据这个事实或前提推出结论。常与“就、也、还”呼应,构成“既然……就……”格式。如:

你既然花钱来学习就应该认真点儿。

既然你同意这个办法,我们就开始做吧。

既然这件事大家都知道,就不用我重复了。

既然他不讲理,那么咱们何必再跟他商量解决办法呢。

1. 后一结论句可以是疑问句或反问句。如:

你既然不愿参加比赛,还问什么?

他既然希望你将来能成功,为什么又不让你多读几年书呢?

既然你买了那么多新衣服,怎么还整天穿这件旧的?

2. 后一结论句是用“只好(只有、一定)”等的肯定句形式。如:

既然下大雨了,我只好在家里看电视。

既然老板不欣赏你,你也只有选择离开这一条路了。

李伟既然答应帮你买票,就一定能给你买到。

既然他们俩愿意,我们会重新考虑他们的要求的。

3. 前后分句主语相同时,“既然”一般在主语后;主语不同时,“既然”一般在主语前。如:

你既然来了,就应该多交中国朋友,多游览名胜古迹。

既然大家都来了,我们就出发吧。

提示

"既然"与"因为"的区别

(1) 二者都表示因果关系。"既然"句的重点在后一分句,即说话人根据前一句的情况做出的推断,主观性较强。"因为"的重点在前一分句,即解释、说明造成某一结果的原因,客观性较强。下面句中的"既然"和"因为"不能互换。

既然领导派你去,就是信任你。

你既然有病,就在家好好休息吧!

因为路上遇到了大雨,所以衣服都淋湿了。

因为紧张,所以写错了好几个字。

(2)"因为……所以……"句中的原因对听话人来说一般是未知信息,而"既然……就……"句中的原因对听说双方来说是已知的信息。如:

我因为肚子痛得厉害,所以没来上课。

既然你肚子痛得厉害,就别来上课了。你去医院看看吧。

二、因……而……

也可写作"因为……而……"。"因""因为"后面可以是词、词组,表示原因;"而"连接由此引起的情况或结果。如:

那个飞行员因飞机失事而身亡。

他因连续获奖而闻名全国。

同学们因取得的胜利而兴奋不已。

小刘因为挨了批评而生气不干了。

大哥因为要给妹妹交住院费而不得不每天去打工。

提示

"因……而……"一般只能出现在单句形式中。

三、之所以……是因为……

用于强调原因或理由的因果复句。"之所以"放在前一分句,引出结果;后句用"是因为"引出原因或理由,多用于书面语。如:

他之所以没有取得大的成就,是因为他很骄傲。

我们之所以获得了大奖,是因为我们的表演与众不同。

我之所以来中国留学,是因为听了朋友的劝说。

我之所以现在还做这个工作,是因为我怕麻烦,懒得换工作。

他们之所以分手,是因为性格不合。

他之所以谢绝了父母的帮助,是因为他想自己出去闯一闯。

提示

(1)"之所以"一般应放在第一分句的主语之后,"是因为"则应放在第二分句的句首,即主语之前。

(2)"之所以"后面的原因分句还可有一些变化。如:

他之所以找你帮忙,重要原因之一是你在这方面特别有经验。

这个地方的经济之所以发展不快,原因在于科技工作做得不好。

大卫之所以汉语提高得这么快,平时注意多听多说是重要的原因之一。

练一练

一、HSK 仿真题:将下面句后括号中的词语放在唯一合适的地方。

1. A 你 B 来了,C 就 D 多呆一会儿再走。(既然)
2. 既然大家都 A 不同意你 B 去,C 你 D 别坚持了。(就)
3. A 他 B 非常高兴,C 这次考试 D 考了全班第一。(因为)
4. A 小明 B 家庭 C 贫困而 D 失学了。(因)
5. A 他 B 经济上的原因,C 提前离开学校 D 去工作了。(因为)

二、用括号里的词语完成下面的句子。

1. ________________,就一定要做好。(既然)
2. ________________,为什么不提前告诉我们呢?(既然)
3. ________________,我就不勉强你了。(既然)
4. ________________,就不应该闯红灯。(既然)
5. ________________而病倒了。(因)
6. 我们之所以选他当班长,________________。(是因为)
7. ________________而改变日期了。(因)
8. ________________,是因为自行车昨天被偷了。(之所以)
9. ________________,主要在于这儿好找工作。(之所以)
10. ________________,原因之一是你有在美国留学的经历。(之所以)

三、HSK 仿真题:找出下面每段话中有错误的一部分。

1. 饭早就做好了(A),一直在等客人(B),既然客人已经来了(C),就我们马上吃饭吧(D)。

2. 最近公司不忙(A),你因为身体有病(B),下星期就不要来上班了(C),在家好好休息吧(D)。

3. 今天我一出门(A),就跌了一跤(B),况且在路上还被汽车撞了一下(C),真够倒霉的(D)。

4. 你知道最近为什么见不到小刘了吗?(A)上个月他工作上出了问题(B),被老板发现了(C),小刘因为挨了批评而他生气不干了(D)。

5. 市里举行外国人才艺表演比赛(A),我们三班的全体同学参加了(B),我们的表演之所以与众

上篇 第三单元

不同是因为我们获了大奖,所以大家非常高兴。

C　　　　　　D

参考答案

一、1. B　2. D　3. C　4. B　5. B

二、1. 既然想做

2. 既然已经知道自己错了

3. 既然你不愿意

4. 既然知道闯红灯是违反交通规则

5. 他因过度劳累

6. 是因为他不但学习好,而且乐于助人

7. 比赛因天气原因

8. 他今天之所以坐出租车来学校

9. 我之所以选择来苏州学汉语

10. 那家美国公司之所以愿意聘用你

三、1. D,应改为“我们就马上吃饭吧”。

2. B,应改为“因为你身体不好”。

3. C,应改为“而且在路上还被汽车撞了一下”。

4. D,应改为“小刘因为挨了批评而生气不干了”。

5. C,应改为“我们的表演因为与众不同而获了大奖”。

第五课　假如　要不是　幸亏

试一试

选用“假如、要不是、幸亏、幸好、好在”等关联词语改写下列句子。

1. 你捡到了100元钱,你会怎么办?

2. 那件衣服太贵,我没买回来。

3. 还好你没把房子卖掉,如果卖了我住哪里啊?

4. 天空有乌云或起风了,预示着要下雨了。

5. 还好你来道歉,否则他真的要不理你了。

6. 学习汉语时我很努力。不努力一定学不好。

7. 这事儿你找他商量吧,因为你们是好朋友。

8. 他被汽车撞倒了,但没受什么伤。

讲一讲

一、假如(假使、假若)

用法与“如果”相同,表示假设。常跟“那么、那、就、便、则”等呼应使用。

1. 用在复句中的第一分句,后一分句推断出结论,即如果有某种条件,就会产生某种结果。如:

假如下雨,那么我们今天就不去了。

假如小张不答应,我们就另找别人。

假如这次考试不及格,毕业会有问题的。

假使你平时多努力一些,考试时就不会那么着急了。

假若人人都遵守交通规则,交通事故就一定比现在少得多。

2. 用于后一分句，有补充说明的意味。如：

他们是一对夫妻，假如我没猜错的话。

他们该到了，假如路上不堵车的话。

我想请两个星期的假陪父母去旅行，假使学校能够批准的话。

我一定全心全意地为大家服务，假若我当选学生会主席的话。

提示

(1)"假如"可以构成"假如……的话"的格式，加强假设的语气。把"假如"用于后一分句加强假设意味，一般用"假如……的话"格式。

(2)"假如"与"假使""假若"的区别。

"假如""假使"可用于口语和书面语；"假若"的书面语色彩较浓，主要用于书面语。

(3)"假如"与"假设"的区别。

①"假设"作连词时，用法同"假如"。如：

假设你说的是事实，那么有没有证人呢？

②"假设"还可以作动词和名词。

你假设一下，如果你是我，你会怎么处理这件事？(作动词)

目前宇宙大爆炸只是一种假设，还没有被证实。(作名词)

二、要不是

关联短语，有"如果不是(因为)……"的意思，用于复句中的第一分句，表示假设，即如果具备某种否定条件就可能产生某一结果(事实上这种结果并未发生)。如：

那天要不是吕师傅，你就没命啦！——如果不是吕师傅，你就没命啦！

要不是他来了，我今晚就去看电影了。——如果不是他来了，我今晚就去看电影了。

要不是我汉语水平比较高，你的文章我就看不懂了。——如果不是我汉语水平比较高，你的文章我就看不懂了。

要不是你结婚了，我就向你求婚了。——如果不是你结婚了，我就向你求婚了。

提示

有时，可构成"要不是……的话"的格式，加强假设的语气。如：

要不是我很喜欢这件衣服的话，我就把它送给你了。

要不是老师帮助我们解决难题的话，我们或许早就回国了。

三、幸亏

副词，表示由于某种有利条件的偶然出现而避免了不好的结果，含有庆幸的语气。

1. "幸亏"在前一分句出现时，常与"才、不然、要不、否则"等词搭配。如：

幸亏带了雨伞，才没被雨淋着。

幸亏司机及时停了车，才没撞到那位老人。

幸亏你提醒了我，不然我就迟到了。

幸亏你来了，要不我就要迷路了。

幸亏你提前通知了我，否则我得白跑一趟。

2. “幸亏”用在分句的主语前，后面分句的主语不相同；用在主语后，后面分句的主语相同。如：

幸亏他来了，不然我真不知该怎么办呢。

他幸亏来了，不然(他)就失去一个很好的机会了。

3. “幸亏”引出的分句，可以在前，也可以在后。如：

幸亏下面是沙地，(他)不然就要摔伤了。

他差点儿摔伤了，幸亏下面是沙地。

4. 当庆幸结果没有出现什么大的意外时，“幸亏”应出现在后面的结果句。如：

他被汽车撞倒了，幸亏没受什么伤。

子弹打在老李腿上，幸亏没中要害。

提示

“幸亏”与“幸好”的区别

“幸好”与“幸亏”意义和用法相同，多用于口语。如：

我几乎跌到，幸好他拉了我一把。

幸好他们及时赶到，才把问题解决了。

“幸亏”与“好在”的区别

“好在”也是副词，“好在”后常引出某种有利条件，但大多是长期客观存在的，并非偶然发生的。“幸亏”后的某种有利情况多带有偶然性。因此，不少用“好在”的句子不能换成“幸亏”。如：

这事儿你找他商量吧，好在你们是老同学。

公司工作一直不顺利，好在我丈夫还理解，给了我很多支持。

这次探险活动非常艰苦，好在我吃苦惯了，身体还顶得住。

“幸亏”一般用于情况已经发生后的庆幸，“好在”既可以用于事后庆幸(见上)，也可以用于情况尚未发生之前，说话者主观上认为某个条件是有利的(但最后的结果是否有利，说话人并不考虑)。如：

他想好在兽医跟人医也差不多，就同意让兽医给自己治病，结果被治死了。

小弟心想，好在妈妈不在家，他可以玩火了，结果引起了火灾。

练一练

一、HSK 仿真题：在下面 ABCD 中选择唯一正确的填入空中。

1. ______来中国留学四年，可能我______不会对中国有这么深刻的了解。

A. 要是……就…… B. 要不是……还……

C. 要是……还…… D. 要不是……就……

2. ______这个答案不对，那正确答案是什么？

A. 幸亏 B. 幸好 C. 假如 D. 假设

3. ______带了雨伞，______没被雨淋湿。

A. 幸亏……才…… B. 要是……就……

C. 要不是……就…… D. 假如……才……

4. ______因为最近一直是阴雨天气的话，樱花早______开了。

A. 幸好……才…… B. 要不是……就……

C. 如果……就…… D. 虽然……却……

5. 他们该到了，______火车正点到达的话。

A. 假如 B. 因为 C. 要不是 D. 好在

6. ______我们都带了护照，不然就住不了旅馆了。

A. 因为 B. 假如 C. 要不是 D. 幸好

7. ______人人都自觉遵守交通规则，路上就不会那么拥堵了。

A. 要不是 B. 既然 C. 假如 D 幸亏

8. ______抢救及时，他怎么能脱离生命危险呢？

A. 幸亏 B. 要不是 C. 好在 D. 因为

二、用所给词语完成句子。

1. ____________________，我就去小学当老师。（假使）

2. 要不是为了他，____________________。（就）

3. ____________________，不然我也要很晚才回来了。（幸亏）

4. 假如我们不注意环境保护的话，____________________。（就）

5. 幸亏趁早离开了，____________________。（不然）

6. ____________________，我就不能这么快拿到签证了。（要不是）

7. ____________________，我们可以直接交谈。（好在）

8. 那时她常常来照顾我，____________________。（好在）

9. 那天我吃饭没带钱包真是非常尴尬，____________________。（幸亏）

10. ____________________，否则我要挨老师的批评了。（幸好）

参考答案

一、1. B 2. C 3. A 4. B 5. A 6. D 7. C 8. B

二、1. 假使小学需要老师的话

2. 我就不会来中国读书了

3. 幸亏同事帮我一起做

4. 就会使我们的生活环境越来越糟糕

5. 不然肯定要被大火包围

6. 要不是办公室的老师帮助我

7. 好在你的汉语不错

8. 好在我们两家离得不远

9. 幸亏遇到了同班同学

10. 幸好你提醒了我

第六课 要不然 除非 要么……否则……

试一试

用括号里的词语完成句子。

1. 他学习很认真，________________才不去上课。（除非）
2. 这么晚了，除非你陪她回家，________________。（否则）
3. ________________，否则不应该这么大了还用父母的钱。（除非）
4. 别人的房间，除非对方同意，________________。（才）
5. 我们得快点，________________。（要不然）
6. 他跟女朋友总在一起，要他来参加今天的晚会，________________。（除非）

讲一讲

一、要不然

1. 用于复句的第二分句，表示如果同上文提到的情况相反，就会产生下面的结果。同“不然、否则”。如：

我要回家了，要不然家里人会担心的。

我该走了，要不然就赶不上火车了。

一定是出什么事了，要不然的话，为什么大家都不说话？

这些问题我现在不讲了，要不然的话，三天三夜也讲不完。

2. 用于选择复句的后一分句，即对前一分句作假设性的否定，引出另一种选择。后面常有副词“就”呼应。如：

咱们出去散步吧，要不然就去看场电影。

明天天气大概是多云，要不然就是少云，决不会下雨的。

我们去吃四川菜吧，要不然的话，就在家里包饺子。

提示

(1) 有时“要不然”后边跟上助词“的话”，加强假设的语气。

(2) “要不然”同“要不”，但“要不”具有口语色彩，“要不然”具有书面语色彩。

二、除非

用在条件句里，强调只有在这个条件下，才能产生或得到某种结果。

1. 除非……才……,表示只有在前面唯一的条件出现时,才能产生后面的结果。如:

除非刘工程师来,这个问题才能解决。

除非孩子自己愿意,我才会送他去学钢琴。

除非你亲自到她家去请,她才会来。

2. 除非……否则……,表示只有在前面唯一的条件出现时,后面的结果才会改变,不然的话,结果不变。如:

除非临时有事,否则八点一定动身。

除非得到老师的允许,否则我决不离开这里。

除非有病,否则他不会缺课。

提示

(1) 副词"才"应放在后一分句的主语之后。连词"否则"则应放在后一分句的主语之前。

(2) "除非……否则……"实际上隐含了一个肯定的结果句,故上述三例可以扩充为:

除非临时有事我才会晚点去,否则八点一定动身。

除非得到老师的允许我才会离开,否则我决不离开这里。

除非有病他才会缺课,否则他不会缺课。

(3) 有时,表示结果的分句前置,并省略"否则",表达的意思相同。如:

什么人也不能说服我,除非我自己改变了主意。

他不会听的,除非你亲自去劝他。

八点一定动身,除非临时有事。

(4) 要……除非……,表示要想得到某种结果,必须具备后面的条件。如:

要想知道梨子的味道,除非亲口尝一尝。

要拿到第一手的资料,除非亲自去调查。

要想让他改变,除非是神仙。

三、要么……否则……

这一结构的意思是:如果不选择前一句所表示的情况,那就必须选择、接受后一句的情况。选择前者是不选择、接受后者的条件。如:

你要么站在我们这一边,否则就是我们的敌人。

此句意思为:除非你选择"站在我们这一边",不这样的话,就必须选择、接受"是我们的敌人"。

也可以两个或两个以上"要么"连用,提供多项选择。如:

要么继续读书,要么马上工作,否则父母会对你很失望的。

要么带孩子去公园,要么在家陪他玩,否则他会闹的。

练一练

一、HSK 仿真题：在下面 ABCD 中选择唯一正确的填入空中。

1. ______他一夜不睡觉，______能写完这篇稿子，______就完不成任务。

A. 除非　才　否则　　　B. 要不然　才　可能

C. 除非　还　否则　　　D. 要不然　就　可能

2. 快告诉他吧，______他要急死了。

A. 要么　　B. 除非　　C. 要不然　　D. 就

3. ______重新考一次，______算你不及格。

A. 如果……就……　　　B. 除非……否则……

C. 除非……才……　　　D. 只有……才……

4. 我们去吃韩国料理吧，______，就在家里包饺子。

A. 要不然　　B. 因此　　C. 假如　　D. 所以

5. 他一定会来上班的，______病得爬不起来了。

A. 因为　　B. 要么　　C. 要不然　　D. 除非

6. 初学汉语，写作文最好的方法是用短句、简单句表达，______必要时______使用复杂句。

A. 除非……否则……　　　B. 要……除非……

C. 除非……才……　　　D. 要不然……才……

7. 你______骑自行车，______坐出租车去公司，______要迟到了。

A. 要么　要么　才　　　B. 要么　要不然　否则

C. 要么　要不然　才　　　D. 要么　要么　否则

8. 每次开会他都会来，______有十分重要的事，他才会请假。

A. 只要　　B. 除非　　C. 要是　　D. 尽管

9. 那人是不会同意的，______你给他很多钱。

A. 要不然　　B. 只要　　C. 除非　　D. 否则

10. ______去逛商店，______去看电影，______我不想出门。

A. 又　又　可是　　　B. 要么　要么　否则

C. 是　还是　但是　　　D. 或者　或者　可是

二、HSK 仿真题：找出下面每段话中有错误的一部分。

1. 大卫是个学习非常认真的人(A)，除非身体很不舒服(B)，他否则不会缺课(C)。今天他一定有什么原因才没来(D)。

2. “五一”节外出旅游(A)，各地的旅馆常常会客满(B)，你得先预定(C)，要不然找到旅馆住宿(D)。

3. 现在的环境污染越来越越严重了，假如我们不注意环境保护的话，会就使我们的生活环境越来越糟糕，甚至会无法生活。

A 现在的环境污染越来越越严重了　B 会就使我们的生活　C 环境越来越糟糕　D 甚至会无法生活

4. 这么贵的东西，除非有人送我才不会买的。不过要是人人都像我，商店就要关门了。

A 这么贵的东西　B 除非有人送我才不会买的　C 不过要是人人都像我　D 商店就要关门了

5. 有人说他可以把这本书倒着背出来，我才不信呢！除非是超人，才他可以做到这一点。

A 有人说他可以把这本书倒着背出来　B 我才不信呢　C 除非是超人　D 才他可以做到这一点

参考答案

一、1. A　2. C　3. B　4. A　5. D　6. C　7. D　8. B　9. C　10. B

二、1. C，应改为“否则他不会缺课”。

2. D，应改为“要不然找不到旅馆住宿”。

3. C，应改为“就会使我们的生活环境越来越糟糕”。

4. B，应改为“除非有人送，否则我才不会买呢”。

5. D，应改为“他才可以做到这一点”。

第七课 就是 即使 纵然

试一试

用下面的词语组成句子。

1. 即便 好听 说 你 的 很,我 不 也 所说的 你 相信。

2. 机会 有 假使 参加 的 演讲,想 也 我 参加。

3. 我 假设 把 全 你 一切 告诉,你 更 痛苦 会。

4. 没有 纵然 钱 他,婚礼 要 也 参加 你的。

讲一讲

一、就是

表示假设的让步,相当于"即使"。用在前一分句开头,常构成"就是……也(还、仍然)……"格式。如:

就是遇到天大的困难,我们也要想办法克服。

你就是说错了,那也没什么关系。

就是你以后工作了,也一定要努力。

就是生活过得很不好,我还是要微笑着面对一切。

就是生病住院,他仍然不忘工作。

提示

"就是"与"即使"的区别

(1) 用"就是"的句子一般用于前一分句,用"即使"的句子放前放后都可以。如:

就是(即使)遇到天大的困难,我们也要想办法克服。

我们一定要想办法克服,即使遇到天大的困难。

(2) "就是"可以表示一种极端情况。如:

这对双胞胎长得一模一样,就是亲生父母有时也分不清。

你就是工作到一百岁也挣不到一千万。

二、即便

同“即便”。表示假设的让步，多用于书面语。基本句型是：“即便……也（还）……”。

1. “即便”引出假设的情况，后面表示结果不受这种情况影响。如：

   即便下大雨，我也要去。

   即便你不告诉我，我也会想办法知道的。

   自己不努力，即便条件再好，也不能取得好成绩。

   即便你们有一百条理由，还是不会让我改变主意的。

   我们不能不帮助他，即便他以前对我们并不好。

2. “即便”引出退一步的估计、说法，然后再对这一估计做进一步的说明。如：

   他可能不会来了，即便来也不会太早。

   我这次考试即便得不了第一名，也能得第二名。

   公司的效益即便不能提高，也能维持在去年的水平。

   一个月即便挣不了3000块，也能挣2000块。

   即便考不了满分，也能考个八九十分吧。

   即便一块钱也好啊。

三、纵然

用于前边分句，表示让步假设关系。后边的分句常用“也”“还”“又”等呼应。带有书面语色彩。“纵然”放在主语前后皆可。如：

纵然有千难万险，也阻挡不了我们。

纵然他没有钱，也要参加你的婚礼。

我纵然现在时间很紧，也愿意抽空和你一起去医院看他。

你纵然很忙，也要抽时间和我逛逛街。

纵然他说得比唱得好听，我们还是不敢相信。

“纵然”也可用在单句中，强调主语或状语。如：

纵然教师也难保证考好。

航空材料纵然在一千多度的高温下也不会熔化。

提示

“纵然”与“虽然”的区别

“纵然”主要表示假设意味，后面引出的句子一般是尚未发生的；“虽然”只有转折意味，没有假设意味，后面引出的句子一般是已经发生的。如：

他纵然生病住院，也会很乐观的。

他虽然生病住院了，但仍然很乐观。

“纵然”与“即使”的区别

“即使”的口语色彩比“纵然”浓。带“即使”的分句可以放在后一分句，以强调让步的意味，“纵然”不能这么用。

练一练

一、HSK 仿真题：在下面 ABCD 中选择唯一正确的填入空中。

1. ______相隔千山万水，我们的感情也不会改变。

A. 如果　B. 因为　C. 纵然　D. 假如

2. 他特别能说，你______有十张嘴也说不过他。

A. 就是　B. 虽然　C. 既然　D. 假如

3. 他一直很认真地学习，______生病住在医院里。

A. 好在　B. 即便　C. 纵然　D. 假如

4. 我这次考试，______得不了第一名，也能得第二名。

A. 要不是　B. 虽然　C. 纵然　D. 假如

5. ______你不告诉我，我也会想办法知道的。

A. 就是　B. 虽然　C. 既然　D. 假如

6. 这么难的题目，______是教授，也不一定会做。

A. 既然　B. 虽然　C. 假如　D. 纵然

7. ______外面在下大雨，孩子还是吵着要出去。

A. 就是　B. 虽然　C. 纵然　D. 即便

8. 这件事______不跟他商量，他一定会生气的。

A. 就是　B. 虽然　C. 纵然　D. 假如

二、用括号里的关联词完成句子。

1. ____________________，他们也是要按时开会的。（倘使）
2. ____________________，杰克他们就会出去玩。（假设）
3. ____________________，我哥哥也不会接受你的聘请。（即便）
4. ____________________，也要努力学习。（就是）
5. ____________________，也不能半途而废。（纵然）
6. ____________________，我也不会改变主意。（即便）
7. 今天的作业太多了，____________________。（就是）
8. ____________________，也能达到 HSK 七级。（即便）

三、HSK 仿真题：找出下面每段话中有错误的一部分。

1. 假使我们的关系很好（A），可是这件事我还是不能做（B）。因为这件事会给别人带来不必要的麻烦（C），我不想看到这样的结果（D）。

2. 突然下雨了（A），我便躲到一个饭店的门口（B），我想即便我女朋友来（C），她也应该能看见我（D）。

3. 好好的衣服为什么扔了？（A）假设你不喜欢（B），你妹妹还可以穿（C），不该这么浪费（D）。

4. 他是一个胆小的人，从来不敢发表自己的意见。纵然他明明知道这个决定是错的，他也不要说什么。

A　B　C　D

5. 这是世界最著名的电影，主要演员也都是明星，大家都喜欢看，于是票这么贵。

A　B　C　D

参考答案

一、1. C　2. A　3. B　4. C　5. A　6. D　7. B　8. D

二、1. 倘使人没到齐

2. 假设我们的作业都做完了

3. 即便你给我哥哥的报酬很高

4. 就是考试成绩很好

5. 纵然有很多困难

6. 即便所有的人都反对

7. 就是晚上不睡觉也做不完

8. 即便考不到 HSK8 级

三、1. A，应改为“尽管我们的关系很好”。

2. C，应改为“我想假如/如果我女朋友来”。

3. B，应改为“即便你不喜欢”。

4. D，应改为“他也不会说什么”。

5. D，应改为“因此票才这么贵”。

第八课 省得(免得　以免)　以便　虽说　虽

试一试

用括号内的词语改写句子。

1. 到大连就是走高速公路最快也得三个多小时。(虽说……可……)

2. 他现在是科长,工资比在学校当教师时少很多。(虽说……但是……)

3. 他很聪明,还是很难解决这个问题。(虽……却……)

4. 玛丽因为生病耽误了一个月的课,考试还是全班第一。(虽……却……)

5. 出门旅行还是带信用卡方便,这样不用怕钱被偷了。(免得)

6. 过马路要小心点,不然会被车撞了。(以免)

7. 还是在超市买东西好,因为我不会讨价还价。(省得)

8. 老师多跟学生交谈可以了解学生的学习情况。(以便)

9. 晚上好好休息,第二天有充沛的精力参加比赛。(以便)

讲一讲

一、省得(免得　以免)

用于目的复句的后一分句的句首,表示避免发生某种不希望的情况。前一分句一般是为避免发生这种不希望的情况而采取或将采取的行动。如:

让小张给你带来吧,省得你跑一趟。

多买几个面包,省得回家做饭。

你快给家里打个电话吧,省得父母担心。

我得学会自己做饭了,省得老麻烦别人。

提示

"省得"和"免得""以免"的区别

三个词都是连词，都可以用于目的复句的后一分句，表示避免发生某种不希望的情况。"以免、免得"常用于为防止不好的事情的发生而提前做好准备。"以免"语义比"免得""省得"都重，常用于书面语，较为正式，且多用于大的方面。如：

应该总结一下事故产生的原因，以免再发生类似事故。

"免得"常用于口语。可以用于大的方面，也可用于小的方面，语义比"省得"重；"省得"语义最轻，多用于小的方面。如：

世界杯比赛期间，必须做好安全工作，以免(免得)发生重大事故。(不用"省得")

今天把闹钟开好，明早六点起床，免得迟到。("以免"也可以用，但有点儿重了)

事情办好后要及时与家里联系，免得(省得)家里人担心。

当目的复句的重点在表示节省人工、时间等方面，一般用"免得、省得"，而不用"以免"。如：

你把下午要用的东西都带上吧，免得/省得再回来拿。

你先打电话问问星期六营业不营业，省得/免得空跑一趟。

二、以便

用在后一分句的开头，表示由于有了上面的条件或情况，下面所说的目的容易实现。多用于书面语。如：

我们要好好睡一觉，以便明天有充沛的精力参加比赛。

你事先统计好参加这个会议的人数，以便安排住处。

领导要多到群众中去，以便更好地了解大家的情况。

上课时你要好好记笔记，以便复习。

三、虽说

同"虽然"。表示让步，用于已经发生的情况。多用于口语。"虽说"用于前一分句，后一分句用"但是、可是、不过、倒、然而、却、还、仍然"等词呼应。如：

她虽说丑了点儿，可是很善良。

虽说这张纸比较白，但那张纸更白。

这样的事虽说新鲜，不过没有什么意思。

虽说是开玩笑，也不能太过分。

虽说已经是秋天了，天气仍然很热。

提示

"虽说"用于前一分句的主语前后都可以，但后一分句的"但、但是、可、可是、不过"等连词一般只用在主语前。如：

这件衣服虽说比较贵，可是质量很好。

虽说我的工资没有你高，不过生活是没有问题的。

虽说工作很苦，但也有快乐。

当老师虽说辛苦，但也很有趣。

哥哥虽说还没大学毕业，但已经有了一个很好的工作。

四、虽

同"虽然"。多用于书面语。只用于主语后。如：

他年纪虽小，却很懂事。

喝咖啡虽能提神，但会影响记忆。

他穿的虽是西装，可又脏又破。

我虽不像母亲那样是个厨师，但也很喜欢做饭。

提示

用"虽"的句子都可以换成"虽然"，但用"虽然"的句子不一定都能换成"虽"。"虽"不能出现在主语前。如：

文章虽短，但内容不错。

*虽文章短，但内容不错。

话虽这么说，可我确实担心妻子在家里着急。

此镇虽小，商店却有三家：百货店、南杂店、饮食店。

豆腐虽好，也不能天天吃。

"虽"也不能像"虽然"一样，用在后边分句，表示补充说明。下面句中的"虽然"不能用"虽"代替：

我太了解他了，虽然和他打交道不太多。

这个学校的教学质量不怎么样，虽然名气很大。

练一练

一、HSK 仿真题：在下面 ABCD 中选择唯一正确的填入空中。

1. 你快给家里打个电话，______父母担心。

A. 省得　　B. 以便　　C. 便于　　D. 因为

2. 你现在应该好好学习，______将来考个好大学。

A. 以免　　B. 以便　　C. 因此　　D. 于是

3. 要去旅游的人得先报名，______安排车辆和住宿。

A. 所以　　B. 省得　　C. 如果　　D. 以便

4. 我得学会自己做饭，______每天吃食堂。

A. 省得　　B. 以便　　C. 便于　　D. 因为

5. ______李丽的钱没有你多，但生活没有问题。

A. 省得　　B. 以便　　C. 即使　　D. 虽说

6. 明天要早起，你最好定个闹钟，______睡过头。

A. 免得　　B. 为了　　C. 可是　　D. 除非

7. 哥哥______还没大学毕业，却有了一份相当不错的工作。

A. 以便　　B. 虽说　　C. 即使　　D. 省得

8. 他嘴里______不说什么，心里可不高兴。

A. 虽　　B. 既然　　C. 哪怕　　D. 因为

9. 天气干热，一定要做好防火工作，______发生火灾。

A. 省得　　B. 以免　　C. 便于　　D. 以便

10. 他年纪______小，却很懂事。

A. 又　　B. 更　　C. 虽　　D. 就

二、完成句子。

1. 把要买的东西都写在一张纸上，____________。(免得)
2. 我要认真复习，____________。(省得)
3. 开车时要系好安全带，____________。(以免)
4. 我给你我的电话号码，____________。(以便)
5. ____________，不过这还是篇好文章。(虽说)
6. ____________，但精神却仍是很好。(虽)
7. 他的行为虽有些偏激，____________。
8. 昨日虽说已立春，____________。

参考答案

一、1. A　2. B　3. D　4. A　5. D　6. A　7. B　8. A　9. B　10. C

二、1. 免得到时忘记了

2. 省得考试时紧张
3. 以免发生危险
4. 以便随时联系
5. 虽说有一些语法错误
6. 他虽生了一个多月的病
7. 但不能说他做的全是不对的
8. 但天气依然很寒冷

单元练习

一、HSK 仿真题：将下面句后括号中的词语放在唯一合适的地方。

1. A 小王 B 一直没说一句话，C 他来了 D 很长时间。（虽说）
2. A 他 B 年纪 C 不大，D 办事倒很老到。（虽）
3. A 我身上 B 一时 C 没有钱，D 那天我也会买许多彩票的。（要不然）
4. A 你再 B 长大 C 五岁，我会告诉你事实的 D 真相的。（假使）
5. A 你 B 提醒我，C 我 D 就把这件事忘在脑后了。（要不是）
6. A 这件事你 B 怎么能不告诉他呢？C 他又是 D 这项工程的主要设计者之一。（况且）
7. A 连北方 B 都热得人 C 透不过气儿来，D 南方呢？（何况）
8. 我 A 既然 B 像你说的 C 那么坏，你为什么 D 对我这么感兴趣呢？（还）
9. A 我们 B 还是 C 从小路走，D 节省时间。（以便）
10. A 他 B 没有 C 回家的路费而 D 只好一直在这儿打工。（因）
11. A 你 B 收藏的每一件艺术品都 C 有一个故事，D 为什么不把它写出来呢？（既然）
12. 咱们要么搭他的车 A 回家，B 只好 C 等 D 公共汽车了！（否则）
13. 大卫 A 对这个比赛 B 根本不感兴趣，除非你去叫他，C 他 D 会来。（才）
14. 这位作家 A 写了很多小说，B 有时也 C 写写 D 电视剧剧本。（此外）
15. 开讨论会，A 主持人 B 不发表意见，C 影响 D 会议的自由气氛。（以免）

二、HSK 仿真题：在下面 ABCD 中选择唯一正确的填入空中。

1. 还有十分钟就要上课了，我______买了个蛋饼边走边吃。

A. 于是　　B. 所以　　C. 才　　D. 幸亏

2. 他一生就写过这两部书，______没有别的著作了。

A. 所以　　B. 于是　　C. 此外　　D. 况且

3. 爬山本来就够艰难的了，______又碰上下雨呢？

A. 假如　　B. 何况　　C. 就是　　D. 幸亏

4. 他家离学校很远，______路上又堵车，所以来得很晚。

A. 幸亏　　B. 虽说　　C. 因为　　D. 况且

5. 在读大学期间，我______做个穷学生，也不做生意。

A. 省得　　B. 宁可　　C. 即便　　D. 就是

6. 我觉得这本词典对你有帮助，______借给你看一下。

A. 于是　　B. 而且　　C 因此　　D. 以便

7. ______让父母在家着急，何不马上给他们打个电话？

A. 与其　　B. 宁可　　C. 既然　　D. 纵然

8. ______你平时多努力一些，考试时就不会那么着急了。

A. 与其　　B. 假使　　C. 要不是　　D. 除非

9. ______你提醒了我，不然我就迟到了。

A. 要不是　　B. 假如　　C. 幸亏　　D. 既然

10. 你快给家里打个电话吧，______父母担心。

A. 省得　　B. 未免　　C. 不免　　D. 此外

11. 他可能不会来了，______来也不会太早。

A. 何况　　B. 否则　　C. 虽说　　D. 即便

12. 领导要多到群众中去，______更好地了解大家的情况。

A. 免得　　B. 于是　　C. 以便　　D. 要不然

13. 我要回家了，______家里人会担心的。

A. 要不然　　B. 以便　　C. 与其　　D. 省得

14. 今天天气不太好，我们______去爬山，______在家看电视。

A. 宁可……也要……　　B. 宁可……也不……

C. 宁可……与其……　　D. 与其……不如……

15. ______这件事大家都知道，______不用我重复了。

A. 之所以……是因为……　　B. 既然……就……

C. 要不是……就……　　D. 除非……否则……

16. 他______谢绝了父母的帮助，______他想自己出去闯一闯。

A. 之所以……是因为……　　B. 既然……就……

C. 要不是……就……　　D. 除非……否则……

17. ______我汉语水平比较高，你的文章我______看不懂了。

A. 之所以……是因为……　　B. 既然……就……

C. 要不是……就……　　D. 除非……否则……

18. ______有十分重要的事，他______会请假。

A. 就是……也……　　B. 要么……否则……

C. 除非……才……　　D. 要不是……就……

19. ______你先来我家，______我是不会去你家的。

A. 就是……也……　　B. 要么……否则……

C. 除非……才……　　D. 要不是……就……

20. ______遇到天大的困难，我们______要想办法克服。

A. 就是……也……　　B. 要么……否则……

C. 除非……才……　　D. 要不是……就……

21. ______你不告诉我，我______会想办法知道的。

A. 即便……也……　　B. 除非……否则……

C. 因……而……　　D. 虽说……不过……

22. 这样的事______新鲜，______没有什么意思。

A. 即便……也……　　B. 除非……否则……

C. 因……而……　　D. 虽说……不过……

23. 来中国以后，我发现我______听不懂，也不会说。______我决定多交几个中国朋友，多练习听和说。

A. 既然　因此　　B. 既　于是　　C. 宁可　所以　　D. 虽然　因此

24. 妈妈______自己受苦受累，______让我们读书。

A. 宁可……也要…… B. 宁可……也不……

C. 宁可……与其…… D. 与其……不如……

25. 王平还是离婚了，在爱情的路上，他已走出去很远很远，______他回头，______不能再回到开始的地方。

A. 纵然……也…… B. 既然……也……

C. 除非……否则…… D. 与其……不如……

三、HSK 仿真题：找出下面每段话中有错误的一部分。

1. 既然我开始做了，始终要做得认真一点儿，尽量把它做得好一点儿，不能让别人说我太马虎。

A B C D

2. 他在家里的时间很少，如果你要去他家，提前给他打个电话，方便他到时候在家等你。

A B C D

3. 现在下这么大的雨，就不要出去了，你何况明天还要去上海！早点儿睡觉吧。

A B C D

4. 昨天我和同事一起去开会。开完会，还不到吃饭的时候，于是我们就去公园散步吧。

A B C D

5. 他妈妈做的菜很好吃，况且她做的蛋糕也好吃。我们都喜欢吃他妈妈做的东西，他妈妈也很高兴。

A B C D

6. 她早上出门时没带雨伞，现在雨越来越大，于是她需要一把雨伞，谁能给她送一把伞呢？

A B C D

7. 连我都能做这个蛋糕，况且你这个专做蛋糕的师傅呢！参加我们的做蛋糕比赛吧，你一定能得第一。

A B C D

8. 小时候家里很穷，跟妈妈上街见到心里喜欢的东西，但嘴上却不敢说，省得让母亲为难。

A B C D

9. 平时他一般不跟人吵架，况且打架呢！你可能听错了，打架的人肯定不会是他。

A B C D

10. 她是你的母亲，是她把你养大的，虽然你有一千条理由，也不能这么对待她！

A B C D

参考答案

一、1. C 2. C 3. D 4. A 5. A 6. C 7. D 8. D 9. D 10. B 11. A 12. B 13. D 14. B 15. C

二、1. A 2. C 3. B 4. D 5. B 6. C 7. A 8. B 9. C 10. A 11. D 12. C 13. A 14. D 15. B 16. A 17. C 18. C 19. B 20. A 21. A 22. D 23. B 24. A 25. A

三、1. B,应改为“就要做得认真一点儿”。

2. D,应改为“以便他到时候在家等你”。

3. C,应改为“何况你明天还要去上海”。

4. D,应改为“于是我们就去公园散步了”。

5. B,应改为“而且她做的蛋糕也好吃”。

6. C,应改为“因此她需要一把伞”。

7. B,应改为“何况你这个专做蛋糕的师傅呢”。

8. D,应改为“以免让母亲为难”。

9. B,应改为“何况打架呢”。

10. C,应改为“纵然你有一千条理由”。

·第四单元·

第一课　一会儿……一会儿……　时而……时而……　……，此后……　起初……才……

试一试

用下列关联词语(限用一次)，将下列各组句子改写成复句。

时而……时而……　一会儿……一会儿……　……，此后……　起初……才……

1. 他刚见到记者拍照时表现激动。当他冷静下来就愿意接受访问了。

2. 这4 000块钱她说是借的，又说是别人送的。不知道她哪句是真话。

3. 人们在酒吧里看世界杯比赛，情绪变化一般是两种：兴奋、安静。

4. 老师说妈妈教育我的方式不对。妈妈再也不打我了。

讲一讲

一、一会儿……一会儿……

中间插入意义相反或相对的词或短语，表示两种情况在很短的时间内交替出现。多用于口语。如：

她一会儿哭，一会儿笑，大家都不知该怎么劝她。

草原的天气一会儿阴，一会儿晴，变化无常。

我感冒了，觉得一会儿冷一会儿热。

他一会儿看看手机，一会儿看看窗外，好像在等什么人。

这个孩子一会儿要吃饭，一会儿要喝水，烦死人了。

他一会儿请这个女孩吃饭，一会儿请那个女孩看电影，真不知他到底喜欢哪个。

二、时而……时而……

表示不同的现象或事情在一定的时间内不定时地交替发生。多用于书面语。相当于口语里的"一会儿……一会儿……"。如：

病人时而清醒时而昏迷。

孩子时而“老师”时而“阿姨”地叫个不停。

她对我们的态度时而热情，时而冷淡，让人莫名其妙。

他时而担心，时而焦急，时而兴奋。

孩子们总是时而活泼，时而淘气，时而让人高兴，时而又惹人生气。

三、……，此后……

连词，连接复句的后一个分句，表示时间上的承接关系。“此后”就是“从此以后”的意思，指从过去某时以后到现在，或从前一分句所说时间起一直往后的时间。如：

1978 年他大学毕业离开了北京，此后我们一直没见过面。

她结婚后去了美国，此后一直在国外生活。

本市今明两天仍有降雨，此后将出现高温少雨天气。

这个惨痛的教训，此后要牢牢记住。

四、起初……才……

“起初”是名词，“才”是副词，二者前后呼应构成“起初……才……”格式，表示时间先后的承接关系。“起初”用于前一分句，表示某种动作或情况开始时，“才”用于后一分句，表示承接的另一种动作或情况在此之后出现了。如：

妈妈起初还很高兴，后来她才发现，我的眼睛虽然睁开了，却什么也看不见。

几个人起初都以为他在开玩笑，后来才发觉事情确实如此。

提示

“才”的前面一般要有表示时间的词语(时间名词或表示完成的动词短语)，“才”后的内容常是前一分句情况的发展、变化或对前面内容的纠正。如：

起初我对这些民间工艺品不以为然，后来看得多了，才产生了兴趣。

起初我以为他跟我年龄差不多，问了他之后才知道他比我大得多。

起初这里是一片荒地，五十多年前才开始有人在这里定居下来。

练一练

一、HSK 仿真题：在下面 ABCD 中选择唯一正确的填入空中。

1. 这个洗衣机______能用，______不能用，该请人来修修了。

A. 又……又…… B. 一边……一边……
C. 时而……时而…… D. 先……然后……

2. 她______不理解，直到后来______明白了他们为什么要这样做。

A. 先……然后…… B. 一会儿……一会儿……
C. 时而……时而…… D. 起初……才……

3. 在老师的指导下，他改变了学习方法，______成绩很快就提高了。

A. 此后 B. 今后 C. 才 D. 但是

4. 这个人有心理问题，因此______“疯狂”，______“抑郁”。

A. 先……然后…… B. 一边……一边……

C. 时而……时而…… D. 要么……要么……

5. ______我以为这是个别现象，现在______发现这是普遍现象。

A. 虽然……但是…… B. 起初……才……

C. 时而……时而…… D. 先……然后……

6. 这个新建的公园开放第一周免费，______才开始售门票。

A. 于是 B. 今后 C. 而且 D. 此后

7. 孩子______不敢说，经追问之后______说是小明把门弄坏的。

A. 起初……才… B. 一会儿……一会儿……

C. 虽然……却…… D. 先……然后……

8. 我们刚来这儿时是有鹿的，______越来越少，现在再也看不见了。

A. 而且 B. 此后 C. 于是 D. 并且

9. 花儿总是时开时谢，生活也随之波动，______平淡______隆重。

A. 一会儿……一会儿…… B. 先……然后……

C. 时而……时而…… D. 起初……才……

10. 最近身体不知怎么了，______太热要脱衣服，______又冷了要穿衣服。

A. 不但……而且…… B. 时而……时而……

C. 虽然……但是…… D. 是……还是……

二、用括号里的关联词语完成句子。

1. 朋友劝我做事不要太马虎，______________。(此后)

2. 这鬼天气，______________，______________。(一会儿……一会儿……)

3. ______________，后来才知道他是广州人。(起初)

4. 这部电影真感人，把观众看得______________。(时而……时而……)

5. 我起初很讨厌他，自从他帮了我以后______________。(才)

6. 苏州今年就春天时下了一点雨，______________。(此后)

7. 他看书时______________，______________，一点儿也不认真。(一会儿……一会儿……)

8. 小明不管在哪里总是静不下来，______________，______________，真令人讨厌。(时而……时而……)

参考答案

一、1. C 2. D 3. A 4. C 5. B 6. D 7. A 8. B 9. C 10. B

二、1. 此后我做事认真多了

2. 一会儿下雨 一会儿又是很大的太阳

3. 起初我们都以为他是韩国人

4. 时而大笑时而痛哭

5. 才开始对他有了好感

6. 此后一直没下雨

7. 一会儿看看电视 一会儿喝喝茶

8. 时而大声说话 时而不停地走动

第二课 甚至　甚至于　甚而(甚而至于)　进而　从而

试一试

用下列关联词语，将下列句子改成复句。

进而　不但……甚而……　甚至　甚(而)至于　从而

1. 我要先学好汉语，然后再去研究中国历史。

2. 他天天早上要跑步，就是下大雨也不停止。

3. 她变化太大了，老朋友见了也没能马上认出她来。

4. 不到半年，他头发花白起来了，而且记性也变得非常差。

5. 我很喜欢中国，更梦想成为一个中国人。

6. 医生们经过会诊，最后找到了生病的原因。

7. 先要找到生病的原因，然后确定治疗方案。

8. 交通事业的发展为城乡物资交流提供了更为有利的条件。

讲一讲

一、甚至

连词，表示递进关系。前一分句往往说明一个事实或评价，后一分句开头"甚至"，引出极端的事例(往往是不太可能发生的)说明或证明前一分句的内容。常与"连……都(也)"强调结构一起用，"连"可以省略。如：

他每天早上都去公园锻炼身体，甚至下大雨也不停止。

她的变化太大了，甚至(连)她的丈夫都认不出来了。

张老师对我们要求很严格，甚至(连)一个标点符号都要给我们改。

房间打扫得很干净，甚至(连)一根头发也看不见。

“甚至”引出的事例必须与前一分句有直接的意义上的关联。如果句子缺少这种联系，那么就是错的。如：

*他不爱劳动，甚至一块钱也没有。

改：他不爱劳动，所以没有工作，现在穷得甚至一块钱也没有。

1. 连接并列的词或词组，“甚至”放在最后一项的前面，起强调作用。如：

儿童、少年，甚至老年人都喜欢这部影片。

全中国甚至全世界的人都在关注这件事。

他特别喜欢旅游，欧洲、北美，甚至非洲他都去过。

2. 连接分句，“甚至”用在最后一个分句的开头，引出强调的人或事物，突出所要表达的意义。分句中常有“都、也”与之呼应。前面的分句常用“不但/不仅……”或“不但……而且……”。如：

不但别人没想到，甚至他自己也没想到会得冠军。

广东话不但外国人难学，甚至中国人也很难学会。

小李不但向我们道了歉，而且愿意帮助我们，甚至提出由他来解决这个问题。

你这样做，不但对自己没什么好处，而且父母也会受到批评，甚至朋友们都觉得没有面子。

当前后分句说明同一个主语时，“不但”要放在主语的后面，第二句主语一般省略。当前后分句分属两个不同的主语时，“不但”和“甚至”应分别放在第一和第二个主语的前面。

二、甚至于

同连词“甚至”。如：

中国这几年变化很大，北京、上海、广东，甚至于新疆、西藏都发生了很大的变化。

留学生问了很多问题，甚至于苏州的气候、交通、小吃都问到了。

在学校、工厂，甚至于遥远的农村，大家都在利用互联网查找信息。

上海话不但外国人听不懂，甚至于北京人也不太听得懂。

三、甚而(甚而至于)

意义和用法基本同连词“甚至”，但书面语色彩较浓。后面也常跟“连……都(也)”强调结构，“连”可以省略。如：

这个地方以前不但没有农田，甚而吃的水也得从几十里外挑来。

我们这儿，不但大人，甚而连六七岁的小孩儿都会游泳。

时间久了，我不但记不清他长什么样儿了，甚而连他的名字都忘了。

这些措施不但无效，甚而有害。

对于大家的帮助，她不但拒绝了，甚而无半点感激！

我爱竹子，我爱兰花，甚而至于超过自己的生命。

在城市，在农村，甚而至于在偏僻的山区，到处都流传着这个动人的故事。

他们两个经常吵嘴、打架，甚而至于想杀死对方。

提示

(1) 从使用频率上看，“甚至”最常用，其次是“甚至于”，“甚而”和“甚而至于”相对使用频率要低一些。

(2) 有时，“甚至”等词语后面可加上副词“还”，有加强语气的作用。如：

看到眼前美丽的雪景，有些人特地下车捧起了一把雪，有些人甚至还拍起了照片。

你成为这个商店的会员以后，不仅买东西可以优惠，甚至于还可以得到一些小礼品。

虽然汉语难学，但我并不后悔选择了中文系，甚而至于还有些喜欢。

四、进而

连词，表示在已有动作的基础上采取进一步的行动。用于书面语，连接分句，"进而"用于后一分句谓语动词前。前后分句的动作者是同一个。"进而"前常用"又、再、并"等副词修饰。如：

他们因小事吵架进而动手打伤了对方。

我要先学好汉语，进而去研究中国历史。

学校在解决了住宿问题后，又进而解决了吃饭问题。

这项设计完成以后，他们又进而致力于另一项工程的设计。

我们先在一所学校进行了教学改革试点，并进而推广到全市的中学。

政府已经注意到了这个问题，并进而制定了相关的法规。

五、从而

书面语。一般用于后一分句的开头。

1. 引出结果。"从而"前面的分句一般是表示某种动作行为或状态的，"从而"引出由此产生的结果。如：

名医们对他的病进行了会诊，从而查明了病因。

如何使学生爱上音乐，从而安静下来，是一个有趣的研究课题。

公司进行了分配改革，从而提高了广大员工的积极性。

他总是不听别人的劝告，一意孤行，从而导致了悲剧的发生。

人一旦失去理智，便很容易丧失人性，从而走向极端。

2. 引出目的。前一分句介绍某种条件或方法，"从而"引出由此可以进一步达到的目的。如：

我们应该严格要求自己，从而提高自身修养。

平时可以尽量走路去上班，从而达到锻炼身体的目标。

老师应该了解每个学生的特点，从而因材施教。

提示

"进而"与"从而"的区别

"进而"后的谓语所表示的一般是动作者主观有意识、有目的、有计划的进一步的行动，动作性较强；"从而"后的谓语所表示的一般是由前面的动作引起的结果，动作性较弱。有很多是自然引起的结果。如：

先学好第一外语，进而再学习第二外语。

我们在学校进行了教学改革，从而提高了整体的教学质量。

医生们对他的病进行了会诊，并进而就医疗方案取得了一致的意见，从而很快使他的身体有了起色。

"进而"和"从而"所连接的分句，一般不出现也不能出现主语(主语应与前一分句的主语一致)。

"从而"与"因而"的区别

(1)"从而"和"因而"都可以表示因果,但"因而"表示的是静态的解释或推理的因果关系,"从而"表示的是条件性动态因果关系。"从而"之前的分句一般是某人做了努力、采取了什么措施或行动,或出现了某种情况,在此基础上进一步发展而产生了"从而"后的结果。因而,"从而"连接的前后分句之间是动态的、发展的,常有时间上的承接关系。前后分句只是一种静态的、通过原因来解释结果的复句,应用"因而"连接而不能用"从而"。如:

最近他没精神,因而常常不上课。

我跟他在一起工作了很多年,因而很了解他的性格。

(2)"从而"不能用于前后是带有推理关系的因果复句,"因而"可以。如:

他说了错话,因而必须道歉。

*他说了错话,从而必须道歉。

"从而"与"以便"的区别

"以便"与"从而"一样常用于书面语。前一分句同样是将采取某个行动,做出某种努力作为条件,但与"从而"引出的进一步发展而产生的结果不同的是,"以便"后面接的分句一般表示具有了前面的条件后便于做某事,多带有解释为什么要采取前面行动的作用。像下面的分句都不能用"从而"。如:

你把你的手机号码告诉我,以便我及时跟你联系。

开学术会议要事先统计好参加会议人数,以便安排住处。

上课时你要好好记笔记,以便复习。

练一练

一、HSK 仿真题:在下面 ABCD 中选择唯一正确的填入空中。

1. 我们应了解每个学生的差异,______根据每个学生的特点进行教学。

A. 此后　　B. 于是　　C. 甚至　　D. 进而

2. 他没有理想,没有抱负,______连脾气也没有。

A. 进而　　B. 甚至　　C. 于是　　D. 但是

3. 小麦收购价每公斤下降了 10 元,______使农民的收入下降了。

A. 然后　　B. 为了　　C. 甚至　　D. 从而

4. 为什么最近你的跑步速度不能提高,______有时还退步了呢?

A. 或者　　B. 甚至　　C. 进而　　D. 此后

5. 中国实行了改革开放,______促进了经济的发展。

A. 于是　　B. 甚至　　C. 从而　　D. 为了

6. 天气很热,我感到很不舒服,______晚上还做恶梦。

A. 因此　　B. 甚至　　C. 进而　　D. 况且

7. 有些中年妇女工作压力过大、精神高度紧张,______使更年期提早出现,提前衰老。

A. 从而　　B. 甚至　　C. 进而　　D. 况且

8. 新的水稻良种先在这几个村试种,______在全县推广。

A. 从而　　B. 甚至　　C. 进而　　D. 况且

9. 爷爷老得太厉害了，______我第一眼见他都没认出他来。

A. 从而　　B. 于是　　C. 进而　　D. 甚至于

10. 他学习汉语______不肯说，______几乎不阅读，所以汉语成绩一直提不高。

A. 虽然……可是……　　B. 时而……时而……

C. 起初……才……　　D. 不但……甚而……

二、用括号内的词语完成句子。

1. 他的箭不但可穿透牛皮，________________。（甚而）

2. 这种浪费行为还将在观念上形成很深的影响，影响我们生活，________________。（甚而至于）

3. 他想先来中国熟悉环境，________________。（进而）

4. 这个学生的学习方法不太好，________________，甚而会影响成绩。（不但）

5. 通过调查研究发现问题，________________。（从而）

6. 上海话不但我们外国人听不懂，________________。（甚至）

7. 大风吹倒了路边的自行车，________________。（进而）

8. 他一直很努力地为公司工作，________________。（甚至于）

9. 公司对员工意见不重视，________________。（从而）

10. 大卫是个很固执的人，别说我们劝他他不听，________________。（甚至）

三、HSK 仿真题：找出下面每段话中有错误的一部分。

1. 我最近非常忙（A），总在外面开会（B），你把你的 E-mail 地址告诉我（C），从而通过网络联系（D）。

2. 中国实行了对外开放的政策（A），从而中国的贸易大发展了（B）。现在在中国不仅能看到大量的外国产品（C），而且很多中国的产品也走出了国门（D）。

3. 我在苏州住了很长时间（A），我对这里的生活已经完全适应了（B），还交了很多朋友（C），从而舍不得离开这儿（D）。

4. 这部影片放映之后（A），总收入高达五亿多美元（B），被誉为科幻片中的经典作品（C），从而在西方世界引起“科幻热”（D）。

参考答案

一、1. D　2. B　3. D　4. B　5. C　6. B　7. A　8. C　9. D　10. D

二、1. 甚而能射进石头
2. 甚而至于对下一代产生不好的影响
3. 进而在中国投资建公司
4. 不但不能提高学习成绩
5. 从而找到解决问题的方法
6. 甚至北京人也听不懂
7. 进而吹倒了路边的树
8. 甚至于节假日也很少休息
9. 从而影响了员工的工作积极性
10. 甚至他最好的朋友劝他都不听

三、1. D,应改为“以便通过网络联系”。
2. B,应改为“从而使中国的贸易有了很大的发展”。
3. D,应改为“因此,舍不得离开这儿”。
4. D,应改为“进而在西方世界引起‘科幻热’”。

第三课 不光 不只 不单 别说

试一试

HSK 仿真题：将下面句后括号中的词语放在唯一合适的地方。

1. A 他 B 读了 C 硕士，还 D 读了博士。（不光）
2. A 产量 B 增加了，并且质量 C 比过去 D 有了提高。（不只）
3. A 小学生 B 喜欢看动画片，C 中学生，甚至大学生 D 也喜欢看。（不单）
4. A 他 B 是我的朋友，更是我的兄长，C 我的老师。（不只）
5. A 动物园的熊猫，B 小孩子 C 喜欢，连大人也都爱看。（别说）
6. A 这么点小事，B 即使再大的困难，C 我们也能解决。（别说）

讲一讲

一、不光

1. 副词，表示超出某个数量或范围。一般用于口语。常和"一个"等数量词一起用。如：

来学汉语的不光是年轻人，还有六十多岁的老人。

来中国旅游的不光他一个人，他妻子和孩子都来了。

这是天灾，不光你一个人，家家都有难，得想开点儿！

2. 表示递进关系的连词，意义同"不但、不仅"，用在前一分句，后一分句常用"而且、并且、也、还"等引出更进一层的意思。"不光"多用于口语。如：

学汉语，不光要多读，而且要多说。

我们不光请你吃饭，还将带你去玩。

于连不光喜欢看中国武术表演，并且自己也会舞剑。

与"连……也……""就是……也……"等强调结构一起用，进一步强调后一分句的内容。如：

关于春游安全的问题，不光是老师，连校长也再三强调过。

传说中的白狼不光我爸爸没见过，就是我爷爷也没见过。

二、不只

用法基本同连词"不光"。常和"一个"等数量词一起用。如：

小林不只会唱歌，而且还会跳舞。

汉语不只在中国各地使用，而且在世界上也广泛使用。

阅览室里不只报纸、杂志很多，并且各类工具书也很丰富。

这个问题很复杂，不只是一个地方有。

不只一个从商的朋友抱怨，现在的生意太难做了。

不只所有的学生，而且几乎所有的老师都参加了长跑比赛。

当前后两个分句的主语相同时，“不只”出现在主语后；主语不同时，“不只”出现在主语前。

三、不单

1. 副词，表示超出某个数量或范围。常和“一个”等数量词一起用。如：

脾气不好的人我见得多了，不单你一个。

既然结婚成了家，过日子就不单是我一人的事了。

他们知道患这种可怕病症的人不单是你一个人。

2. 连词，用法同“不仅”，多用于书面语。如：

汉语不单要学，而且一定要学好。

不单生活改善了，人的精神面貌也改变了。

妻子在家不单耐心教育孩子，还精心照顾父母。

这样简单的道理，不单你懂得，连几岁的娃娃也懂得。

3. “不单”也说“不单单”。如：

在过去，那山峰不单单人上不去，连老鹰都很难飞上去。

汉字不单单是一种符号，它还可成为艺术品。

昨天一晚上没有睡好觉，不过，不单单是兴奋，还有担心和不安。

4. “不单”后还可用“只”，意义同“不单”。如：

她不单只找到了一个可靠的丈夫，而且，她还快要做母亲了。

提示

(1)“不单”多用于书面语，“不光”多用于口语。“不单”和“不光”都可以与“一个”等数量词一起用，前一分句多用“不光……一个”，也可以用“不单……一个”；但后一分句或单句的结尾更多地用“不单……一个”(详见上)。

(2)“不光”“不只”“不单”都常与“而且”“并且”前后呼应构成递进复句。要说明的是，这类复句前后分句一般同属一个大主语。如：

他们不光个个会唱，并且个个能唱。

这里的服务员不只面带微笑，而且态度热情。

(“面”和“态度”是小主语，是共同说明前面“服务员”这个大主语的)

如果前后是不同的主语，只能用“而且”，不能用“并且”。如：

为国家作出巨大贡献的人，不光他们本人受到人们的尊敬，而且他们的家属都会受到大家的尊敬。

*在我们班，不只李丽漂亮，并且张小玉也很漂亮。

改：在我们班，不只李丽漂亮，张小玉也很漂亮。

四、别说

连词，用于表示让步的复句。“别说”引出的小句一般是起陪衬作用的，目的在于突出另外分句所表示的人或事物的重要性。

1. 用在前一分句开头,后一分句常与“即使……也……”或“连……也……”等搭配,句子突出的重点为后一分句。构成“别说……,即使/连……也……”等格式。如:

这事别说在小说里没见过,恐怕连想也没想过。

动物园的猴子,别说小孩子喜欢,连大人也都爱看。

大热天里,别说去逛街了,即使坐在教室里也汗流满面。

为了参加比赛,别说星期六休息了,就连星期天都得积极训练。

2. “别说”用于后一分句句首,句末常用语气词“了”表示强调,前一分句常有“连……也/都……”等与之搭配,“别说”引出的后句对前句起进一步补充说明的作用。如:

刮这么大的风,连走路都有困难,别说骑自行车了。

你办事太马虎,连我都不放心,别说你经理了。

3. 前一分句有时形式上是一个名词性词语或介宾短语,省略或隐含的动词在下文出现。如:

这里别说是海,连小湖都看不到。

别说白酒,他啤酒也不喝一滴。

4. 后一分句有时形式上是一个名词性词语或介宾短语,省略或隐含的动词出现在前边。如:

连新疆那么远的地方都去过,别说是上海了。

提示

“别说……即使(就是)……也”如果是说同一个大主语的,后面的小主语有几种位置:后面的小主语不同,主语放在连词后;后面的小主语相同,主语放在“别说”前或放在“也”前。如:

去英国留学这件事,别说他这个农村孩子,就是来自教师家庭的王力也没想过。

这次 HSK 考试,安娜别说八级,就是六级也没过。

这次 HSK 考试,别说八级,就是六级安娜也没过。

练一练

一、用括号里的词语完成句子。

1. 刘明____________________,并且还请辅导老师教他。(不光)
2. 小李喜欢热闹,连周末的小聚会都不肯错过,____________________。(别说)
3. ____________________,也知道他们的想法。(不单)
4. ____________________,有些地方的孩子连汽车都没见过。(别说)
5. ____________________,并且在演讲比赛中也获得了最好的成绩。(不光)
6. 这几个字,____________________,即使中国学生也不一定认识。(别说)
7. ____________________,也精心照顾父母的生活。(不只)
8. 你办事太马虎,连我都不放心,____________________。(别说)
9. 这次 HSK 考试____________________,而且大卫也通过了。(不只)
10. 绕口令就是中国人也不一定说得好,更____________________。(别说)

11. 这本书________________，即使老年人也爱看。（别说）

二、HSK 仿真题：找出下面每段话中有错误的一部分。

1. <u>这次留学生才艺比赛</u>，<u>不只“中国功夫”得了奖</u>，<u>并且“中国民歌演唱”也得了奖</u>。<u>大家都非常高兴</u>。

A　B　C　D

2. <u>王教授别说在国内是著名的</u>，<u>就是在世界上他也是很著名的科学家</u>。<u>他的研究成果</u>，<u>在很多方面都是国际一流的</u>。

A　B　C　D

3. <u>那所老房子是五百年前的建筑</u>，<u>非常有特色</u>，<u>我爷爷都没见过</u>，<u>别说我</u>。

A　B　C　D

4. <u>我长期在外地工作</u>，<u>不单妻子在家耐心教育孩子</u>，<u>还悉心照料我的父母</u>。<u>所以我从心里感谢她</u>。

A　B　C　D

参考答案

一、1. 不光自己认真学习
2. 别说这么热闹的晚会了
3. 我不单知道他们做了什么
4. 别说开汽车
5. 他不光作文比赛得了大奖
6. 别说刚学了一年汉语的外国学生
7. 他不只照顾年幼的孩子
8. 更别说一向对你不放心的妈妈了
9. 不只玛丽通过了
10. 别说外国人了
11. 别说年轻人

二、1. C，应改为“而且‘中国民歌演唱’也得了奖”。
2. A，应改为“王教授别说在国内”。
3. D，应改为“别说我了”。
4. B，应改为“妻子在家不单耐心教育孩子”。

第四课 因 故 以至 以致 不免

试一试

选词填空。

以致 故 甚至 以至 因

1. 昨晚我有别的事，__________没去找她。
2. __________一直下雨，大家的心情有些不好。
3. 他不遵守交通规则，__________出了严重的交通事故。
4. 他专心写作业，__________有人进来都不知道。
5. 学校附近的中餐馆、西餐馆，__________营业不久的日本拉面馆，他都吃遍了。

讲一讲

一、因

连词，表示原因，意义和用法基本同“因为”。不同的是“因”一般用于书面语。它主要有以下几种用法：

1. 用于因果复句第一个分句前，构成“因……（原因），……（结果）”结构，后一分句常用“所以”。如：

因天气不好，飞机改在明天起飞。

他的病因及时治疗，所以很快就好了。

如果前后分句是同一个主语，主语出现在前一分句的话，“因”一般放在前一分句的主语后。如果前后分句是不同主语，“因”一般用于前一分句句首。

2. 用于因果复句第二个分句前，构成“……（结果），因……（原因）”结构，解释产生结果的原因。如：

我们无法游过去，因水流太急。

昨晚我没有去找你，因有别的事。

这些句子可以变换为：

因水流太急，我们无法游过去。

因有别的事，昨晚我没去找你。

3. 与“而”构成“因……而……”结构，连接原因和结果，表示因果关系。如：

我考试时因粗心而看错了题目。

他因成绩优秀而获得了奖学金。

“因……而……”只能用于前后同一主语的单句，不能连接两个分句。下面的句子是错的：

*他因有事而我帮他去寄包裹。

二、故

连词，所以、因此，表示原因。是古汉语用法的沿用，用于因果复句的后一分句的开头，前一分句常用“因”“因为”“由于”等与之呼应。如：

董事长出差，故不能前来参加会议。

因天气变化，故运动会推迟两天。

昆明一年四季温暖如春，故称作“春城”。

这个学生由于生活困难，无法支付学费，故不得不停学。

三、以至

1. 连词，直到，用在并列的词或短语之间，表示时间、数量、范围、程度、等级等方面的递增或递减。如果连接的成分不止两项时，“以至”用在最后两项之间。如：

只要有特色，几元、几十元以至几百元的商品，均可成为纪念品。

糖尿病是一种疑难疾病，也是一种多发病，严重地影响人们的工作生活以至寿命。

我们不能只顾眼前，我们还必须考虑以后十年，以至未来五十年公司的发展。

这一事件在全省以至省外都引起了强烈反响。

我们应发动广大群众的大搞卫生运动，为减少疾病以至消灭疾病而努力。

2. 连词，用在递进复句后一分句的开头，表示前一分句的情况进一步发展所至，最终出现了某种实在的结果。如：

经过多年的努力，汉语终于成了他运用自如的语言，以至在交谈中竟听不出他是一个外国人。

国庆结婚的人实在多，以至马路上到处都可以看到一辆辆漂亮的婚车。

那篇课文他读了将近十遍，以至都能背下来了。

为了提高当地人民的生产、生活水平，他日夜操劳，废寝忘食，以至染上重疾。

3. “以至”也可以说成“以至于”。如：

中国的历史、地理，以至于各地的风俗习惯他都很了解。

他的工作安排得太紧，以至于每天忙到深夜。

四、以致

连词，用于因果复句后一分句的句首。表示由于前面所说的原因而产生的结果，一般是不好的或说话人不希望的结果。如：

来中国以后，他由于整天喝酒，以致把身体都喝坏了。

由于他总是斤斤计较，以致后来大家都不愿理他了。

由于路上堵车，以致没赶上火车。

提示

“以至”与“以致”的区别

(1) “以致”连接的前后分句是因果关系，因而前一分句常可有“由于”之类的表示原因的词语，“以致”引出结果句。“以至”连接的前后分句是递进关系，表示的是前面的情况发展所至，出现了最终的结果。如：

他看书看得太认真，以致忘了下车。

（“忘了下车”是由于看书认真引起的）

他看书看得太认真，以至连下车都忘了。

（“连下车都忘了”说明是认真的程度进一步发展所至）

（2）“以致”不能用来表示好的、积极的结果，而“以至”没有限制。

（3）“以致”一般只连接小句，不连接词语或短语，“以至”没有限制。

“以至”与“甚至”的区别

（1）“甚至”和“以至”都可用于表示递进关系的复句中。“以至”后面出现的一般是前面情况进一步发展所至，是已经出现的或将来肯定会出现的最终结果。有的带极端性质，有的不带。如：

有人做了违背群众利益的事，就要给以严肃的批评，以至纪律处分。

把中国建成现代化的国家，那决不是一天两天以至一年两年的事，而需要几十年以至上百年的奋斗与工作。（前一“以至”不能换成“甚至”）

（2）“甚至”后面所出现的往往是带有极端性质的突出事例或情况，往往是不太可能出现或较少出现的情况。用“甚至”主要是通过所举的这类例子来突出所要表达意义，所以“甚至”常可用于假设句、对比句，也可以用于“被”字句。“以至”则不能。如：

有人犯错误不怕内部批评甚至处分，就怕公开曝光。（对比句）

违背学校以上规定者，轻则记过处分；重则不授予学位，甚至被退学、开除。

如果改革失败了，中国的历史将会倒退几十年甚至一百年。（假设句）

（3）“甚至”往往连接的是一般情况与极端情况，前后连接的分句与动词短语是一种并列的、静态关系。而“以至”连接的前后情况一般是动态发展的。下面句中的“甚至”和“以至”都不能互换。如：

人生的紧要处往往只有几步，甚至只在一念之间。

老王很早就参加了工作，挑起养活全家的担子，供给弟弟妹妹上大学甚至去留学。

人们把爱虎画虎以至入迷者，称为“虎痴”。

（4）“甚至”可以只引出极端情况，一般情况前面可以不出现，常用于带有说话人主观评价的句中，“以至”则不能。如：

这么容易的问题，甚至小孩子都能回答。（“甚至”不能换成“以至”）

五、不免

副词，一般用于客观叙述事实，说明“不免”后出现的情况按照常规看是不可避免的。多用在复句的后一分句。“不免”后的情况大多是不希望出现的情况或心理状态，但也有少数是中性或较好的。如：

我打了一天字，不免腰酸背痛。

山田是第一次来中国，不免有些不习惯。

杰克第一次上台演讲，不免有点紧张。

考试时间快到了，试卷只做了一半，我不免着急起来。

听到孩子说的这几句话，我心中不免生出一丝宽慰。

看到家乡发生的巨大变化，不免感慨万分。

提示

"未免"与"不免"的区别

(1)"未免"与"不免"都是副词,后边都不能跟单音节词,也不能是谓语的简单形式。

＊夜深了,一个人在路上走,不免怕。

＊夜深了,一个人在路上走,不免害怕。

改:夜深了,一个人在路上走,不免有点儿害怕。

＊隔壁的人又唱又叫,未免闹。

＊隔壁的人又唱又叫,未免吵闹。

改:隔壁的人又唱又叫,未免太闹了。

(2)"不免"一般用于客观叙述事实,"未免"一般表示说话人的主观看法——认为某事或某人的做法有些过分,常用于表示主观看法和评价方面,常与带有主观评价意义的"太、过于"等词一起用。如:

这件事你处理得未免过于简单、草率了。

我觉得咱们的生活未免太单调了。

他说比赛肯定输,未免过于悲观了吧。

练一练

一、选择下面的关联词语填空。

因　故

1. 玛丽__________病请了两天假。
2. 他的家庭已无法支付学费,__________只好中断学业。
3. 这次试验我们__________缺乏经验而失败。
4. 由于路上堵车,__________没有赶上飞机。

以至　以致

5. 中国的历史、地理__________各地的风俗习惯他都很了解。
6. 这次台风带来的雨太大了,__________市区不少道路都积水了。
7. 这篇文章他已经读得很熟了,__________有些地方他都能背出来。

以至　甚至

8. 为什么你最近的短跑速度不能提高__________有时候还退步了呢?
9. 由于天气的原因,飞机的起飞时间从2点延到3点半,又延到5点,______被迫取消。
10. 科学技术发展得很快,__________很多老年人都感到需要重新学习。
11. 他学习很认真,白天、晚上,__________星期六、星期天都在图书馆看书。

不免　未免

12. 他的女朋友两天没来电话了,他__________胡思乱想起来。
13. 三个人住一间房__________太挤了吧。
14. 工作了一天,__________觉得有点累。
15. 孩子很晚还没回家,妈妈心中__________着急起来。

二、用括号里的词语完成句子。

1. ____________________，很多人没听懂。（未免）
2. 听到这个消息，____________________。（不免）
3. 他唱得非常好听，____________________。（以至）
4. 他对苏州非常了解，____________________。（以至于）
5. 由于看错了时间，____________________。（以致）
6. ____________________，我没跟她联系上。（因）
7. 我公司需要汉语人才，____________________。（故）
8. ____________________，所以没能去参加你的婚礼。（因）
9. 爬山时要特别小心，____________________。（以免）
10. 突然下起了大雨，我们都没带伞，____________________。（以致）

三、HSK 仿真题：找出下面每段话中有错误的一部分。

1. 因他的病及时治疗（A），所以很快就好了（B）。三个月前他早就出院了（C），并且已经上班了（D）。

2. 这次期末考试（A），虽然很难（B），但我准备得很充分（C），以致考了 100 分（D）。

3. 我跟他是好朋友（A），他因工作忙而我帮助他（B）。这是我应该做的（C），你不用表扬我（D）。

4. 马克太骄傲（A），看不起别人（B），从来不肯帮助人（C），大家未免有些不喜欢他（D）。

5. 睡觉时手放在胸部（A），就可能做噩梦（B），梦见有石头或怪物压在身上（C），以至喘不过气来（D）。

6. 现在（A），多数型号的手机（B），香港市场上的价格与内地相差无几（C），以至更贵（D）。

参考答案

一、1. 因 2. 故 3. 因 4. 故 5. 以至 6. 以致 7. 以至 8. 甚至 9. 以至 10. 以至 11. 以至 12. 不免 13. 未免 14. 不免 15. 不免

二、1. 你讲得未免太快了

2. 我们不免开始为他担心
3. 以至连正在哭闹的小孩子也渐渐安静下来听他唱歌了
4. 以至于可以被称为“苏州通”
5. 以致上课迟到了一个小时
6. 因没有她的电话号码

7. 故派我来这儿学习汉语

8. 我因临时有急事

9. 以免不小心摔下来

10. 以致衣服都被雨淋湿了

三、1. A,应改为“他的病因治疗及时”。

2. D,应改为“所以考了100分”。

3. B,应改为“因为他工作忙,我才帮助他”。

4. D,应改为“大家不免对他有些看法”。

5. D,应改为“以致喘不过气来”。

6. D,应改为“甚至更贵”。

第五课 一来……，二来…… 一者……，二者…… 一则……，二则…… 一是……，二是…… 或 或是

试一试

用括号里的词语改写句子。

1. 这次选学生代表，可以选小李，也可以选小王，这由你自己来决定。（或是）

2. 口语课时大家都不爱发言，一个原因是害怕说不出，另一个原因是怕说错不好意思。（一来……，二来……）

3. 我不常在外面吃饭，一方面是因为我丈夫不愿意在外边吃，另一方面是因为饭店的菜太贵了。（一者……，二者……）

4. 这场比赛，要么他参加，要么你参加，必须快点儿作出决定。（或是……，或是……）

5. 他有三大爱好，第一个爱好是唱歌，第二个爱好是跳舞，第三个爱好是和朋友聊天。（一是……，一是……，一是……）

讲一讲

一、一来……，二来……

连接分句，用以依次列举某事物的原因或目的。多用于口语。如：

她对北京特别有感情，一来那里是首都，二来她是在那儿出生的。

我没敢把你丈夫受伤的事告诉你，一来是因为你丈夫叫我不要告诉你，二来怕你知道了会很难过。

王先生决定马上就回国，一来是为了参加一个重要会议，二来是为了去看望久别的亲友。

提示

(1) 有时，可以连用“一来……，二来……，三来……”表示多种原因或目的。如：

我决定提前跟他一起走,一来路上有个伴儿,二来可以早去早回,三来手头的工作正好结束。

(2) 也可以用"一来……,一来……"列举原因或目的。如:

他来中国留学,一来是想提高汉语水平,一来也是想在中国找工作。

二、一者……,二者……　一则……,二则……

表示并列关系的关联格式,依次列举某事物的原因或目的等。多用于书面语。如:

到了南方,我去北京的次数就很少了,一者因为相离太远,二者因为工作太忙。

他们实行这个计划的原因很简单,一者能够提高公司的地位,二者收益也会比较好。

我并没有伤害她的意思,只不过一则看看她还爱不爱我,二则希望她更关心我。

她总喜欢包一条白布头巾,一则遮灰尘,二则保护头上的神经。

三、一是……,二是……

表示并列关系,用来列举某事物的原因、目的等。如:

她总在刚上班时给每人泡一杯咖啡,一是想和大家表示亲近,二是希望大家多多关照她。

新产品试制失败的原因一是资金不够,二是经验与能力不够。

我们现在一是无聊,二是很想你,所以想邀请你一起出来聚一聚。

"一是……,二是……"也可以用来表示互相联系的两种事物同时存在。如:

对我来说,学习汉语比较困难的有两个,一是汉字,二是语法。

提示

(1) 序数可以递增,说成"一者……,二者……,三者……""一则……,二则……,三则……""一是……,二是……,三是……",表示多种原因或目的并存或多种事物同时存在。如:

她在返回的途中,已经走得很慢了,一则太累,二则脚痛,三则干粮已经吃完,难免肚子饿。

他不想回老家,一是老家已没有亲人,二是学业还没有完成,三是女朋友也在这儿。

(2) 也可以用"一者……,一者……,一者……""一则……,一则……,一则……""一是……,一是……,一是……"来列举。

四、或

1. 连词,用法同"或者"。表示选择。连接词、短语或分句。

(1) 连接两项以上的成分,有时用一个"或",有时用两个以上的"或",表示可以选择一项。

只能用一个"或"的(特点见句后说明),如:

他明天或后天要去北京旅游。("或"连接的是表示时间的名词)

这本书你交给小张或小李都行。("或"连接的是宾语)

参加本次旅游的个人或团体请到 5 号窗口登记。("或"连接的是有同一定语的两项,一般带"的")

可以在每一项前用"或"的(特点见句后说明),如:

我打算明年出国留学,或去美国,或去英国。("或"连接的是动词短语)

如有几个并列的动词性短语,前面的"或"可以省略,最后用一个。如:

吃包子、吃水饺，或吃米饭，随你们。

(2) 用于“不管、不论、无论”之后，表示包括所有的情况。如：

听到这个消息，村里无论老的或少的，男的或女的，都很高兴。

不管刮风或下雨，他从来都不迟到。

这件事不论成或不成，咱们都应该试试。

提示

相反、相关的两个并列项只用一个“或”，另外两个并列项则再用“或”，构成几个不同的并列短语。

(1) 表示几种情况交替出现。交替出现项之前都可以用“或”，可以连用几个“或”。如：

我星期六在家里，或看电视，或玩电脑游戏，并不感到无聊。

或打球，或跑步，或游泳，平时他总是做很多运动。

(2) 表示等同，连接词语，表示前后是同一个概念。一般用于后一词语前，起补充解释的作用。如：

现在每个人都有移动电话，或叫手机。

对所谓“贵族学校”或豪华型学校，很多人表示不赞成。

通过各种活动来促进儿童的一般能力，就是所谓的“智力刺激”或“智力开发”。

五、或是

1. 连词，用法同“或者”“或”，表示选择。连接词、短语或分句。如：

坐飞机或是坐火车，由你决定。

去图书馆要有借书证或是学生证。

不论成功或是失败，都是有益的尝试。

她每次来总给我们带点东西，或是笔记本，或是画图本，或是练习簿。

2. 也可以表示交替关系。如：

天上的云千变万化，或是像羊群，或是像奔马，或是像大象。

大家玩得很高兴，或是唱歌，或是跳舞，或是下棋，或是与朋友聊天。

提示

(1) 连接并列项时，用一个“或是”还是用几个，规则同“或”。

(2) 多音节词语和单音节词语并列，一般单音节在前。如不说“要饮料或(是)酒”，而说“要酒或(是)饮料”。

练一练

一、用括号里的关联词完成句子。

1. ____________________，我们必须立即决定。（或是……，或是……）
2. 我之所以买这台电脑，____________________。（一来……，二来……）
3. ____________________，爷爷总是不愿意住医院。（一者……，二者……）

4. 他工作了这么长时间都没买车,____________。(一则……,二则……)
5. 这个暑假我们哪儿也没去,____________。(一是……,二是……)
6. 中国的父母把孩子的教育看得重于一切,____________。(一者……,二者……)
7. ____________,问题总是能解决的。(或是……,或是……)
8. 最近的飞机票涨价涨得很厉害,____________。(一是……,二是……)
9. 我下个月要带女儿去趟北京,____________。(一来……,二来……)
10. 进口商品总是很贵,____________。(一则……,二则……)

二、HSK 仿真题:找出下面每段话中有错误的一部分。

1. 今天晚会要出节目,要么你唱,还是他唱,你们两人之中得有一个人唱。
   A 今天晚会要出节目　B 要么你唱　C 还是他唱　D 你们两人之中得有一个人唱

2. 我不去的原因,一来的原因是因为太远,二来是因为没有时间。请你原谅。
   A 我不去的原因　B 一来的原因是因为太远　C 二来是因为没有时间　D 请你原谅

3. 李丽每次旅行回来总能给我们带点小礼物,或是明信片,或是小工艺品,还有当地的特色食品。
   A 李丽每次旅行回来总能给我们带点小礼物　B 或是明信片　C 或是小工艺品　D 还有当地的特色食品

4. 我们现代人懂得种地、放羊、养猪、养牛,用这种方法获得食物。原始人类最初是靠采集、渔猎维持生活的,从而过渡到以畜牧业、农业生产维持生活。
   A 我们现代人懂得种地、放羊、养猪、养牛　B 用这种方法获得食物　C 原始人类最初是靠采集、渔猎维持生活的　D 从而过渡到以畜牧业、农业生产维持生活

参考答案

一、1. 或是去上海,或是去无锡
2. 一来是工作需要,二来是这种电脑现在比以前便宜多了
3. 一者住在医院总让他想起他是病人,二者医院的环境不太安静
4. 一则单位离家不远,二则现在的汽油价格涨得很厉害
5. 一是天气太热不想动,二是还有上学期的很多工作没做完,必须在暑假里完成
6. 一者因为父母这一代大多没有学习的机会,希望孩子能完成他们的心愿,二者因为现在不好好念书将来工作难找
7. 或是找中介公司,或是找朋友帮忙
8. 一是最近是旅游旺季,二是最近汽油涨价了
9. 一来带她去爬爬长城,二来也去看看北京的朋友
10. 一则进口商品一般质量都很好,二则进口商品要付关税

二、1. C,应改为"要么他唱"。
2. B,应改为"一来是因为太远"。
3. D,应改为"或是当地的特色食品"。
4. D,应改为"进而过渡到以畜牧业、农业生产维持生活"。

第六课 不但/不仅不/没……，还……
不但/不仅不/没……，反而/反倒……
不光不/没……，反而/反倒……

试一试

HSK **仿真题：在下面 ABCD 中选择唯一正确的填入空中。**

1. 他对父母______尊敬，______常骂他们。

A. 不但……而且…… B. 一边……一边……
C. 不但不……反而…… D. 又……又……

2. 小吃摊上的东西______ 好吃，而且______不卫生，吃了容易生病。

A. 不光……还…… B. 不光不……还……
C. 不光不……反而…… D. 不光没……还……

3. 看电视______是对汉语学习的补充，而且______有可能增强学生的学习兴趣。

A. 虽然……却…… B. 既……又……
C. 不仅……还…… D. 哪怕……也……

4. 这些玩笑，______让她觉得好笑，______让她很生气。

A. 不但没……反而…… B. 不但……而且……
C. 一边……一边…… D. 不仅……还……

5. 听了这番话，老王______生气，______开心地笑了起来。

A. 不仅……而且…… B. 因为……所以……
C. 不仅没……反倒…… D. 既然……就……

6. 这样做______能说服大家，______会引起大家的反感。

A. 时而……时而…… B. 如果……就……
C. 不但……反而…… D. 不光不……反而……

7. 张奶奶年纪大了，______耳______聪目______明，腿脚______很不灵活。

A. 不光 不 不 还 B. 不光 又 又 也
C. 不光 不 又 还 D. 不光 又 不 也

讲一讲

一、不但/不仅不/没……，还……

“不但、不仅”跟否定词连用，与表示添加语气副词“还”前后呼应，构成表示递进关系的复句，表示情况不仅不像或没像前一分句所说的那样，而且动作的范围进一步扩大或程度进一步加深了。如：

妈妈不但没骂他，还给他做了很多好吃的。

有的女生为了减肥，不仅不吃早餐，还把早餐钱存起来买减肥产品。

适量吃巧克力不但不会长胖，还有益健康。

大象就像人一样，只要有机会就会变得非常懒惰，不仅不运动，还想不停地吃东西。

提示

(1)“不但/不仅不/没”所引出的前一分句表示的往往是与原有的情况不同，或与说话者设想、认为的不同。如：

现在村民们不但不去砍树，而且还在村前屋后栽上了树。（原来去砍树）

我真希望我们不仅不愁没钱花，而且还能有一个健康、平安、幸福的生活。（说话时还愁没钱花）

对此她不仅不难过，还感到非常高兴。（说话人以为她会难过）

(2)“不但/不仅不/没……，还……”前后分句应是同一主语，“不但/不仅不/没”和“还”一般应分别放在前后分句的主语后、谓语前。后一分句常在“还”前使用连词“而且”，其主语一般省略。

这类复句前后分句表示的是递进关系，而不是转折关系。如：

*卖这种水果不仅能赚钱，还会亏损。

改：卖这种水果不仅不能赚钱，还会亏损。

二、不但/不仅不/没……，反而/反倒……

“不但、不仅”跟否定词连用，与表示出乎意料的副词“反而”“反倒”“相反”前后呼应，构成表示递进关系的复句，前一分句表示情况与说话者预料的不同，后一分句则强调情况向着与预料相反方向更进一步发展。如：

风不但没停，反而越来越大了。

这样做，不但不能解决问题，反倒会使问题复杂化。

老王不仅没生气，反而笑了起来。

药吃多了不仅不能治病，相反对身体还有害。

这类复句突出的是情况大大出乎说话者的预料，朝着相反的方向发展。如果后一分句没有这类意义，就不能用这类复句形式。如：

*他不但不喜欢看书，反而经常做坏事。

改：他不但不喜欢看书，还经常做坏事。

“不喜欢看书”和“经常做坏事”之间没有“向意料的相反方向发展”之义。这类意义的复句应用“不但/不仅不/没……，还……”格式。不过，如将前后分句改为有发展关系的也能成立。如：

*他不但不喜欢看书，反而经常做坏事。

改：他不但不喜欢看书，反而把书都卖了。

三、不光不/没……，反而/反倒……

“不光不/没”同“不但/不仅不/没”，多用于口语。如：

这样做不光没能说服大家，反倒引起了大家的反感。

他不光不安慰我，反而还说难听的话刺激我。

老批评孩子，不光不能促使他进步，反而会使他产生自卑感。

练一练

一、用本课所学关联词语将下列各组句子改成复句。

1. 昨天我去天平山。天气不好。中午下起雨来了。

2. 吃肉吃得太多不能强健身体。可能会生病。

3. 她得奖我不会嫉妒她，我会为她高兴。

4. 雨没有停，越下越大了。

5. 经常看电视对身体不好，看电视还会使人缺少想象力。

6. 最近有人说，抽烟对身体没有坏处，抽烟可以防止老年痴呆。

二、用括号里的词语完成句子。

1. 看见爸爸要打他，他不但不害怕，__________。（反而）
2. 下了一阵雨，天气不仅没有凉快，__________。（反而）
3. 他们不仅不承认错误，__________。（反倒）
4. __________，反而会有更大的问题。（不光）
5. 我真希望我不仅汉语说得好，__________。（而且）
6. 五月份的天气不但不热，__________。（还）

三、HSK 仿真题：找出下面每段话中有错误的一部分。

1. 真奇怪，他在中国已经一年多了，汉语水平不但提高，反而越来越差。

   A 真奇怪　B 他在中国已经一年多了　C 汉语水平不但提高　D 反而越来越差

2. 不但在这个游泳馆年轻人游泳，还有老年人游泳，另外，还有游泳学习班呢。

   A 不但在这个游泳馆年轻人游泳　B 还有老年人游泳　C 另外　D 还有游泳学习班

3. 这次为残疾人服务的活动，不仅学生参加，学生的家长还参加，一共有一百多人呢。

   A 这次为残疾人服务的活动　B 不仅学生参加　C 学生的家长还参加　D 一共有一百多人

4. 他把垃圾扔在地上，我说他，他不仅不听，而跟我吵起来。

   A 他把垃圾扔在地上　B 我说他　C 他不仅不听　D 而跟我吵起来

参考答案

一、1. 昨天我去天平山。不但天气不好,中午还下起雨来了。
2. 吃肉吃得太多不但不能强健身体,反而会生病。
3. 她得奖我不但不会嫉妒她,反而会为她高兴。
4. 雨不但没有停下来,反而越下越大了。
5. 经常看电视不光对身体不好,还会使人缺少想象力。
6. 最近有人说,抽烟不仅对身体没有坏处,还可以防止老年痴呆。

二、1. 反而冲着爸爸做鬼脸
2. 反而更闷热了
3. 反倒说他们没错,有错的是我们
4. 这样做不光不能解决问题
5. 而且能写很好的汉语文章
6. 还让人觉得有点凉

三、1. C,应改为“汉语水平不但没有提高”。
2. A,应改为“这个游泳馆不但有年轻人游泳”。
3. C,应改为“而且学生的家长也参加”。
4. D,应改为“反而跟我吵起来”。

第七课 尚且 尚 固然

试一试

用括号里所给的词语改写句子。

1．阅读对我来说已经很难，写作文就更难了。（尚且……更……）

2．考上大学当然很好，考不上也可以有别的发展道路。（固然）

3．他太太不会做简单的菜，更不会做讲究的菜。（尚且……何况……）

4．坐轮船去是很便宜，不过太浪费时间，恐怕还得想想别的办法。（固然）

5．学好本国语言需要经过几年甚至几十年时间，掌握一门外语时间更长。（尚且……何况……）

6．教室还是那个教室，不过坐在里面的学生不一样了。（固然）

讲一讲

一、尚且

“尚且”用于前一分句，提出某种明显的事例作为比较基准，后一分句用“更、何况、更何况”等引出与前句事例存在程度差的同类事例，说明既然前者如此，那么后者更会如此。如：

警察尚且没有办法，何况我们？（我们更没有办法）

小学生尚且知道这个道理，更何况我们大人？（大人更应该知道）

坐火车尚且来不及，更不用说坐船了。（坐船更来不及）

穿棉衣尚且很冷，怎么能只穿衬衫呢？（穿衬衫更冷）

二、尚

意义和用法基本同“尚且”，但“尚”的书面语色彩更浓一些。如：

按我目前的汉语水平，读文章尚有困难，更不用说写文章了。（写文章更有困难）

此事成人尚无办法，怎能叫孩子去做？（小孩子更有困难）

吃饭尚无钱支付，何况上学？（上学更有困难）

提示

(1) 与"尚且、尚"相呼应的第二分句多用"更不用说"等短语或反问句。

(2) 在"尚且……何况……"复句中,"尚且"前为主语,"尚且"后为谓语,后一分句的"何况"后只需出现与"尚且"前相类比的主语成分(人、事物、动作等),谓语常省略。

(3) 有时,说话者强调的状态在复句前出现,后用"尚且如此"。如:

作为一个著名的作家,对待名利尚且如此,何况一般人呢?

(4) "尚"一般出现在单音节词的前面。"尚且"不受此限制。

(5) "尚且"和"况且"的区别。

"尚且"用在前一分句,说话者的语义重点在于"尚且"前的成分(作为比较基准),从程度上看,"尚且"前的事例大大强于后一分句所类比的事例。"尚且"所引出的复句要表达的是"当然如此、不容置疑"之义。

"况且"用在后一分句,往往是在前一分句的基础上再加以补充。说话者的语义重点在"况且"后的成分,从程度上看,"况且"后所举事例多弱于或等于前一分句所说的事例。"况且"所在复句一般是在一个理由之外再加上一个理由,用以证明某一意见、建议的合理性或解释某一状态。如:

时间已经很晚,况且外边在下大雪,你就别回家了。

("况且"复句为建议"你就别回家"提供理由)

对于名人我一向敬畏,况且还要去别人家做客,我真的很紧张。

("况且"复句解释为什么"我真的很紧张")

有时,说话者的建议可以插在"况且"和另一个理由之间。如:

这事很重要,我们还是当面谈吧,况且我们兄弟也多年没见了。

三、固然

连词,用于前一分句,表示先承认某一观点、看法的合理性,后一分句提出补充或不同的看法。根据前后分句的关系可分为两种:

1. 格式为:"固然……也……"。"固然"用在前一分句,表示先承认这一句的观点;后一分句用"也",表示后一句的观点也应肯定。前后分句意义并不矛盾,是相对但又并存的关系。如:

牛奶面包固然好,米饭饺子也不错。

我们的同学中成功者固然不少,停滞不前者也颇多。

比赛赢了固然很光荣,输了也不必灰心。

到国外留学固然能学到很多知识,在国内学习同样能成材。

2. 格式为:"固然……但是(可是、然而、却)……"。前一分句用"固然"肯定某一种意见或看法,后一分句则用"但是"等提出与前句意思相反或相对的意见或看法。前后分句是转折关系。如:

拼命学习固然值得肯定,可是因此搞坏了身体就不好了。

这样做好固然好,不过太浪费时间了。

大学教育固然重要,但新办一所大学谈何容易。

做生意固然要赚钱,然而,我们饭店却更看重社会效益。

有时转折词可以出现在“固然”之前。如：

然而，对于人生来说，终点固然诱人，起点弥足珍贵。

有时，“固然”所在复句中，“但是”类的转折词与“也”同时出现，语气比不用“也”的复句要委婉一些。如：

春节快到了，过好春节固然少不了美酒佳肴，但精神食粮也不可或缺。

米面固然是主食，但只吃米饭，也不行。

这篇文章固然有不少毛病，可也不是没有可取之处。

提示

“固然”和“虽然”的区别

(1) “固然”和“虽然”都可以用于转折复句的前一分句。“固然”也可以用于并列复句的前一分句，“虽然”则不能。

(2) “固然”一般用在主语后面，“虽然”用在主语前后都可以。

(3) “固然”的作用只在于承认某一观点或做法的合理性，复句的转折义要“但是”等连词承担的。“虽然”除了可以引出事实之外，本身还隐含着转折的意味。因此，“虽然”有时可以放在后一分句表示转折的意思，“固然”则不能放在后一分句。如：

他一直不想结婚，虽然他已经快40岁了。

(4) “虽然”主要用于陈述客观事实。这是“固然”所没有的用法。如：

虽然已经是四月份了，但天气仍然很冷。(“虽然”不能换成“固然”)

虽然家里人都反对，可是他还是跟那个姑娘结婚了。(同上)

民俗博物馆虽然在郊外，可参观的人却很多。(同上)

有时“虽然”所在分句是表示一个事实，另一分句则可表示对与这一事实有关的看法。这类用法也是“固然”所没有的。如：

破坏环境的人虽然为数不多，但是危害甚大。(“虽然”不能换成“固然”)

世界虽然发生了很大的变化，但是天下仍不太平。(同上)

“固然”主要用于表示说话人在肯定某一种观点的同时，发表自己不同的看法(详见前)，这类用法大部分不能换成“虽然”。只有用于描述客观事实的“固然”(很少见)才可以换成“虽然”。如：

几十年前住过的旧房子固然还在，但在那里居住的人都已不认识了。

邮票固然可以在门前的小店买，但这封信我还是不想交给他寄。

练一练

一、HSK 仿真题：在下面 ABCD 中选择唯一正确的填入空中。

1. 走路______来得及，______骑自行车呢？

A. 虽然……但是…… B. 尚且……何况……

C. 与其……不如…… D. 不但……而且……

2. 我们留学生普通话______听不懂，______苏州话？

A. 尽管……可是…… B. 如果……就……

C. 尚且……何况……　　D. 不但……而且……

3. 工作______重要，但也不能不顾家庭。

A. 固然　　B. 如果　　C. 因为　　D. 况且

4. 吃饭______有问题，还想出去旅游？

A. 又　　B. 也　　C. 尚　　D. 却

5. 路不算远，______我们又是坐出租汽车去，不用那么早动身。

A. 尽管　　B. 况且　　C. 尚且　　D. 因为

6. 今天天气很热，______一点儿风也没有，很容易中暑。

A. 尚且　　B. 即使　　C. 况且　　D. 虽然

7. 他们还是准时到达了目的地，______天下着大雨。

A. 况且　　B. 固然　　C. 虽然　　D. 既然

8. 能和你们一起去______好，去不了也没关系。

A. 尽管　　B. 既然　　C. 固然　　D. 哪怕

9. 公司______给员工加了工资，但还是有很多人想离开公司。

A. 固然　　B. 即使　　C. 虽然　　D. 既然

10. 在学校里______能学到许多知识，在社会中也能增长经验。

A. 如果　　B. 既然　　C. 而且　　D. 固然

二、用括号里所给的词语完成句子。

1. 那个警察小偷尚且抓不住，________________？（何况）

2. ________________，小孩子怎么能看懂呢？（尚且）

3. ________________，没找到好工作也不必难过。（固然）

4. ________________，但反对的人太多也会增加工作的难度。（固然）

5. 天气很热，________________，还是坐出租汽车去吧。（况且）

6. 他书倒读了不少，________________。（虽然）

三、HSK 仿真题：找出下面每段话中有错误的一部分。

1. 吃完晚饭以后（A），有人说要去唱卡拉 OK（B），固然他不喜欢唱歌（C），但他还是跟大家一起去卡拉 OK 厅了（D）。

2. 我觉得（A），打工固然可以赚钱（B），打工影响学习不好（C），所以我不去打工（D）。

3. 我的女儿加减法况且没有学会（A），更不用说做乘除法了（B）。现在让她算这种题目（C），不是难为她吗？（D）

4. 大卫在这次比赛中输得很惨（A），作为竞争对手我对他尚且怀有同情（B），甚至你们还是朋友（C），为什么不去安慰安慰他呢？
D

5. 固然已经是春天，但这两天天气还是很寒冷。我因为昨天衣服穿少了，有点儿感冒了。
A B C D

6. 有人总想去国外留学，拿个博士学位回来，但我觉得去国外留学虽然好，在国内读博也不错。
A B C D

参考答案

一、1. B 2. C 3. A 4. C 5. B 6. C 7. C 8. C 9. C 10. D

二、1. 何况老奸巨猾的犯罪分子
2. 这个电影大人尚且看不懂
3. 找到好工作固然可喜
4. 有人反对固然说明有人在关注这件事
5. 况且路也不近
6. 虽然年纪还不大

三、1. C，应改为“虽然他不喜欢唱歌”。
2. C，应改为“但影响学习”。
3. A，应改为“我的女儿加减法尚且没有学会”。
4. C，应改为“何况你们还是朋友”。
5. A，应改为“虽然已经是春天了”。
6. C，应改为“但我觉得去国外留学固然好”。

第八课 倘若 倘使/倘或 任/任凭

试一试

连词成句。

1. 怎么 好听 说 你 任 得,我 不 也 你 相信

2. 足球 有 想 也 我 参加 倘使 比赛

3. 我 倘若 把 全 你 一切 告诉,你 更 痛苦 会

4. 我 倘或 是,他 我 不 就 相信 会 轻易 那么

5. 看 专门 倘若 你 来 我,可以 任 我家 你 住

讲一讲

一、倘若

同"如果"。多用于书面语,表示假设,也有两种用法:

1. 用于前一分句,后一分句推断出结论。如:

倘若来得及的话,我就先去一趟青岛。

倘若小张回来了,就叫他到我办公室来一下。

倘若你们背叛了他,他会无情地惩罚你们的。

虽是小病,倘若不吃点药,也会拖成大病的。

2. 也可以放在后一分句,表示一种语意上的补充。如:

我们把这件事交给他们办吧,倘若你觉得可以的话。

试验一定会成功的,倘若不出现什么意外的话。

3. 可以和"说"一起组成"倘若说",说明某种事实或做出某种判断。前一分句常作为后一分句的衬托,形成前后对比。如:

倘若说,两年前他来苏州一点也不懂汉语的话,那么,现在他的汉语一定很不错了。

倘若说,那时他还是个比较幼稚的小伙子,现在也应该成熟了许多。

二、倘使/倘或

用法与“倘若”基本相同。如：

我对那里的情况还不了解，不能随便答应你，倘或办不到，岂不是我变成不守信用了？

倘或此病根本不会有何危险，胡乱吃药，反倒会吃出病来。

如果她没有冒险的打算，自然最好；倘使有，我一定要拦住她。

那里正在流行一种可怕的病，咱们还是别去那儿旅游吧，倘使真的染上了怎么办？

“倘使、倘或”的书面语色彩比“倘若”更浓，使用频率也比“倘若”低得多。如“倘若……的话”“倘若说”等一般不用“倘使、倘或”。

三、任/任凭

1. 连词，无论，不管。用在前一分句主语前，表示在任何条件下，结果或结论都不会改变。“任凭”后常有表示任指的疑问代词，后一分句常有“都、也”等呼应。如：

任凭他走到哪儿，我都能找到。

任凭你说什么，他都不听。

任小张怎么说好话，她也不原谅他。

任你是谁，都要遵守这儿的纪律。

2. 表示让步关系，即使。表示在极端的情况下，情况也不会改变。用于前一分句，后一分句常用“也”与之呼应。如：

任凭风再大，我也要去海边游泳。

任你跑得多快，她都会追上你。

任凭多强壮的人，过度劳累也是要生病的。

任天塌下来，他也不会放弃他的研究。

任凭雨淋湿了他的衣服，他也不打雨伞。

提示

(1)“任、任凭”分句中，如果是形容词充当谓语、定语或状态补语的话，前面一般要受“再、多”等副词修饰。

(2)“任凭”与“不管”“无论”的区别。

都可表示无条件关系，但“任凭”后不可接表正反选择关系的短语。如：

＊任凭你去不去，都该来个电话。

改：无论你去不去，都该来个电话。

＊在我国，日常的问候不可缺少，任凭是出门时还是在街上碰到都要打招呼问候。

改：在我国，日常的问候不可缺少，不管是出门时还是在街上碰到都要打招呼问候。

(3)“任凭”与“任” 的区别。

① 连词的意义和用法基本相同，“任”的口语色彩比“任凭”浓。

② “任”“任凭”还有动词用法，是“听任、听凭”之义。有时可以出现在结果句。如：

这些西瓜任你挑，任你捡。

任你喊，任你叫，那只懒猫就是不动。

如果任凭粮价上涨，将会引起市民的强烈不满。

工程倘若不能按期完成，任凭处罚。

作为动词，“任”多用于口语，特别是当后面跟的是单音节动词时，一般用“任”。“任凭”

多用于书面语，后面所跟的一般是双音节动词。

练一练

一、HSK 仿真题：在下面 ABCD 中选择唯一正确的填入空中。

1. ______玛丽回来了，叫她给我打个电话。

A. 倘若　　B. 既然　　C. 因为　　D. 不论

2. 你还是回家去住吧，______工作不是太忙。

A. 但是　　B. 所以　　C. 倘使　　D. 为了

3. ______来得及的话，我就去看望一下老朋友。

A. 即使　　B. 倘　　C. 虽然　　D. 尚且

4. ______你是谁，都要遵守法律。

A. 尽　　B. 任　　C. 如果　　D. 倘若

5. ______身体不舒服，也不能以此为借口不去上班。

A. 如果　　B. 倘若　　C. 即使　　D. 既然

6. ______大家怎么关心他，他都不理睬大家。

A. 任凭　　B. 除了　　C. 虽然　　D. 尽管

7. ______说这个世界上真有什么救世主，他所青睐的也是那些正直、勤奋的人。

A. 虽然　　B. 不光　　C. 倘若　　D. 就是

8. ______风吹雨打，我自岿然不动。

A. 不但　　B. 既然　　C. 只有　　D. 任凭

二、用括号里的词语完成句子。

1. ______________，你就是最美最亮的那一颗。（倘使）
2. ______________，我们就不去爬山了。（倘若）
3. ______________，他还是要去非洲工作。（任）
4. __________，也阻挡不了我追寻你的脚步。（任凭）
5. 中午天气太热，你现在去跑步，______________？（倘若）
6. 这次考试对你来说很重要，______________，将直接影响你找工作。（倘或）

三、HSK 仿真题：找出下面每段话中有错误的一部分。

1. 我的做人的原则是（A），公是公，私是私（B），倘使我们的关系很好（C），可是这件事我还是不能办（D）。

2. 小明十有八九是迷路了（A）。不行（B），任下多大雨（C），我都得去找他（D）。

3. 倘若你要学习汉语（A），必须来中国学才好多了（B）。只要你在中国呆上一两年（C），就能体会到这一点（D）。

4. 马克这个人真是的，固执得要命，任你怎么劝他，他都是不听话。

A　　　　B　　　　C　　　　D

5. 帮助残疾人的活动是很有意义的，你为什么不肯去？任你去不去，反正我都要去。

A　　　　B　　　　C　　　　D

参考答案

一、1. A　2. C　3. B　4. B　5. C　6. A　7. C　8. D

二、1. 倘使你是天上的星星

2. 倘若明天刮大风的话

3. 任我怎么劝他

4. 任凭山再高，水再深

5. 倘若中暑了怎么办

6. 倘或考试成绩不理想

三、1. C，应改为“虽然我们的关系很好”。

2. C，应改为“任雨下得多大”。

3. B，应改为“来中国学效果会更好”或“来中国学进步会更快”。

4. D，应改为“他都不听”。

5. C，应改为“不管你去不去”。

第九课　紧缩复句

试一试

用"一……就……""越……越……""不……不……"改写下面的句子。

1. 你只要一到那儿,就给我打电话。

2. 这篇文章我如果写不完,就不睡觉。

3. 他汉语学的时间越长,兴趣就越高。

4. 如果时间到了,你们就马上停下来。

5. 天气越来越冷,她穿的越来越少。

6. 如果在中国的时间越来越长,对中国的了解也越来越多。

7. 这儿的冬天如果不刮风,就不冷。

8. 如果你不给服务员小费,他会不高兴。

讲一讲

紧缩句是一种以单句形式表达复句内容的句子。一般可以看成是由复句紧缩而成的,表示承接、假设、让步、因果等关系。虽然紧缩句的两个谓语是相对独立的,相互之间没有互相包含或互相修饰的关系,但紧缩句各部分之间没有语音停顿。

常见的紧缩句可以分为以下几种类型:

一、用成对的关联词语构成的固定句式

(一) 非……才……

"非",除非,引出唯一条件,"才"引出结果,此格式表示一定要具备某一条件才可能有某个结果。

1. 常用来表示说话者的主观计划、意志、要求等。如:

我今天非把文章写完才睡觉。(我今天不把文章写完不睡觉)

金昌明非得到 HSK 高级证书才回国。(金昌明不得到 HSK 高级证书就不回国)

要想生活好,非发展经济才行。(要想生活好,不发展经济不行)

2. 根据客观情况得出某种结论——"必须如何做才能怎样"。如:

这里因交通事故而造成了堵车,非得交警来指挥才能通行。

3. 客观叙述已经发生的事件——"具备了某个条件后才发生的动作"。如:

他非等比赛结束了之后才回家。

(二) 非……不……

"非",除非,引出唯一条件,"不"表示否定,两词前后呼应,表示一定要这样。常见格式有:

1. "非……不可/行/成"

(1) 表示不这样做就不行,多用来表示主观要求、命令等,语气很强。这类用法一般不用"非……才……"格式。如:

你非把话说清楚不可。

当学生非好好学习不可。

这个任务咱们非完成不行。

(2) 表示说话人的主观估计。大多是不希望出现的情况。这类用法一般也不用"非……才……"格式。如:

你水性不好就去海里游泳,非淹死不可。

他不打招呼就拿走了花瓶,主人非发火不可。

(3) 表示客观情况要求必须如此。这类用法有的可以换成"非……才……"。如:

要修好这台机器,非李工程师不成。(非得李工程师来才成)

血止不住,非得云南白药不行。(非得用云南白药才行)

2. "非……不+动词"

这类用法比"非……不可/行/成"要少得多。如:

他长年坚持锻炼,每天非出去跑跑出点儿汗就不过瘾。

今天开会,我非到万不得已绝不发言。

提示

"不……不……""非……才……"和"非……不……"的区别

(1) 从语气和主观意志两方面看,"不……不……"较弱,"非……才……"较强,"非……不……"则最强。"非……才……"后部分不能出现"可"。三个格式用法上有一定的区别。如:

经理请你吃饭,你不去不合适。(表示说话者的某种评价,仅供听者参考)

经理请你吃饭,你非去不可。(命令语气很强,听话人必须执行)

(2) 三个紧缩否定格式,前后否定词的否定部分不太一样,因而语法上的限制也不同。

① "不……不……"的前一"不"可以修饰形容词,"非"不能。所以"不+形容词+不……"不能换成其他两种形式。如:

他要找的女朋友一向是不漂亮不要。

*他要找的女朋友一向是非漂亮才要。

*他要找的女朋友一向是非漂亮不要。

② "非……不……"的"非"后多为动词词语,有时可以是名词或代词,"非……才……""不……不……"的"非""不"后不能直接跟名词或代词,必须加"是"等。如:

这个旅馆实行会员制,非会员不接待。(不是会员不接待)

*这个旅馆实行会员制,非会员才接待。(非得是会员才接待)

他们非本公司的出租车不坐。(不是本公司的出租车不坐)

*他们非本公司的出租车才坐。(非得是本公司的出租车才坐)

我可以告诉你,我非你不娶。(不是你不娶)

*我可以告诉你,我非你才娶。(非得是你才娶)

③ 除了"非……不可/行/成"外,"非……不……"的"不"是否定动作,"非……才……"的"才"后是肯定动作,而且多有结果。故两种格式虽都可以用于未发生或经常发生的动作(详见前),但"非……不……"不能像"非……才……"那样用来表示已发生的动作。如:

老李非到火车快开那一刻才肯上车。

*老李非到火车快开那一刻不肯上车。

幸亏姐姐非说有事他们才让我们离开了那儿。

*幸亏姐姐非说有事他们不让我们离开了那儿。

④ "非……才……"表示一定要具备某个条件,才能出现后面肯定的结果,具有一定的客观性。像下面这类用"非……才……"的,也不能换成"非……不……"。

医生说,非先交了住院费才可以住院。

*医生说,非先交了住院费不可以住院。

警察非让我留下姓名才放我走。

*警察非让我留下姓名不放我走。

(三) 不……也……

一般表示"就是……也……"的意思,或表示"如果……也……"的意思,即让步或假设关系。如:

你不想去也得去,学校都安排好了。

该去上课了,不想起床也得起床。

面条我三年不吃也不会想吃。

只要是对我有益的意见,不好听我也会虚心接受。

这个姑娘好是好,可小王不喜欢也没办法。

明天天不晴也不能晒衣服。

二、只用一个关联词语的紧缩句

(一) 就

1. 含有"如果……,就……""既然……,就……"的意思,表示假设或让步关系。如:

有时间就去你家玩。

要学什么就要努力学。

没有事就不来找你了。

说话就得算数。

玩就要玩个痛快。

2. 含有“只要……，就……”的意思，表示条件关系。如：

你把箱子打开看看就知道装了什么东西了。

这个孩子见到生人就哭。

衣服能穿上就行了，我没什么太高的要求。

3. 含有“因为……，就……”的意思，表示因果关系。如：

他看你不在家就回去了。

他的脚被石头碰了一下就破了。

（二）便

意义同“就”，一般用于比较正式的书面语。如：

他保证，做不出成绩便辞职。（如果做不出成绩就辞职）

我一直跟刘教授有联系，有机会外出便登门拜访。（如果有机会外出就登门拜访）

大卫得了奖，非常高兴，逢人便讲。（只要遇到人就讲）

这个地方的气候一个字便可概括，热。（只要一个字就可以概括）

提示

“就”因常用于口语，故用于紧缩复句的频率相当高，而“便”相类似的用法要少得多。以比较随意的“玩”为例，下面用“就”的用法已有些固定化(见句后括号内注，都是假设紧缩复句)，一般不宜换成“便”。如：

应当注意劳逸结合，该玩就玩玩，该放就放放，该赶就赶赶，该等就等等，永远不气急败坏，永远不声嘶力竭。（该……就……）

玩什么？当然是能玩什么就玩什么。（能……就……）

他真佩服老张，说玩就玩，说看书就看书，厚厚一本哲学书几天就看完。（说……就……）

对于同学们，他也是这样，爱玩就玩，不玩就拉倒。（爱……就……）

（三）也

一般用“再……也……”格式，意思相当于“即使/就是……也……”，表示让步关系。第一个谓语多为形容词或短语，第二个谓语多为动词或短语，也可以两个都是动词或短语。这一格式中的“再”表示程度加深。表示假设前一分句某一情况的程度更加深一步，结果或结论也不会改变。如：

再穷也要让孩子读书。

这种药再好也没有用了，他已经去世了。

雨再大我们也要去黄山。

他游泳游得很好，水再深点他也不怕。

题目再难他也答得出来。

（四）都

1. 含有“就是……”或“即使……”的意思，表示让步关系。如：

你走都走不稳，还想跑。

他看都没看她一眼，就走了。

她昨天来我这儿，坐都没坐一会儿就急急忙忙地走了。

胖的人喝凉水都会长肉。

2. 含有“无论……都……”的意思,表示条件关系。如:

谁看见她都喜欢得不得了。

他这个人,跟他说啥都不会听的。

你什么时候想来都可以。

(五) 又、还、再(见《副词》分册)

练一练

一、把下列紧缩句改成一般的复句。

1. 八点钟不来就不等了。

2. 你想参加就报名。

3. 人到齐了才考试呢。

4. 他有多大的困难也不愿意麻烦别人。

5. 不了解情况不要乱说。

6. 路再远也得去。

7. 你哭也不让你去。

8. 我自己有办法还来求你?

9. 不让去就不去,以后请我也不去了。

10. 他再聪明也不可能知道这种事。

11. 你非来不可,这儿需要你。

12. 坏就坏了,再买一个新的吧。

13. 这是大家商量好的,你不同意也得照办。

14. 这些过时的商品非降价卖不出去。

二、把下列复句改成紧缩句。

1. 要是你不想看,就把电视关了吧。

2. 你既然不同意，就不要去了。

3. 我不让他去，他一定要去。

4. 我就是饿死，也不去做乞丐。

5. 你们既然已经决定了，就别再犹豫了。

6. 产品的质量要是不合格，就不能出厂。

7. 我跟你说的话，你愿意相信就相信，不愿意相信就算了。

8. 你如果不想去，可以不去。

9. 你只有认真找，才能找出错误来。

10. 你不是不舒服吗，怎么还来上班？

11. 你无论怎么努力，也赶不上他。

12. 他想要说什么，可是又没说。

13. 这个体育馆，除非本校学生，否则是不能进去的。

三、HSK 仿真题：找出下面每段话中有错误的一部分。

1. <u>这几天太热了</u>，<u>什么也不想干</u>，<u>大家都盼着下雨</u>，<u>一下雨就天气凉快了</u>。

A　B　C　D

2. <u>她买任何东西</u>，<u>都是非便宜才买</u>。<u>她在街上已经转了半天了</u>，<u>还什么都没买呢</u>。

A　B　C　D

3. <u>孩子很少往家里打电话</u>，<u>除非是要钱</u>，<u>昨天他一打电话回家</u>，<u>我才知道他又没钱了</u>。

A　B　C　D

4. <u>田村原计划今年七月回国</u>，<u>但现在十月份了她还没回去</u>，<u>我问她为什么</u>，<u>她说不得到HSK 高级证书她才回国</u>。

A　B　C　D

5. <u>我的记性很不好</u>，<u>越时间长</u>，<u>忘记的生词越来越多</u>，<u>只好经常复习</u>。

A　B　C　D

6. <u>那个孩子真可爱</u>，<u>爱说爱笑</u>，<u>爱唱爱跳</u>，<u>谁见她也喜欢得不得了</u>。
A　　B　　C　　D

参考答案

一、1. 你如果八点钟不来，我就不等了。
2. 你如果想参加，你就报名。
3. 只有人到齐了，才开始考试。
4. 他不管有多大的困难，也不愿意麻烦别人。
5. 如果不了解情况，就不要乱说。
6. 即使路再远，我们也得去。
7. 你即使哭了，也不让你去。
8. 我如果自己有办法，还来求你吗？
9. 如果不让去就不去，即使以后请我，我也不去了。
10. 他就是再聪明，也不可能知道这种事。
11. 你即使不想来也要来，因为这儿需要你。
12. 既然坏了，就再买一个新的吧。
13. 这是大家商量好的，你即使不同意，也得照办。
14. 如果不降价，这些过时的商品就卖不出去。

二、1. 不想看就把电视关了吧。
2. 你不同意就不要去了。
3. 我不让他去也要去。
4. 饿死也不去做乞丐。
5. 决定了就别再犹豫了。
6. 产品的质量不合格不能出厂。
7. 我跟你说的话信不信由你。
8. 你不想去就别去。
9. 认真找才能找出错误来。
10. 不舒服别来上班。
11. 再努力也赶不上他。
12. 他想要说什么又没说。
13. 这个体育馆非本校学生不能进去。

三、1. D，应改为“一下雨天气就凉快了”。
2. B，应改为“都是非便宜不买”。
3. D，应改为“我就知道他又没钱了”。
4. D，应改为“她说非得到 HSK 高级证书她才回国”。
5. C，应改为“忘记的生词越多”。
6. D，应改为“谁见了都喜欢得不得了”。

单元练习

一、HSK 仿真题：将下面句后括号中的词语放在唯一合适的地方。

1. A 他 B 看看 C 手机 D，一会儿看看窗外，好像在等什么人。（一会儿）

2. A 别人 B 没想到，C 甚至他 D 自己也没想到会得冠军。（不但）

3. A 来学汉语的 B 是 C 年轻人 D，还有六十多岁的老人。（不光）

4. A 大热天里，B 去逛街了，C 即使坐在教室里 D 也汗流满面。（别说）

5. A 天气 B 不好，C 飞机 D 起飞的时间推迟了。（因）

6. A 王先生 B 决定马上就回国，C 为了 D 看望久别的亲友，二来准备在当地建造一所高水平的学校。（一来）

7. 妈妈不但 A 没骂他，B 给他 C 做了 D 很多好吃的。（还）

8. A 药 B 吃多了 C 不能 D 治病，相反对身体还有害。（不仅）

9. 我的汉语水平 A 不高，B 读书 C 有困难，更不用说 D 写文章了。（尚且）

10. A 这种药 B 好 C 也没有用了，他 D 已经去世了。（再）

二、HSK 仿真题：在下面 ABCD 中选择唯一正确的填入空中。

1. 你不想去______得去，学校都安排好了。

A. 还　　B. 也　　C. 就　　D. 才

2. ______你说得再好听，我也不会相信你。

A. 任　　B. 不管　　C. 固然　　D. 因

3. 我们把这件事交给他们办吧，______你放心的话。

A. 不光　　B. 别说　　C. 以至　　D. 倘若

4. 出国留学______能学好外语，在国内好好学习也能学好外语。

A. 固然　　B. 尚且　　C. 倘若　　D. 纵然

5. ______这件事你认为有必要做的话，那我就一定想办法去做。

A. 任凭　　B. 假使　　C. 别说　　D. 不仅

6. 穿棉衣______很冷，怎么能只穿衬衫呢？

A. 固然　　B. 尚且　　C. 倘若　　D. 纵然

7. 这样做不光不能解决矛盾，______会增加矛盾。

A. 进而　　B. 故　　C. 以致　　D. 反而

8. 适量吃巧克力不但不会长胖，______有益健康。

A. 或是　　B. 不免　　C. 还　　D. 也

9. 时间快到了，试卷只做了一半，我______着急起来。

A. 不免　　B. 难免　　C. 何况　　D. 甚至

10. 那篇课文他读了将近十遍，__________都能背下来了。

A. 以致　　B. 别说　　C. 以至　　D. 倘若

11. 由于他回家探望生病的母亲，______不能参加你的生日晚会。

A. 进而　　　　B. 故　　　　C. 以致　　　　D. 反而

12. 吸烟和过量饮酒会对人体产生毒害作用，对青春期的少年危害更大，______造成终身疾病。

A. 甚至　　　　B. 难免　　　　C. 何况　　　　D. 况且

13. 这事______你没见过，就是我爷爷也没见过。

A. 虽然　　　　B. 固然　　　　C. 甚至　　　　D. 别说

14. 演讲比赛结束时，金钟明不光得了奖，______还得到了精美的奖品。

A. 进而　　　　B. 反而　　　　C. 而　　　　D. 而且

15. 时间久了，我不但记不清他长什么样儿了，______连他的名字都忘了。

A. 不免　　　　B. 难免　　　　C. 何况　　　　D. 甚而

16. 学校在解决了外国学生的住宿问题后，又______解决了他们吃饭的问题。

A. 进而　　　　B. 故　　　　C. 以致　　　　D. 反而

17. 苏州今明两天仍有降雨，______将出现高温少雨天气。

A. 不免　　　　B. 难免　　　　C. 此后　　　　D. 甚至

18. 汉语______在中国各地使用，而且在世界上也广泛使用。

A. 不只　　　　B. 别说　　　　C. 以至　　　　D. 倘若

19. 现在连外国人都来中国学习普通话，______我们这些中国人呢。

A. 而且　　　　B. 况且　　　　C. 何况　　　　D. 甚而

20. 为了考上好的大学，妹妹最近______看电影了，就连周末也要学习。

A. 虽然　　　　B. 否则　　　　C. 甚至　　　　D. 别说

21. 这两年因为大米价格不高，农民们减少了大米的生产，______供不应求，价格上升。

A. 以致　　　　B. 况且　　　　C. 何况　　　　D. 甚至

22. 弟弟上了高中以后，不仅不听妈妈的话，______常常做让妈妈生气的事情。

A. 也　　　　B. 还　　　　C. 以致　　　　D. 以至

23. 爸一听，马上起身，先把窗户大大打开，______索性开门走出室外。

A. 从而　　　　B. 还　　　　C. 进而　　　　D. 而且

24. 他平时经常和中国人聊天，______使他的口语水平有了很大的提高。

A. 从而　　　　B. 还　　　　C. 进而　　　　D. 而且

25. 这个公司的老板不想向海外发展，觉得国内的市场已经够了，连老板都尚且如此，更______一般职员呢？

A. 况且　　　　B. 甚至　　　　C. 进而　　　　D. 何况

三、HSK 仿真题：找出下面每段话中有错误的一部分。

1. 看他的名字，大家以为他是俄罗斯人，但是他不是俄罗斯人，反而是法国人。

A　　　　B　　　　C　　　　D

2. 精读与泛读，不但这两种读书方法不可偏废，而且应该讲究巧妙的结合，甚至可以说是一种读书的艺术。

A　　　　B　　　　C　　　　D

3. 无论谁，都不能践踏法律，所以在法律面前人人平等，法律是神圣不可侵犯的。
A　B　C　D

4. 他不一定是坏人，大概是刚到这儿来打工的，不认识路，以致跑到咱们这个公寓里来。
A　B　C　D

5. 她真想拼命，但是她一个人打不过两个壮汉。甚至，活了这么大，她从来没想到过和人打架。
A　B　C　D

6. 既然在家中不能出去，她就该给老的小的弄饭吃，不管她心中怎么痛苦，进而不管他们吃不吃。
A　B　C　D

7. 由于营养不足，而影响机体能量的正常代谢，从而转化为脂肪在体内堆积，以便产生肥胖。
A　B　C　D

8. 他在工作中遇到困难，不仅不灰心，不后退，而是迎着困难上。
A　B　C　D

9. 本来今天我们要去参观展览会，现在为了有其他任务，所以就决定今天不去，而改为明天去了。
A　B　C　D

10. 我们不管读什么书，都必须认真地读，不仅要了解书的内容，而且要通过书的内容去了解其反映的时代和社会，不免就不能算读懂读透。
A　B　C　D

11. 他最近因为心情不好，没来上课，老师不仅批评他，还很关心他。
A　B　C　D

12. 我听说，王平去年在一个晚会上见到李丽，从而爱上了她，现在两人快结婚了。
A　B　C　D

13. 任下雨多大，足球比赛照常还在进行。观众们冒着雨，拼命地在为运动员们加油。
A　B　C　D

14. 这个航空公司，多少年来都没有出过事故。为了旅客们的安全，飞机非仔细检查不能起飞。
A　B　C　D

15. 我对吃的方面没有很高的要求，什么都能吃，能吃饱才行，吃好吃坏无所谓。
A B C D

参考答案

一、1. B 2. A 3. B 4. B 5. A 6. C 7. B 8. C 9. C 10. B

二、1. B 2. A 3. D 4. A 5. B 6. B 7. D 8. C 9. A 10. C 11. B 12. A 13. B 14. D 15. D 16. A 17. C 18. A 19. C 20. D 21. A 22. B 23. C 24. A 25. D

三、1. D，应改为“而是法国人”。
2. B，应改为“不但不可偏废”。
3. C，应改为“因为在法律面前人人平等”。
4. D，应改为“以至跑到咱们这个公寓里来的”。
5. C，应改为“活了这么大”。
6. D，应改为“也不管他们吃不吃”。
7. D，应改为“以致产生肥胖”。
8. D，应改为“反而迎着困难上”。
9. B，应改为“因为现在有了其他任务”。
10. D，应改为“不然就不能算读懂读透”。
11. C，应改为“老师不仅没批评他”。
12. C，应改为“于是便爱上了她”。
13. A，应改为“任雨下得再大”。
14. D，应改为“飞机不经过仔细的检查，不能起飞”。
15. C，应改为“能吃饱就行”。

下篇　量　词

总 说

一、下篇的主要内容

下篇是为了帮助外国人掌握汉语常用量词而编写的。汉语的量词是汉语学习中的一大难点，因为它很丰富，也很复杂，在很多场合是必须用的。

二、量词的种类和特点

汉语的量词可分为名量词和动量词两大类。

（一）汉语的名量词在句子中的基本语法结构是：数词＋名量词＋名词。

汉语的个体名词前，一般都要使用一个与之相匹配的量词。名词和量词的搭配一般是比较固定的。如：

一本书　两辆自行车　几台电脑　五枝花　一条大河

汉语的量词不仅用于表示具体事物的名词前，而且还常用于抽象名词前。如：

一个理想/办法/方法

（干）一番事业　（花）一番心思

一股劲儿　一丝希望　一份好心情

（二）汉语的动量词是放在动词后、计量动作次数的量词，如"次、下、回、遍"等。这类动量词在句子中的基本语法结构是：动词＋数词＋动量词。

动量词放在动词前作状语的情况并不是很多，有一定结构的限制，这是学习量词时应加以注意的。

三、学习量词的方法

在汉语中，不同的名词往往要用不同的量词。学习量词时要特别注意量词和所修饰词语的搭配关系，它们在意义、用法方面的联系和特点，把量词和常搭配的一些词语一起记。

汉语的动词之后常带动量词。动量词在句中的位置也是需要注意的。有些动量词可以用在很多动词之后，但少数动量词如"顿、番"等只用于一小部分动词后。这些都要下工夫牢记。

由于汉语的量词比较复杂，难以记忆，因此如何巧记量词也是很重要的。有些名词和跟它搭配使用的量词之间有时在意义上有某种联系，如有把儿的、要用手拿或握的名词用"把"（一把椅子、一把钥匙），细长的东西用"枝"或"支"（一枝花、一支铅笔）等，结合这类意义关系是记忆量词与名词关系的好方法。

四、下篇的使用方法

量词部分的内容分四个单元。每一单元下又分数课。每课下都有"讲一讲"和"练一练"两大部分。每一课"讲一讲"部分一般对数个量词的意义和用法进行解释说明。

在"提示"部分常有与相近量词的对比辨析。有的课前还有"试一试"，目的在于让读者先试着使用一些量词，对自己已有水平进行一下测试。如有不明白的地方，可以从下面"讲一讲”中寻找答案。

希望读者首先要认真阅读、理解并记忆“讲一讲”部分的内容、提示及正确的例句，然后再做“练一练”下的练习。只有这样才能达到较好的学习效果。

每一单元后都有单元练习，读者可以通过这一部分了解自己对该单元量词知识掌握的情况。在成绩较为理想的情况下再开始下一单元的学习与练习。如果前一单元成绩不够理想，最好在进一步复习、练习之后再开始下一单元的学习。

·第一单元·

第一课 本 个 把 口 岁 页 节 支 种 双 块

讲一讲

一、本

名量词:用于书本等。

用"本"计量的名词有"书、杂志、词典、小说、日记、本子、画报、漫画、著作"等。

二、个

名量词。

用"个"计量的名词有很多,请看下表:

用法	搭配的名词
1. 用于人	服务员、学生、老师、同学、朋友、男孩儿、女孩儿、大夫
2. 用于单位或者区域	国家、城市、学校、医院、公司、银行、邮局、商店
3. 用于具体的物	苹果、橘子、汉字、瓶子、鸡蛋、杯子、篮球、礼物、面包
4. 用于表示时间的名词	小时、钟头、星期、月、上午、晚上、春天、秋天、季节
5. 用于抽象名词	问题、理想、希望、计划、办法、原因、条件、意思、要求
6. 用于某些动作的宾语	(打)哈欠、(摆)姿势、(伸)懒腰、(打)喷嚏

汉语中很多名词都能用"个"计量。"个"在表量时,不具有形象色彩。那些必须用特定量词的名词一般不能用"个"。如下面的用法都是错的:

*一个汽车 *一个书 *一个钢琴 *一个花 *一个椅子

三、把

名量词。

用"把"计量的名词有"椅子、伞、刀、剑、钥匙、锁、尺子、剪子、梳子、扇子、叉子、手枪、小提琴、扫帚、壶、勺、香蕉(有把儿的)"等。

量词"把"是由名词"把儿""把手"转来的,因此用来计量的事物一般有把手或常用一只手可以抓握的东西。("把"还有其他量词用法,参见下面各单元)

四、口

名量词:用于计量人数。如:

你家有几口人?

我家有三口人。

"口"只能用于计量家庭人数，但不能用于一般计量人数。如不能说"我们班有十口人"，一般计量人数用"个"。

五、岁

名量词：用于计量人或动物的年龄。如：

他今年二十岁了。

这只狗三岁了。

她妈妈今年四十岁了。

提示

"岁"和"年"的区别

"岁"可以计量年龄，但"年"只能计量时间，不能计岁数。下面的说法是错的：

*我爸爸今年五十年。

六、页

名量词：用于计量书、杂志、报刊的一面。如：

这本书我才看了几页。

请大家看第108页。

玛丽给家里人写信写了三页纸。

七、节

名量词：用于计量文章、诗的段落和教学时数。如：

这篇文章一共8节。

我们每天有四节课。

请看这首诗的第二节。

八、支

名量词（个体量词）。

1. 用于某些杆状的东西。

用"支"计量的这类名词有"笔、蜡烛、香烟、箭"等。

用于细长而且体积不太大的东西。如"木棍"虽然是杆状的东西，可是体积比较大，不用量词"支"。

2. 用于歌曲和乐曲。

用"支"计量的这类名词有"歌、歌曲、乐曲、曲子"等。

用于计量歌曲或乐曲时，也可用量词"首"。

3. 用于队伍。

用"支"计量的这类名词有"队伍、军队、乐队"等。

九、种

名量词：用于计量同一类型的人或事物。

用法	搭配的名词
1. 用于具体的人或事物	人、树、动物、菜、商品、书、水果、杂志、自行车
2. 用于抽象的事物	办法、想法、习惯、感觉、情况、文化、精神

十、双

名量词(集合量词):用于计量成对的东西。

用法	搭配的名词
1. 用于人或动物的肢体、器官	手、脚、爪子、翅膀、眼睛
2. 用于穿戴在身上的东西	鞋、手套、袜子
3. 用于筷子	筷子

“双”一般不单独计量人,用于人时,一定要和“对”配合使用。如“双双对对”“成双成对”,这里“双”是指男女两个人。

十一、块

名量词(部分量词)。

用法	搭配的名词
1. 用于食品中的块状部分	蛋糕、饼干、西瓜、饼、豆腐
2. 用于表示块状或片状物	石头、冰块、木头、农田、瓦片
3. 用于制作成块状的物品	手表、手帕、玻璃、黑板、橡皮
4. 用于钱币(口语“块”即“元”)	钱、银元、金币、硬币

练一练

一、用本课所讲的量词填空。

1. 两(　　)朋友　2. 一(　　)词典　3. 一(　　)皮鞋　4. 三(　　)刀

5. 一(　　)文化　6. 三(　　)课　7. 两(　　)伞　8. 一(　　)歌

二、将下面可以互相搭配的量词和名词用线连起来。

本	椅子
种	感觉
支	眼睛
双	杂志
把	铅笔
页	纸

三、把下列名词填入合适的量词后面。

书、笔、西瓜、香烟、手表、办法、袜子、石头、钥匙、面包、小说、习惯、军队、手套、词典、扇子、曲子、鞋、蛋糕、杂志、椅子

量词	名词
本	
个	
把	
支	
块	
种	
双	

四、用本课所讲的量词完成句子。

1. 你家有几__________人？
2. 我们学校旁边有一__________银行。
3. 我每星期有二十__________课。
4. 小王买了一__________扇子。
5. 我和小李买了同一__________自行车。
6. 她的孩子已经两__________了。
7. 那__________笔是你的吗？
8. 这__________汉语书很好。
9. 这本小说我才看了十几__________。
10. 玛丽来中国三__________月了。

参考答案

一、1. 个 2. 本 3. 双 4. 把 5. 种 6. 节 7. 把 8. 支

二、

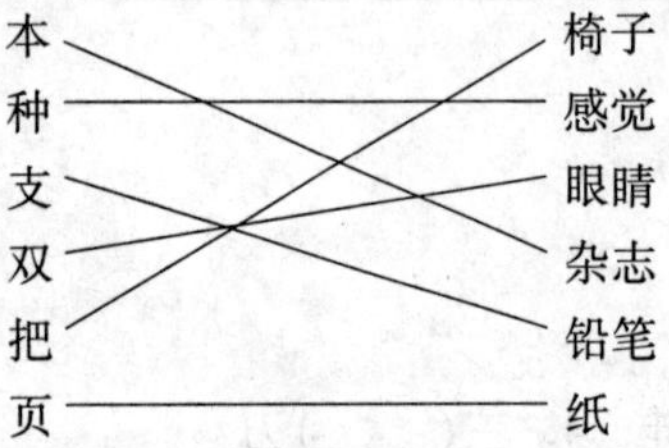

三、

量词	名词
本	书、小说、词典、杂志
个	办法、面包、蛋糕、习惯
把	钥匙、扇子、椅子
支	笔、香烟、军队、曲子
块	西瓜、手表、石头、面包、蛋糕
种	手表、办法、面包、蛋糕、习惯
双	袜子、手套、鞋

四、1. 口 2. 个 3. 节 4. 把 5. 种 6. 岁 7. 支 8. 本 9. 页 10. 个

第二课 家 辆 件 封 遍 次 回 层 顿 瓶 间 句 篇

讲一讲

一、家

名量词。

	用法	搭配的名词
1. 集合量词	用于计量家庭	人、人家、亲戚
2. 个体量词	用于计量企业、单位	商店、公司、医院、银行、电影院、工厂、邮局

二、辆

名量词(个体量词):用于计量运输工具(车)。

用"辆"计量的名词有"汽车、自行车、公共汽车、出租汽车、马车"等。

"火车"的量词不是"辆",而是"列"。

三、件

名量词(个体量词)。

用法	搭配的名词
1. 用于计量衣物	衣服、大衣、毛衣、衬衫、雨衣
2. 用于计量个体器物,多为一类东西	礼物、东西、家具、乐器、珠宝、行李
3. 用于计量事件	事(情)、工作

提示

(1)"件"计量衣物时,一般指上衣;"裤子"用"条"(详见第三课"条")。

(2)"件"计量器物时,多指一类物名。虽然是个体的东西,但不指一类中具体名称的东西。如:"家具"是类名,家具中有桌子、椅子等,但只能说"一件家具",而不能说"一件桌子""一件椅子"。

四、封

名量词:用于计量信、电报等。

用"封"计量的名词有"信、电报、电子邮件(E-mail)"等。

五、遍

动量词:表示一个动作从开始到结束的整个过程。如:

看一遍　写一遍　说一遍　复习一遍

这本书我已经看了三遍。

玛丽问了老师两遍这个问题。

六、次

动量词：用于计量可以重复出现的动作。最常见的是和数词一起放在动词后作补语，语序为：动词+数词+次。如：

说了一次　回了两次国　看了三次电影　打了一次篮球

近十年在这个体育场已经举行了三次全市青少年运动会。

经理给了刘刚好几次机会，可他每次都没好好把握。

提示

“数词+次”很少作状语，只是在下面的情况下使用：

(1)“一次+动词+结果补语”，这种用法强调动作一次性完成。如：

一次吃完　一次清扫干净　一次解释清楚

(2)“数词+次+动词/动词性结构”，这种用法强调同样的动作行为发生的次数多。如：

为了解决这个问题，最近一星期对方经理两次来到上海。

快毕业了，妈妈一天三次打来电话询问工作是否找到。

老李多次邀请我去他家做客，盛情难却，我只好去了。

“次”在动词后作补语，只是表明动作行为的次数。而“次”在动词前作状语时，则强调在一定时间范围内同样的动作行为发生的次数多。

七、回

（一）动量词：用于计量动作的次数，相当于“次”。

1.“回”与数词结合为数量短语后，在句中作补语。如：

他去过一回北京。

大卫吃过两回饺子。

马克来过两回中国，上回来旅行，这回来学习。

2.“回”与数词结合为数量短语后，在句中可作状语。如：

最近小张好几回说起想换个工作。

王师傅都六十多了，还一回没去过外地呢！

提示

“回”组成的数量短语也可在动词前作状语，但是与“次”不同的是：

(1)“次”前的数词是“一”时，有强调一次性完成的用法，还有“一天几次”的用法。“回”则不能。下面的说法是错的：

*这些东西得一回吃完。（应说“一次吃完”）

*他一天几回跑来找我，真麻烦。（应说“一天几次”）

“回”前用数词“一”只能用于“一回也没……”的否定句中。如：

我和王静认识三年了，可她一回也没提起过她的家人。（“回”也可换用“次”）

(2)强调一定范围时间内同一行为动作发生多次时，“次”前可用具体的数词，也可用虚指的“几”“多”；而“回”前只能用“几”“多”，不能用具体的数词。下面的说法是错的：

*在这之前,他曾两回到过北京。(应说"两次到过")

(二)名量词:用于计量事情。常与"这、这么、这样、那、那么、怎么、怎样"等指示代词或疑问代词一起用。"次"没有这种用法。如:

这么一回事　那样一回事　怎么回事

这回事我不知道。

你常常迟到,怎么回事?

提示

"回"和"件"的异同

相同点:都可用于计量事情。如:

这件/回事我们都知道。

有这么一件/回事。

不同点:

(1)"回"计量的事情多是不可数的,"件"计量的事情是可以计算的。如"今天一共有三件事要做",就不能说"今天有三回事要做"。

(2)"回"所计量的中心词多是"事、事情";"件"计量的中心词除了"事、事情"以外,还可以是"工作、案件、任务"等,范围更大。

(3)在听了别人说的,表示同意、肯定或相反意见时,常说"你讲得很有道理,是这么回事。"或"他说的不对,不是这么回事,你听我解释。"这样句中的"回",不能用"件"和"次"。

八、层

名量词:用于建筑物的楼层数。如:

一层楼

我家住三层。

这个楼一共十二层。

九、顿

可作名量词,也可作动量词:用于吃饭。

用"顿"计量的名词有"饭、小吃、面条、饺子、西餐"等。如:

他每天只吃两顿饭。

十、瓶

名量词:用于计量瓶装的东西。

用法	搭配的名词
1. 用于计量液体	水、啤酒、可乐、牛奶、饮料、红茶
2. 用于计量粉末状的东西	咖啡、白糖、盐、奶粉
3. 用于计量颗粒状的东西	药片

十一、间

名量词:用于计量房屋或其他建筑物。

用"间"计量的名词有"房间、教室、办公室、洗手间、阅览室、图书馆、卧室、厨房"等。

十二、句

名量词：用于计量说的话或文章、诗句、歌词等。

用"句"计量的名词有："话、句子、诗、歌词"等。如：

说两句话

唱几句歌词

他说的话句句都有道理。

十三、篇

名量词：用于计量文章。

用"篇"计量的名词有"文章、小说、作文、日记、论文"等。

练一练

一、在所给量词后加上合适的名词。

1. 一瓶(　　)　2. 一件(　　)　3. 一辆(　　)　4. 一封(　　)

5. 一顿(　　)　6. 一层(　　)　7. 一家(　　)　8. 一间(　　)

9. 一句(　　)　10. 一篇(　　)

二、用本课所讲的量词完成句子。

1. 昨天爸爸给我买了一________自行车。
2. 我们的教室在第四________。
3. 今天一共有两________事要做。
4. 那________礼物是我的好朋友送的。
5. 学校旁边有两________银行。
6. 杰克觉得今天这________课文很难。
7. 这首歌，玛丽只记得前几________歌词，后面都记不清楚了。
8. 每天早上小王习惯喝一小________酸奶。
9. 李静出国两年，他回家第一件事就是吃一________妈妈做的饭。
10. 怎么________事？我给你写了三________信，你怎么一直没回信？

三、选择合适的量词填空。

1. 那________汽车是你的吧？（辆　件）
2. 学校附近有好几________银行。（个　家　回）
3. 你去过几________北京？（回　次　遍）
4. 每天都吃米饭，今天吃一________饺子吧。（个　两　顿）
5. 出发前，有两________事要准备。（回　件）
6. 这个旅行团要订五________单人客房。（间　家）
7. 那________行李是李丽的。（回　件）
8. 这本小说不好看，我一________都没看完。（次　遍）
9. 我觉得你讲得很有道理，是这么________事。（回　件　次）
10. 这个药一天要吃三________。（次　遍）
11. 每个生词老师让我们写五________。（次　遍）

参考答案

一、1. 酒/水/可乐　2. 衣服/礼物/事　3. 自行车/出租车　4. 信　5. 饭　6. 楼　7. 银行/医院/邮局
8. 房间/办公室　9. 话/句子　10. 课文/文章/小说/论文

二、1. 辆　2. 层　3. 件　4. 件　5. 家　6. 篇　7. 句　8. 瓶　9. 顿　10. 回　封

三、1. 辆　2. 个/家　3. 回/次　4. 顿　5. 件　6. 间　7. 件　8. 遍　9. 回　10. 次　11. 遍

第三课 棵 颗 位 点 些 头 匹 只 片 张 座 根 条 扇

讲一讲

一、棵

名量词(个体量词)。

用法	搭配的名词
1. 用于计量植物	树、草
2. 用于计量蔬菜	白菜、葱、芹菜

二、颗

名量词(个体量词)。

用法	搭配的名词
1. 用于计量颗粒状的东西	葡萄、石子、珍珠、星星、米、钉子、瓜子
2. 用于计量人或动物的某些器官	心(脏)、牙齿、眼珠

提示

"棵"和"颗"的区别

两个字同音,形近,但用法不同。"棵"左边是"木",所以只能用来计量植物,不能用于其他物体。"颗"右边是"页",是"小头"的意思,所以用于计量小的圆形的东西。

三、位

名量词(个体量词):用于计量人。

用"位"计量的名词有"老师、老人、客人、教授、领导"等。

"位"计量人时,有尊敬的感情色彩,所指的人一般有一定身份。如下面的说法是错的:

* 一位小孩

* 一位敌人

四、点(点儿)

名量词。

1. 表示少量。如:

你喝点儿水吧。

这点儿小事就交给我吧。

老师说的话我一点儿也不懂。

2. 用于事项。如：

我想谈三点意见。

到了那儿作调查时，必须记住两点：少说、多听。

"有点儿"是副词，用法参见《副词》分册。

五、些

（一）名量词：表不定量。

用法	释义	搭配的名词
1. 一些＋名词/名词短语	表人或事物的一部分	人、学生、客人、孩子、老师
2. 这些/那些＋名词/名词短语	表特指的人或事物	东西、事情、天、国家、商店
3. 有些＋名词/名词短语	表人或事物的一定量	人、朋友、同学、城市、工作

（二）动量词。

用法	释义	例子
形容词/动词＋一些	有"稍微"的意思	多吃～、再喝～、还要～、好～、多～

"有些"是指示代词，参见《代词》分册；"有些"还可作副词，用法与"有点儿"相似，参见《副词》分册。

提示

"些"和"点(点儿)"的区别

"些"和"点"都可表示不定量的人或事物，"些"表示的量"不多"，但不一定"很少"；"点"表示的量是"很少"的。

六、头

名量词(个体量词)：用于计量牲畜等。

用"头"计量的名词有"牛、猪、羊、大象"等。

七、匹

名量词(专职量词)。

1. 用于计量马、驴等。

用"匹"计量的这类名词有"马、驴、骆驼、骡子"等。

2. 用于计量布料等。

用"匹"计量的这类名词有"布、丝绸、料子"等。

八、只

名量词。

用法	搭配的名词
1. 用于计量某些动物和昆虫	鸟、鸡、狗、猫、老虎、兔子、虫子、熊、羊
2. 用于计量一对东西或器官中的一个	眼睛、手、脚、耳朵、鞋子、袜子、手套
3. 用于计量船和箱子	船、箱子

九、片

名量词：用于计量平而薄的东西。

用“片”计量的名词有“面包、树叶、黄瓜、雪花、西瓜、牛肉”等。

“片”前数量词不限，可加形容词“大”或“小”。如：

一大片西瓜　一小片叶子

十、张

名量词（个体量词）。

1. 用于计量纸张或纸制品。

用“张”计量的这类名词有“纸、画、照片、邮票、地图、报纸、车票”等。

2. 用于计量平面的或有面的东西。

用“张”计量的这类名词有“床、桌子、地毯”等。

3. 用于表示人或动物的嘴和脸。

用“张”计量的名词有“嘴、脸”等。

提示

“张”和“页”的异同

相同点：“页”用于纸张时，与“张”意思相同。如：三页纸＝三张纸。

不同点：“张”指纸的正反两面，“页”用于书或杂志时，指一张纸的一面。

十一、座

名量词（个体量词）：多用于计量较大或固定的物体。

用“座”计量的名词有“山、大楼、桥、工厂、医院、车站、水库、建筑、坟、碑”等。

十二、根

名量词。

用法	搭配的名词
1. 用于计量带根的植物	草、竹子、葱、甘蔗
2. 用于计量有根的细毛状的东西	头发、胡须、羽毛、眉毛
3. 用于计量细长状的东西	木头、筷子、火柴、管子、黄瓜
4. 用于计量细软的东西	绳子、线、带子

十三、条

名量词。

用法	搭配的名词
1. 用于计量细条状的东西	绳子、项链、裙子、裤子、毛巾、领带、香烟
2. 用于计量长条状的动物或植物	狗、鱼、蛇、龙、黄瓜、树枝
3. 用于计量山脉、河流、道路等	街、道路、山脉、河
4. 用于计量某些可以分项的抽象事物	新闻、消息、规定、经验

提示

“根”和“条”的异同

相同点：“根”和“条”都可表示细长形的东西，如绳子、线、领带等。

不同点："根"原指"植物的根"；"条"原指"树枝""枝条"。所以，"根"可用于很细的或带根毛状的东西，而"条"不可以。但是，"条"在计量细条状的东西时，比"根"用的范围大，如修饰山川、某些动物、抽象的事物等。

量词	不同的搭配名词	都可搭配的名词
根	头发、针	绳子、黄瓜、线、带子、辫子、项链、香烟、领带
条	山脉、河流、腿、蛇	

香烟既可受"一根"修饰，也可以受"一条"修饰。"一根"香烟是一小包里的一支，"一条"香烟是十包包在一起的。

十四、扇

名量词(个体量词)：用于计量门、窗、屏风等。

用"扇"计量的名词有"门、窗、屏风"等。

练一练

一、用本课所讲的量词填空。

1. 不喝了，我刚吃了一大__________西瓜，肚子很饱。
2. 请问，前面那__________大楼就是医院吗？
3. 现在很多人把养一__________小猪当宠物作为时尚。
4. 玛丽，今天你这__________裙子是新买的吧？
5. 听说杰克的父亲是一__________大学教授。
6. 小王下班买了一__________香蕉、苹果回家。
7. 这__________街是著名的商业街。
8. 哎，你怎么穿了两__________不一样颜色的袜子？
9. 昨晚的大风把门口那__________树刮断了。
10. 小李，你家沙发真舒服，哪儿买的？我也想买一__________。

二、将下面可以互相搭配的量词和名词用线连起来。

座	星星
只	山
片	床
张	河
颗	猫
位	老师
根	面包
条	头发

三、HSK 仿真题：在下面 ABCD 中选择唯一正确的填入空中。

1. 杰克说他家的农场有三匹______。

A. 牛　　B. 羊　　C. 马　　D. 猪

2. 昨天我买了三棵______。

A. 珍珠　　　B. 葡萄　　　C. 钉子　　　D. 白菜

3. 玛丽先回家了，她说下午有位______来她家。

A. 小孩　　　B. 朋友　　　C. 小偷　　　D. 敌人

4. 妈妈的那条珍珠项链断了，珍珠掉了一地，有几______滚到沙发底下去了。

A. 根　　　B. 棵　　　C. 颗　　　D. 点

5. 校长在会上谈了两______意见。

A. 根　　　B. 棵　　　C. 颗　　　D. 点

6. 昨天新闻报道，在某小区一户人家厨房内，居然发现数十______蛇。

A. 根　　　B. 条　　　C. 些　　　D. 个

7. 小芳，你这两天为了减肥，每天就吃这么一______东西，怎么能行啊？

A. 点儿　　　B. 些　　　C. 只　　　D. 张

8. 一______奶牛每天能产多少牛奶？

A. 匹　　　B. 头　　　C. 只　　　D. 个

9. 这______桥已经有五百年历史了。

A. 家　　　B. 条　　　C. 根　　　D. 座

10. 那______屋子太小，只能放下两______床。

A. 家　个　　　B. 间　把　　　C. 间　张　　　D. 个　片

11. 小李拿来一______报纸，对我说："你快看，上面有一______重要消息。"

A. 个　个　　　B. 张　条　　　C. 页　个　　　D. 片　条

12. 这______船上有几______尊贵的客人。

A. 个　个　　　B. 条　位　　　C. 家　个　　　D. 只　个

13. 那______画里画着两______美丽的鸟。

A. 片　个　　　B. 张　个　　　C. 张　头　　　D. 张　只

14. 你这______裤子真好看，在哪______商店买的？

A. 个　个　　　B. 件　家　　　C. 条　家　　　D. 只　个

参考答案

一、1. 片　2. 座　3. 只/头　4. 条　5. 位　6. 些　7. 条　8. 只　9. 棵　10. 张

二、

座	星星
只	山
片	床
张	河
颗	猫
位	老师
根	面包
条	头发

三、1. C　2. D　3. B　4. C　5. D　6. B　7. A　8. B　9. D　10. C　11. B　12. B　13. D　14. C

单元练习

一、把下列名词填入合适的量词后面。

歌词、教室、椅子、大象、兔子、可乐、照片、床、牛奶、眼睛、钥匙、水、草、种子、石头、话、纸、裤子、小说、课文、消息、沙子、蛋糕、大楼、鞋子、房间、袜子、领带、文章、行李、猪、筷子、裙子、桥、脸、饮料、面包、葡萄、巧克力、大树、绳子、地图、桌子、山、牛、新闻、办公室、句子、雨伞、礼物、驴、心、画、橡皮、建筑

量词	名词
把	
头	
匹	
条	
只	
瓶	
棵	
块	
句	
篇	
双	
张	
座	
颗	
间	
件	

二、将下面可以互相搭配的量词和名词用线连起来。

扇	剪刀
把	牛奶
瓶	邮件
家	门
层	字典
封	商店
本	饭
条	手
双	马路
顿	楼

三、在括号里填上本单元所讲的合适的量词。

1. 两(　　　)信　　2. 三(　　　)笔　　3. 一(　　　)钥匙
4. 一(　　　)珍珠　　5. 怎么(　　)事　　6. 三(　　　)书
7. 两(　　　)手套　　8. 两(　　　)课　　9. 我家有三(　　　)人
10. 一(　　　)果汁　　11. 一(　　　)教授　　12. 一(　　　)资料

四、HSK 仿真题：在下面 ABCD 中选择唯一正确的填入空中。

1. 这学期玛丽的课不多，一星期有十二______课。
A. 个　　B. 本　　C. 节　　D. 页
2. 这间屋子我挺喜欢的，不过客厅一______窗户都没有，有点儿暗。
A. 条　　B. 件　　C. 片　　D. 扇
3. 来中国后，杰克每个星期都给父母写一______信。
A. 封　　B. 个　　C. 张　　D. 句
4. 因为常常要加班，小王晚上常常还要多吃一______夜宵。
A. 口　　B. 回　　C. 顿　　D. 瓶
5. 瞧，你的皮鞋都破了，明天我陪你去买______新的。
A. 个　　B. 双　　C. 些　　D. 条
6. 听说丈夫出了车祸，她一夜间长出了好几______白头发。
A. 条　　B. 头　　C. 根　　D. 个
7. 夏天回到家最高兴的就是能吃一大______冰西瓜。
A. 片　　B. 把　　C. 张　　D. 颗
8. 我十岁时，爷爷在院子里种了两______小树，现在它们两米多高了。
A. 支　　B. 棵　　C. 颗　　D. 根
9. 听说学校南面打算建一______三十层的大楼。
A. 件　　B. 种　　C. 间　　D. 座
10. 小李最近搬新家了，这几天正忙着买一______新床呢。
A. 片　　B. 把　　C. 张　　D. 件
11. 这______养猪场养了五百______猪。
A. 家　头　　B. 个　个　　C. 座　匹　　D. 只　个
12. 那______街上有一______很大的游乐场。
A. 个　家　　B. 条　家　　C. 根　个　　D. 个　个
13. 这______课文我已经读了五六______了，都可以背出来了。
A. 个　次　　B. 篇　次　　C. 节　次　　D. 篇　遍
14. 拿两______绳子来，把这两______行李再捆一下。
A. 条　只　　B. 个　个　　C. 根　件　　D. 根　遍

参考答案

一、

量词	名词
把	椅子、钥匙、雨伞
头	大象、牛、羊、猪
匹	马、驴
条	蛇、消息、裤子、领带、裙子、绳子、新闻
只	袜子、兔子、鸡、鸟
瓶	可乐、牛奶、水、饮料
棵	大树、草
块	石头、蛋糕、面包、巧克力、橡皮
句	句子、话、歌词
篇	小说、课文、文章
双	鞋子、袜子、眼睛、筷子
张	脸、地图、纸、照片、床、桌子、画
座	山、大楼、桥、建筑
颗	种子、沙子、心、葡萄
间	房间、办公室、教室
件	礼物、行李

二、
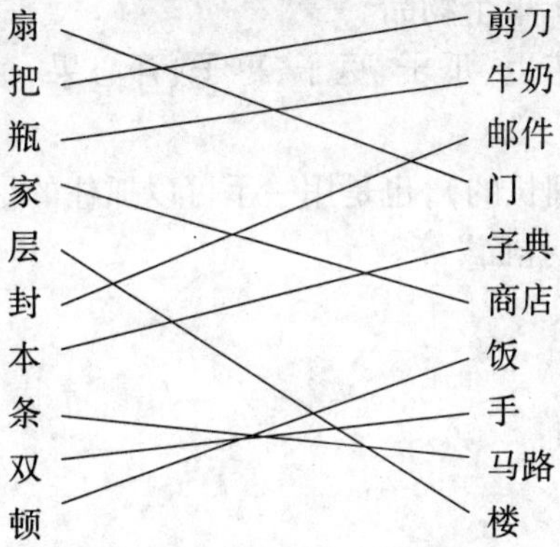

三、1. 封 2. 支 3. 把 4. 颗 5. 回 6. 本 7. 双 8. 节 9. 口 10. 瓶 11. 位 12. 些

四、1. C 2. D 3. A 4. C 5. B 6. C 7. A 8. B 9. D 10. C 11. A 12. B 13. D 14. C

·第二单元·

第一课 罐 听 把 口 班 倍 笔 段 道 场(chǎng) 场(cháng) 下 声 片

讲一讲

一、罐

名量词(容器量词):用于计量罐装的物品,多为食品、饮料。

用"罐"计量的名词有"果汁、矿泉水、咖啡、牛奶、红茶、可乐、油、鱼、肉"等。

二、听

名量词(容器量词):用于计量听装的物品,多指食物、饮料。同"罐"义。

用"听"计量的名词有"水、啤酒、茶叶、奶粉"等。

三、把

1. 名量词(集合量词):用于计量一把的量,用一手可以抓住的量。常指颗粒状的、粉末状的小东西,"一把"可以很多。区别于第一单元主要用于单个物品。

用"把"计量的这类名词有"盐、沙子、石子、面粉、花生、瓜子、豆子、枣子、开心果、葡萄干"等。

2. 名量词(集合量词):用于表示小捆成束的东西(细长的),也是用一手可以抓住的量。

用"把"计量的这类名词有"鲜花、芹菜、香蕉、葱、草、挂面"等。

四、口

(一) 名量词:用于口含的东西。

用"口"计量的这类名词有"水、饭、酒、汤、菜"等。如:

这个菜好吃是好吃,不过吃完一口油。

杰克跑到教室累死了,喘了几口气才说话。

早上起床晚了,来不及吃早饭,我喝了几口牛奶就走了。

(二) 动量词:用于计量吃喝等和"口"有关的动作。如:

吃一口　咬一口　尝一口　喝一口　啃两口　喂一口

这酒度数太高,小王喝了两口就醉了。

小明着急地一口吞下去一个饺子,可没尝出味道。

来,尝一口我做的菜!

五、班

名量词。

1. 用于计量人群，不定量。数词多用“一”，可省略。

用“班”计量的这类名词有“朋友、小孩儿、学生”等。

2. 用于定时的交通工具。如：

第一班车

上一班地铁

下一班飞机

六点那班火车

每天有五班车去那个超市。

3. 用于定时轮换的工作。如：

他的工作三班倒。

我们分两班完成这个工作。

六、倍

名量词：指“照原数增加的量”。一般后面不带名词，常用于动词、形容词后作补语。如：

这家饭店的菜比以前贵了一倍。

现在的学校比十年前大了几倍。

他比以前胖了一倍。

这里的留学生比去年增加了三倍。

七、笔

（一）名量词。

1. 用于计量汉字的笔画。如：

这个字共五笔。

2. 用于书画艺术。如：

他写的一笔好字。

画几笔画。

3. 常用于计量和钱款有关的事物。数词限于“一、几、两”。

用“笔”计量的这类名词有“钱、收入、债、买卖(生意)、财产、账”等。如：

王平最近和我做成了一笔买卖。

李工程师在外面还有兼职，听说每年能有好几笔收入。

“笔”前可用形容词“大”，表示钱款数额多。如：

一大笔钱　一大笔资金

（二）动量词：用于计量笔画、写的次数。如：

写一笔　画一笔　记一笔

八、段

名量词。

用法	搭配的名词
1. 用于条状物截断的部分	绳子、竹子、线、木头
2. 用于计量时间或空间的距离	时间、路程、路、经历
3. 用于计量整个事物的一部分，常指语言、文辞	文章、音乐、话、故事

第二种用法和第三种用法中，可在“段”前附加形容词“大”“小”。

九、道

（一）名量词（个体量词）。

用法	搭配的名词
1. 用于计量门、墙或类似门、墙的东西	门、墙、栅栏
2. 用于计量命令、题目等	命令、题、手续
3. 用于计量类似长条状的事物	光、缝、眉毛

提示

"一道"可用于形容一些较抽象的名词，如"一道风景"。

（二）动量词，与数词结合为动量短语，在句中作补语。如：

在森林里迷路了，好不容易从森林里出来时，每个人身上、脸上被划了好几道口子。

担心包裹里的东西掉出来，妈妈把它捆了一道又一道。

每年生日的时候，爸爸就会在墙上划一道小线，记录儿子的身高。

提示

"道"与"条"的区别

(1)"道"和"条"都可修饰条状物，但"道"比"条"粗或重，如"柳眉""娥眉"都是形容女子细眉，用"条"；而"剑眉"是形容男子较粗的眉毛，用"道"。"道"和"条"都可修饰"命令"，"道"比"条"更正式，更严肃。如：

洪水即将到来，村干部收到上级的一条命令，要求立刻组织群众搬到安全地带。

最近国家下了一道命令，要求严厉打击盗版行为。

(2)"道"可修饰"阳光、山梁"等，"条"却不能。"条"可用于一些细条状的动植物或其他东西，这类名词有"黄瓜、树枝、狗、裙子"等，而"道"没有这个用法。

十、场(chǎng)

（一）名量词：用于体育、娱乐、考试等活动。

用"场"计量的名词有"球赛、考试、电影、音乐会、比赛、话剧、演出"等。

（二）动量词：表示体育、娱乐、考试等活动的次数。如：

打了一场(球)

比了一场

这个电影演了三场。

考完今天这一场，就可以好好地休息休息了。

十一、场(cháng)

（一）名量词：用于事情的经过。如：

下了一场大雨　一场大风　一场灾难　一场战争　一场争论

（二）动量词：用于某些言语、行为的次数。如：

干了一场　哭了几场　大笑一场　白等一场　病了一场　闹了一场

虽然儿子车祸去世好多年了，可每次想起儿子，母亲总要痛哭一场。

说好下午三点在学校见面的，可等了两小时也没见他来，害我白等了一场。

听说老王去年大病了一场，怪不得人一下子瘦了好多。

提示

"场(chǎng)"和"场(cháng)"的区别

它们是同形词，但意义和用法不相同。"场(chǎng)"着重于事物发生的场合、场地。"场(cháng)"着重于事物发生的过程，事情经过一次叫"一场"。

十二、下

动量词。

1. 用于计量动作的次数。如：

敲一下　打一下　转三下　摇几下

2. 数词限用"一"，作补语，有"时间短"或语气随意的意思。如：

问一下　停一下　等一下　想一下　看一下　考虑一下　商量一下

十三、声

(一) 名量词：用于可以听到的声音。

用"声"计量的名词有"叹息、雷鸣、怒骂、巨响、冷笑"等。如：

远处传来一声巨响。

他鼻子里发出一声冷笑。

我被爷爷的几声咳嗽声吵醒了。

"声"常用于拟声词后。如：

呼啦一声　啪嚓一声　嘎的一声　砰的一声　哗啦一声

(二) 动量词：用于说话、喊叫等。如：

打声招呼　说声谢谢　大叫一声

比赛开始了，叫我一声。

明天杰克就要回国了，他让我转告你一声。

告诉玛丽一声，下午两点开会。

十四、片

名量词。

1. 用于计量面积范围比较大的事物。常有远看是一大块平面的感觉，如山林、田野、大群建筑物、江、河、湖、海的水面等。

用"片"计量的这类名词有"湖泊、海洋、大楼、青山、森林、沙滩"等。

2. 用于修饰汇集在一起的话语、声音等。

用"片"计量的这类名词有"笑声、哭声、吵闹声、欢呼声、歌声、雨声、雷声"等。

提示

"声"和"片"的异同

相同点：都可用于修饰声音。

不同点："声"可用于计量单独分开的声音。"片"一般用于形容汇集在一起的声音。

练一练

一、用本课所讲的量词填空。

1. 眼前是一(　　)湖水　2. 一(　　)比赛　3. 花了一(　　)钱　4. 走了一(　　)路

5. 两(　　)鲜花　6. 三(　　)酒　7. 一(　　)题　8. 一(　　)叹息

9. 一(　　)气　10. 一(　　)朋友

二、将下面可以互相搭配的量词和名词用线连起来。

声	饭
场	大喊
笔	笑声
片	故事
口	手续
把	花生
道	演出
段	好字

三、HSK 仿真题:在下面 ABCD 中选择唯一正确的填入空中。

1. 走到她家门口,就听见一______欢声笑语。

A. 声　B. 下　C. 片　D. 道

2. 进入院子,要过三______门才能到大堂。

A. 道　B. 条　C. 段　D. 片

3. 运动了两个小时,杰克一______气喝了两瓶水。

A. 个　B. 下　C. 口　D. 声

4. 这个电影我看过,不过最后一______记不清楚了。

A. 段　B. 道　C. 个　D. 下

5. 周末一班和二班有一______篮球赛。

A. 下　B. 场　C. 些　D. 笔

6. 冰箱里没什么吃的了,还剩两______鱼罐头。

A. 听　B. 条　C. 片　D. 根

7. 大群歌迷在雨中等了一晚上,可最终也没见到他们的偶像,真是白等了一______。

A. 下　B. 遍　C. 场　D. 段

8. 父亲知道这件事后十分生气,对王小伟下了一______命令:一个月内不准出门。

A. 条　B. 封　C. 根　D. 句

9. 昨晚下了一______大雨,院子里有一大______积水。

A. 片　场　B. 场　片　C. 下　片　D. 道　片

10. 一______闪电划过夜空,接着传来几______雷响。

A. 道　个　B. 条　声　C. 片　声　D. 道　声

11. 只要我们按照自主创新的这______路继续走下去,一定会取得更大的成绩。

A. 条　B. 道　C. 根　D. 片

12. 爸爸今年生了一______大病，花了很多钱，还欠了一______债。

A. 个　些　　B. 场　片　　C. 个　片　　D. 场　笔

四、HSK 仿真题：将下面句后括号中的词语放在唯一合适的地方。

1. 他 A 从小就练 B 书法，写的 C 好字 D。（一笔）

2. 那位歌星唱完 A 之后台下 B 响起 C 热烈的 D 掌声。（一片）

3. 爬山的 A 时候，B 不小心腿被 C 树枝划了 D。（一道）

4. A 这家饭店的菜价 B 比十年前 C 涨了 D。（一倍）

5. 听说中秋节女儿要回家 A，妈妈提前一周就开始 B 准备，可女儿有事儿没能回来 C，妈妈白忙了 D。（一场）

6. 听到 A 父亲的 B 咳嗽 C，孩子们马上 D 不说话了。（一声）

7. 最近实在是太忙了，A 一个星期内 B 没有 C 好好吃过 D 饭。（一顿）

8. 你回国的时候 A，千万要 B 告诉 C 我 D，我去送你。（一声）

参考答案

一、1. 片　2. 场　3. 笔　4. 段　5. 把　6. 口/罐/听　7. 道　8. 声　9. 口　10. 班

二、
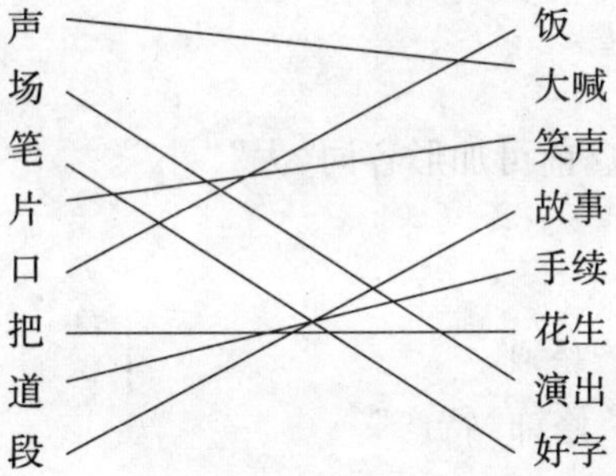

三、1. C　2. A　3. C　4. A　5. B　6. A　7. C　8. A　9. B　10. D　11. A　12. D

四、1. C　2. C　3. D　4. D　5. D　6. B　7. D　8. D

第二课 盒 包 盘 盆 壶 顶 册 幅 朵 束 架 台 群

讲一讲

一、盒

名量词(容器量词):用于装进盒子里的东西。“盒”前可加形容词“大”“小”。

用“盒”计量的名词有“饼干、火柴、烟、笔、药、磁带、饭”等。如:

每天早餐李静习惯喝一小盒牛奶,吃两片面包。

中秋节中国朋友送给杰克一盒月饼。

这么一大盒饭,我哪儿吃得了?

二、包

名量词。

1. 用于已经成包的东西,用法意义和“盒”类似。“包”前可加形容词“大”“小”。

用“包”计量的名词有“火柴、烟、饼干、书”等。

2. 用于临时包好的东西。如:

我去北京亲戚家,临走时,他包了一大包北京特产给我。

句中第一个“包”是动词,表动作;第二个“包”是量词,修饰“特产”。

提示

“包”在习用语中也有出现,如“绣花枕头一包草”“一包脓”等,这类用法了解即可。

三、盘

(一) 名量词:作个体量词,也作容器量词。

1. 用于计量盘子盛的东西(多用于食品),可加形容词“大”“小”,可以儿化。

用“盘”计量的这类名词有“面条、鱼、水果、点心、菜”等。

2. 用于形状或者功用类似盘子的东西。

用“盘”计量的这类名词有“磁带、碟片(VCD、DVD)、蚊香”等。

3. 用于计量棋类游戏。

用“盘”计量的这类名词有“象棋、围棋、跳棋”等。

(二) 动量词:用于计量下棋或球类比赛的次数。如:

昨天他们俩下了三盘棋。

这场乒乓球赛共打了七盘。

四、盆

名量词(容器量词):用于计量盆装的东西。“盆”前可加形容词“大”“小”。

用“盆”计量的名词有“水、汤、花”等。

用法类似于“盘”的用法(一)。但是,“盆”的容量比“盘”大,所以常用于修饰水、汤等液体。所以,点菜时,一般都说“来一盆汤”,而不说“来一盘汤”。

五、壶

名量词(容器量词):用于计量壶装的液体的量。

用“壶”计量的名词有“酒、开水、茶、油”等。

六、顶

名量词(个体量词):用于计量有顶的物品。

用“顶”计量的名词有“帽子、轿子、草帽”等。

七、册

名量词:用于计量成套的书、画的本数,一本叫一册。如:

这套书一共四册。

我们现在学习第三册汉语书。

这本书共卖了十万册。

听说那本小说十分畅销,二十万册一下子卖光了。

八、幅

名量词(个体量词)。

1. 用于布、丝等制品。

用“幅”计量的这类名词有“布、窗帘”等。

2. 用于书画作品等。

用“幅”计量的这类名词有“字画、书法、国画、美术作品”等。

九、朵

名量词(个体量词)。

1. 用于花。

用“朵”计量的这类名词有“花、玫瑰、水仙花”等。如:

她笑起来像朵花。

2. 用于云霞。

用“朵”计量的这类名词有“白云、红霞、云彩”等。

3. “朵”也可用于类似花朵的东西。如:

一朵水花　一朵火花

十、束

名量词(集合量词)。

1. 用于捆在一起的细条状的东西。

用“束”计量的这类名词有“鲜花、玫瑰、头发”等。

2. 用于集合在一起的光线。

用“束”计量的这类名词有“阳光、光线、灯光、月光、电光”等。

提示

"束"和"把"的异同

相同点：都可用于成捆的细条状的东西。

不同点："把"多指一手可以握住的量，"束"所指的量往往比"把"大；"把"多用于口语，"束"多用于书面语。

十一、架

（一）名量词（个体量词）。

1. 用于有支架的东西或者大型机械等。

用"架"计量的这类名词有"飞机、马车、钢琴、吊车"等。

2. 用于有支架的、小形的东西。

用"架"计量的这类名词有"望远镜、缝纫机、照相机"等。

（二）动量词：用于计量互相争吵殴打的次数。如：

打一架　干一架　吵了两架

昨天小夫妻为了一点小事吵了一架。

十二、台

名量词（个体量词）。

1. 用于计量机器、设备等。

用"台"计量的这类名词有"电视机、电脑、洗衣机、空调、冰箱、设备、机器"等。

2. 用于计量舞台上的一次完整的演出。

用"台"计量的这类名词有"晚会、京剧、话剧、演出、歌舞、节目"等。

提示

"台"和"架"的异同

相同点："台"和"架"都可以计量机器和某些乐器，如"一台机器"可以说"一架机器"，"一架钢琴"也可以说"一台钢琴"。

不同点："架"还可以用于一些交通工具，如"一架马车""一架飞机"等，而"台"没有这种用法。

十三、群

名量词（集合量词）。

1. 用于计量成群（聚集）的人，数词多用"一""几"，可附加形容词"大"。

用"群"计量的这类名词有"学生、人、留学生、游客、孩子"等。

2. 用于聚集的鸟类、昆虫、走兽，前面也可附加形容词"大"。

用"群"计量的这类名词有"牛、羊、马、鸡、鸭、鸟、猪、蝴蝶、蚂蚁、蚊子"等。

3. 用于计量聚集在一起的岛屿、山、楼等。

用"群"计量的这类名词有"小岛、高楼、山头"等。

练一练

一、用本课所讲的量词填空。

1. 我买了一________茶叶给爸爸作生日礼物。
2. 公园里花开了，吸引了一________蝴蝶。
3. 天气热了，玛丽打算给房间换一________蓝色的窗帘。
4. 昨天在商场看到的那________电脑真不错。
5. 这些菜够了，再要一________汤吧。

二、把下列名词填入合适的量词后面。

花、飞机、朋友、羊、学生、铅笔、窗帘、照片、水果、点心、空调、白云、水、磁带、衣服、冰箱、糖果、钢琴、女孩儿、照相机、牛、演出、酒、晚会、菜、香烟、小鸟、玫瑰、牛肉、茶叶、书画、茶、机器、盐、电扇

量词	名词
盘	
群	
幅	
台	
朵	
盒	
壶	
架	
包	

三、HSK 仿真题：在下面 ABCD 中选择唯一正确的填入空中。

1. 麻烦，那顶红色的______可以试试吗？

A. 手套　　B. 鞋子　　C. 帽子　　D. 衣服

2. 家里的那______冰箱太小了，该换换了。

A. 台　　B. 架　　C. 件　　D. 座

3. 王静，你家书房那______窗帘真不错，和家具颜色很配。

A. 条　　B. 匹　　C. 张　　D. 幅

4. 在他家那______大客厅里，放着一______钢琴。

A. 家　台　　B. 间　架　　C. 个　件　　D. 座　架

5. 这孩子，看看你那______脸，全是泥，快点打一______水来洗洗。

A. 个　盘　　B. 张　壶　　C. 片　盆　　D. 张　盆

6. 墙上挂着一______大照片，拍的是一______蜜蜂在采蜜。

A. 片　只　　B. 幅　匹　　C. 幅　群　　D. 张　片

7. 这______小说开头那一______写得十分精彩。

A. 篇　段　　B. 个　片　　C. 篇　个　　D. 篇　片

8. 只听见门外一______吵闹声，我打开门一看，院子里站了一______人。

A. 片　个　　B. 声　些　　C. 声　班　　D. 片　群

9. 这______街上有一______很好的茶馆，咱们去那儿吧，泡上一______茶，边喝边聊。

A. 个　座　些　　B. 条　家　壶　　C. 片　个　壶　　D. 个　个　瓶

10. 大卫过生日，女朋友送给他两______礼物：一______运动帽和一______运动鞋。

A. 个　个　只　　B. 幅　个　件　　C. 件　顶　双　　D. 个　个　件

四、HSK 仿真题：将下面句后括号中的词语放在唯一合适的地方。

1. 隔壁那对夫妻这两天不知为了什么 A，B 天天晚上 C 吵 D。（一架）
2. 服务员，这桌 A 再加 B 炒 C 青菜 D。（一盘）
3. 昨晚和爷爷 A 下了 B 棋，也没分出 C 胜负 D。（三盘）
4. 李老师对我们的 A 帮助不是 B 谢谢 C 可以 D 表达的。（一声）
5. 大家一起 A 动手 B，把这儿 C 打扫 D 干净吧。（一次）

参考答案

一、1. 包/盒　2. 群　3. 幅　4. 台　5. 盆

二、

量词	名词
盘	水果、磁带、点心、牛肉、菜
群	朋友、学生、女孩儿、牛、羊、小鸟
幅	窗帘、书画、照片
台	空调、冰箱、机器、电扇、演出、晚会
朵	花、白云、玫瑰
盒	点心、糖果、香烟
壶	水、茶、酒
架	飞机、照相机、钢琴
包	衣服、糖果、香烟、点心、茶叶、盐

三、1. C　2. A　3. D　4. B　5. D　6. C　7. A　8. D　9. B　10. C

四、1. D　2. B　3. B　4. B　5. C

第三课 集 层 套 首 所 对 副 部 袋 滴 节 株

讲一讲

一、集

名量词(部分量词)。

1. 用于计量影视片的一个段落。如:

这部电视剧总共三十集。

最近大家都在收看《话说长江》这部纪录片,每晚播放一集。

2. 用于计量篇幅大并且分成若干部分的书籍中的一部分。如:

这套词典分成上、中、下三集出版。

二、层

名量词(部分量词)。

1. 用于层层的人群。如:

前面出了什么事?里里外外围了好几层人。

路口出了车祸,一层又一层的人群把路口堵住了。

2. 用于附在物体表面的东西,数词一般用“一”。

用“层”计量的这类名词有“灰、雪、奶油、霜、油漆”等。如:

屋子半年没人住,到处都是一层灰。

小明每次都把蛋糕上的一层奶油先吃了。

下了整整一夜大雪,外面积了厚厚一层雪。

三、套

名量词(集合量词)。

1. 用于计量成组的东西,可附加形容词“全”“整”等。

用“套”计量的这类名词有“家具、邮票、茶具、餐具、设备、西装、画册、书”等。

2. 用于计量成组的抽象事物。

用“套”计量的这类名词有“制度、理论、办法、经验”等。

四、首

名量词:用于计量诗、词、歌曲等作品。

用“首”计量的名词有“歌、诗、曲子”等。

提示

"首"和"支"的异同

相同点：前面所讲"支"的用法2，与"首"一样，也可用于计量歌曲。

不同点："首"还可指诗、词，"支"只能指歌，不能指诗、词。"首"多用于书面语，"支"多用于口语。

五、所

名量词（个体量词）。

1. 用于计量房屋（只指建筑物本身）。

用"所"计量的这类名词有"房子、楼房、花园"等。

2. 用于计量学校、医院等机关单位。

用"所"计量的这类名词有"学校、医院、大学、幼儿园"等。

六、对

名量词。

1. 用于成双的人或动物（大多性别相对）。

用"对"计量的这类名词有"夫妻、情人、恋人、情侣、鸳鸯"等。如：

他们是一对夫妻。

2. 用于左右、正反相对的成双的事物。

用"对"计量的这类名词有"眼睛、耳朵、枕头、花瓶、耳环、反义词、矛盾"等。

提示

"对"和"双"的异同

相同点：都可以计量成双的事物。

不同点：应用对象有些不同。"对"可指人或动物，如"一对夫妻""一对鸳鸯"等，而"双"不能。当"双"指某些左右对称的肢体、器官时，有的可与"对"互换，如"一双眼睛"也可以说"一对眼睛"。"双"只有与"对"一起用时，才能用于人，如"一对对，一双双""双双对对""天造一对，地设一双"。如：

周华夫妻俩结婚十年来一直都恩恩爱爱，是令人羡慕的一对夫妻。

小林那双/对水汪汪的眼睛好像会说话一样。

赵小晶和她丈夫真是天造一对，地设一双。

量词	不同	同
对	夫妻、恋人、情侣、耳朵、矛盾	眼睛、翅膀
双	鞋、手、脚、筷子、手套	

七、副

名量词。

1. 用于成对或者成套的东西。

用"副"计量的这类名词有"眼镜、耳环、手套、球拍、碗筷、牌、棋、对联"等。

2. 指人的表情。

用"副"计量的这类名词有"笑脸、哭相、得意的样子、惊异的表情"等。

3. 用于计量中药。

用"副"计量的这类名词有"中药、草药"等。

提示

"副"和"幅"的区别

"副"和"幅"音近形似,都是名量词,极易用错。"副"用于成对、配套的东西;"幅"则用于布、丝等制品或者字画等。

八、部

名量词。

1. 用于书籍或影片。

用"部"计量的这类名词有"小说、电影、辞典、电视剧"等。

提示

"部"和"本"的异同

相同点:都可用于计量书。

不同点:"部"大多用于大型的书籍;而"本"指的量比"部"小。

2. 用于音乐作品或乐器。

用"部"计量的这类名词有"手风琴、交响乐"等。

3. 用于车辆、机器。

用"部"计量的这类名词有"汽车、机器、电话"等。

提示

"辆"和"部"的异同

相同点:都可用于计量车。如:一辆/部汽车。

不同点:"辆"只能计量车,含书面语色彩。"部"还能计量书、电影、电视剧、机器等,如一部小说/电影/电视剧/电视机。

九、袋

名量词(容器量词):用于计量袋装的东西,前面可附加形容词"大""小"。

用"袋"计量的名词有"饼干、面粉、薯片、米"等。如:

这么一大袋米,你拿不动,还是买小袋的吧。

玛丽去上海两天,却带了两大袋零食。

今天家里客人多,再来几袋薯片吧。

十、滴

名量词:用于计量液体下滴的量。

用"滴"计量的名词有"雨水、汗、水、油、血、眼泪"等。

十一、节

名量词(部分量词)。

1. 用于成段的东西。

用"节"计量的这类名词有"电池、骨头"等。

2. 用于带节的植物。

用"节"计量的这类名词有"竹子、藕、甘蔗"等。

3. 用于分节的车。如:

一节车厢

这火车从第十节起是软席。

十二、株

名量词(个体量词):用于计量树木花草(多指带根的)的棵数。

用"株"计量的名词有"柳树、桃花、梅花、牡丹、大树、小草"等。

提示

"株"和"棵"的异同

相同点:都可用于计量植物,如"一株大树"也可说"一棵大树"。

不同点:二者应用范围有所不同。"株"一般只用于花草树木;而"棵"还可用于蔬菜,应用范围比"株"大,如"一棵白菜""一棵芹菜"等,"株"无此用法。

练一练

一、用本课所讲的量词填空。

1. 一(　　)灰尘　2. 两(　　)眼泪　3. 一(　　)梅花　4. 三(　　)藕
5. 两(　　)电影　6. 三(　　)耳环　7. 一(　　)医院　8. 一(　　)夫妻
9. 三(　　)歌　10. 一(　　)电池　11. 三(　　)饼干　12. 一(　　)书

二、用合适的量词填空。

1. 她刚才一定哭过了,看,她脸上还有两＿＿＿＿泪水呢。
2. 遥控器电池用完了,得换两＿＿＿＿新的了。
3. 杰克最近嗓子疼,他的中国朋友介绍他吃了几＿＿＿＿中药,很有效。
4. 公司用了这＿＿＿＿新设备,工作效率提高了一倍。
5. 听说这＿＿＿＿歌最近很流行。
6. 那＿＿＿＿老夫妻结婚四十年了,还是那么恩爱。
7. 我家附近有一＿＿＿＿幼儿园。
8. 看他那＿＿＿＿得意的样子,这次考试肯定通过了。
9. 汽车把路边的那＿＿＿＿树撞倒了,周围围了几＿＿＿＿人。
10. 老李一＿＿＿＿不吭,那＿＿＿＿严肃的表情真吓人。
11. 那＿＿＿＿歌一共有四＿＿＿＿歌词。
12. 一连下了几＿＿＿＿大雪,到处都是一＿＿＿＿厚厚的雪。

三、HSK 仿真题:在下面 ABCD 中选择唯一正确的填入空中。

1. 来中国后,杰克学的第一＿＿＿中国诗就是李白的《静夜思》。

A. 首　　B. 支　　C. 曲　　D. 幅

2. 小王最近总是一______不开心的样子，到底发生什么事儿了？

A. 幅　　B. 副　　C. 种　　D. 些

3. 八十年代，谁家有一部______是特别让人羡慕的事儿。

A. 冰箱　　B. 洗衣机　　C. 电话　　D. 空调

4. 瞧他一______得意的样子，听说刚升上了总经理。

A. 副　　B. 片　　C. 幅　　D. 点

5. 楼上新搬来一______新婚的小夫妻。

A. 个　　B. 口　　C. 对　　D. 双

6. 屋里的人见到总经理突然出现，都是一______惊讶的表情。

A. 些　　B. 副　　C. 幅　　D. 片

7. 这______乐曲是这______交响乐中最好听的。

A. 支　部　　B. 部　首　　C. 首　支　　D. 部　支

8. 张教授的这______论文集共有三______。

A. 本　本　　B. 部　册　　C. 套　册　　D. 集　册

9. 妹妹两______眼睛又红又疼，我给她点了几______眼药水。

A. 个　颗　　B. 双　滴　　C. 只　滴　　D. 个　点

10. 这里的每______别墅都有七______房间。

A. 个　家　　B. 间　家　　C. 套　座　　D. 套　个

参考答案

一、1. 层　2. 滴　3. 株　4. 节　5. 部　6. 对/副　7. 所　8. 对　9. 首　10. 节　11. 袋　12. 部/套/袋

二、1. 滴　2. 节　3. 副　4. 套/部　5. 首　6. 对　7. 所　8. 副　9. 株/棵　层　10. 声　副　11. 首　句　12. 场　层

三、1. A　2. B　3. C　4. A　5. C　6. B　7. A　8. C　9. C　10. D

单元练习

一、在括号里填上本单元所讲的合适的量词。

1. 一(　　)阳光	2. 一(　　)生意	3. 一(　　)窗帘
4. 一(　　)森林	5. 一(　　)话剧	6. 一(　　)欢呼
7. 两(　　)机器	8. 一(　　)学生	9. 三(　　)钢琴
10. 三(　　)题目	11. 一(　　)菜	12. 一(　　)茶

二、选择合适的量词填空。

1. 小王不会喝酒,喝两__________就醉了。(瓶、口、盆)
2. 玛丽手里捧着一大__________玫瑰走进公司。(朵、束、株)
3. 这衣服比我想的贵了一__________。(倍、笔)
4. 这套书一共四__________。(册、课、节)
5. 这__________曲子很熟悉。(下、首、支)

三、将下面可以互相搭配的量词和名词用线连起来。

束	球赛
对	头发
段	招呼
场	小草
部	洗衣机
株	枕头
班	飞机
台	公路
架	小孩儿
声	著作

四、HSK 仿真题:在下面 ABCD 中选择唯一正确的填入空中。

1. 妈妈下班买了两______大白菜,她说晚上包白菜饺子。

A. 株　　B. 棵　　C. 节　　D. 片

2. 玛丽,这篇文章的第三______还需要再修改一下。

A. 段　　B. 课　　C. 部　　D. 条

3. 请问,一______茶具多少钱?

A. 只　　B. 盘　　C. 对　　D. 套

4. 我家附近就有一______幼儿园,每天早上都听到小朋友的歌声。

A. 座　　B. 首　　C. 所　　D. 群

5. 十岁生日的时候,妈妈买的那______帽子,是王静最喜欢的生日礼物。

A. 头　　B. 顶　　C. 件　　D. 张

6. 据说我国今年将再次购买十______这个型号的飞机。

A. 台　　B. 辆　　C. 部　　D. 架

7.《雷雨》这部话剧在上海大剧院已经连续演了五______,可还是有很多观众等着买票观看。

A. 场　　B. 下　　C. 声　　D. 篇

8. 王老师,您书法写得真棒,什么时候也给我写一______吧。

A. 首　　B. 副　　C. 幅　　D. 笔

9. 冬天到了,玛丽想给男朋友亲手织一______手套。

A. 幅　　B. 副　　C. 双　　D. 只

10. 他们精彩的演出赢得了台下观众的一______掌声。

A. 个　　B. 群　　C. 声　　D. 片

11. 她打破了 5000 米的世界纪录,在世界长跑史上写下了浓重的一______。

A. 首　　B. 副　　C. 幅　　D. 笔

12. 那______油画是这位画家六十岁画的。

A. 首　　B. 副　　C. 幅　　D. 笔

13. 难怪他一______痛苦的表情,原来他投资损失了一大______钱。

A. 副　笔　　B. 副　层　　C. 幅　笔　　D. 片　袋

五、HSK 仿真题:将下面句后括号中的词语放在唯一合适的地方。

1. 领导的讲话 A 赢得 B 台下群众的 C 掌声 D。(一片)
2. 敲了 A 门 B,C 也没人出来开 D 门。(几下)
3. 老钱才 A 喝了 B 酒 C 就醉了 D。(两口)
4. 改革开放后,很多人都 A 决心下海 B 好好 C 干 D。(一场)
5. 杰克 A 让我 B 转告 C 你 D 明天回国了。(一声)
6. 一连 A 下了 B 大雨 C,马路上全是 D 水。(几场)

参考答案

一、1. 束　2. 笔　3. 幅　4. 片　5. 场　6. 声/片　7. 台/架/部/套　8. 班/群　9. 架　10. 道　11. 盘　12. 壶

二、1. 口　2. 束　3. 倍　4. 册　5. 首/支

三、
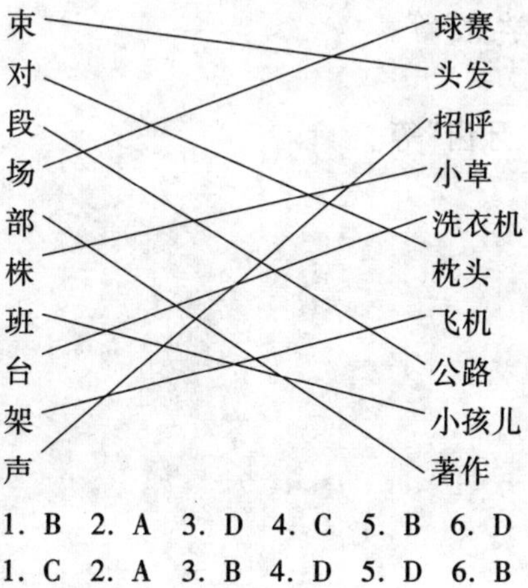

四、1. B　2. A　3. D　4. C　5. B　6. D　7. A　8. C　9. B　10. D　11. D　12. C　13. A

五、1. C　2. A　3. B　4. D　5. D　6. B

·第三单元·

第一课　行　排　列　名　把　面　趟　片　幅　份　批

讲一讲

一、行

名量词(集合量词)。

1. 用于成行的人。

用“行”计量的这类名词有“人、学生、队伍、行人”等。

2. 用于成行的事物。

用“行”计量的这类名词有“眼泪、字、汽车”等。

3. 用于计量成行的动、植物。

用“行”计量的这类名词有“蚂蚁、树”等。

4. 用于计量工种、行业。如:

俗话说:三百六十行,行行出状元。

我们应该干一行爱一行。

他很热爱老师这行工作。

二、排

名量词(个体量词)。

1. 用于成排的人或动物。

用“排”计量的这类名词有“男孩儿、女孩儿、游客、学生”等。

2. 用于左右横排的物。

用“排”计量的这类名词有“大树、椅子、汽车、大楼、牙齿”等。

三、列

名量词(集合量词)。

1. 用于计量成行的人。

用“列”计量的这类名词有“队伍、横队、纵队”等。

2. 用于计量火车或成行成列的车。

用“列”计量的这类名词有“火车、客车、货车”等。

四、名

名量词(个体量词)。

1. 用于计量人。

用“名”计量的这类名词有“学生、医生、律师、教师、演员、职员、歌手、观众、军人”等。

2. 用于计量名次。如：

这次考试她得了第一名。

去年演讲比赛前三名都是我们学校的。

加油！只要参加了，最后一名也没关系。

提示

“名”和“位”的异同

相同点：都可以计量具有某种身份、职业的人。如“一位老师”“一名教授”。

不同点：在感情色彩、词语搭配上有区别。

1. “名”是中性词，可以和正面、反面人物搭配；“位”是褒义词，有尊敬意，只能用于好的方面。如“罪犯”“窃贼”“犯罪分子”，这些名词只能用量词“名”，而不能用“位”。

2. “名”不能与表亲属关系的名词和表泛称的名词“同志”搭配。如可以说“那位表哥”“这位同志”，但不能用“名”。

五、把

（一）名量词（个体量词）：用于某些抽象事物，常指技能、年纪、力量等。如：

我妈妈做菜是一把好手。

修理家电，杰克可是一把好手。

您都一把年纪了，该在家好好地休息休息了。

加把劲(儿)，这次考试你一定能通过。

昨天买了一大包书，我费了好大一把力气才搬上楼。

上面这种情况下，数词限用“一”，而且量偏大，如“一把年纪”指年纪很大，“一把力气”指力气很大。

（二）动量词：表示与手有关的动作和行为。

1. 用在用手的动词后，数词限用“一”或“两”，有时可省略。如：

拉一把　推一把　擦一把　扶一把

所有人都为参加比赛的杰克捏了一把冷汗。

运动过后，一身大汗，洗把澡舒服多了。

下车时，小丽扶了老大爷一把。

2. 用在动词前，数词限用“一”，表示动作快。如：

一把拉住　一把拖住　一把接住　一把推开

小明比赛得了第一，高兴得一把抱住了妈妈。

小王一把接住了杰克抛过来的球。

3. 用在动词后，数词多用“一”，相当于“次”。如：

过把瘾　玩一把　爽一把　骗一把

老丁喜欢偶尔和老朋友玩两把牌。

去年愚人节，玛丽被朋友骗了一把。

爸爸昨天和朋友下了一天棋，可算是好好过了把瘾。

提示

“三把两把”常表示动作很快。如：

玛丽三把两把就收拾好房间了。

六、面

（一）名量词。

1. 用于扁平的或能展开的东西。

用“面”计量的这类名词有“鼓、镜子、墙、旗子、屏风”等。

2. 用于计量纸张、书页、立方体的一个平面。如：

请大家打开书，翻到第8面。

这座城市三面环山，一面靠海，风景优美。

（二）动量词：用于计量人们见面的次数。如：

他们见了几面就结婚了。

我和他不太熟，就见过两面。

杰克出国留学前，想再和老同学见一面。

七、趟

（一）动量词：用于计量来去的次数，和“回”“次”意思一样。如：

上周末杰克去了一趟上海。

我去邮局寄信，可邮局已经关门了，我白跑了一趟。

麻烦你来办公室一趟，经理有事儿找你。

小李每年回老家两趟。

（二）名量词：用于计量运行的车辆等（多指列车）。

用“趟”计量的这类名词有“班车、列车、火车、班机”等。如：

早上起床晚了，我没赶上那趟班车。

上午一共有五趟火车去上海。

杰克要坐下午3点的那趟飞机回国。

八、片

名量词。

1. 用于修饰景象、气象，数词限用“一”。

用“片”计量的这类名词有“混乱、繁忙的景象、欢乐的气氛、新气象、大好形势、金黄、火红、翠绿、蔚蓝、雪白、明媚的春光、灿烂的秋色”等。如：

改革开放后，中国大地出现了一片大好形势。

春天油菜花盛开时，到处一片金黄。

春节快到了，家家户户都忙着准备过年，大街小巷到处洋溢着一片欢乐的气氛。

2. 用于表示心意、神情、语言，数词限用“一”。

用“片”计量的这类名词有“好意、心意、真心、诚意、好心、深情、真情、痴情、苦心、批评、责骂、表扬、赞美、叫好（实际上是叫好声）”等。如：

小何听到大家的一片冷嘲热讽，忍不住哭了。

小刚，你可别辜负了你母亲的一片苦心啊。

老刘一片好心帮忙劝架,可人家却一点儿也不领情。

3. 用于表示心里的感受,数词限用“一”。

用“片”计量的这类名词有“光明、黑暗、迷茫”等。如:

刚刚跨出学校大门的郭小东信心十足,感觉今后的路一片光明。

该选择什么专业,周大伟内心一片迷茫。

“片”用于表示语言时,指很多人一起的行为,而不是指一个人的行为。

九、幅

名量词:用于抽象的场景、景象,数词多用“一”。

用“幅”计量的名词有“欢乐的景象、动人的情景、美丽的景色、感人的场面”等。如:

大学毕业时同学最后一次聚会的那幅场景,至今让我难忘。

洪灾后,全国各地出现了许多幅群众主动捐助灾区的感人场面。

提示

“片”和“幅”都可表示景象,但“幅”常搭配的名词是“景象”“情景”“景色”“场面”,其他一般不与之搭配。

十、份

名量词(部分量词)。

用法	搭配的名词
1. 用于计量整体分成的部分或组成整体的部分	工作、家业、家产、财产
2. 用于计量搭配成组的食品	点心、盒饭、鱼、套餐、水果
3. 用于计量报刊、文件等	报纸、礼物、材料、杂志、计划
4. 用于计量抽象事物	责任、义务、人情、功劳、担心、心意、好心情

提示

“片”和“份”的异同

相同点:“片”和“份”都可修饰“心意”。

不同点:“片”比“份”的量要大,所以“一片心意”多用于团体,用于个人比较少;“一份心意”多用于个人,用于团体比较少。这样的用法使量词“份”常带有“所属”义,因此“份”可以修饰的“责任、义务、人情、功劳、担心”等,都不能用“片”。

十一、批

名量词(集合量词)。

1. 用于计量人。

用“批”计量的这类名词有“人、军人、士兵、学生、农民、客人、顾客”等。

2. 用于计量货物。

用“批”计量的这类名词有“电器、家具、货、产品、菜、水果、咖啡、粮食”等。

提示

"批"和"群"的异同

相同点:都可用于计量数量多的人。如"一群学生""一批客人"等。

不同点:在词义和使用对象上有所不同。

(1)用于计量人,"批"强调"时间性","群"强调"聚集性"。如"小王想第一批出国"中,"批"不能换成"群","批"强调的是同一时期"出国的人"。

(2)"批"常用来计量货物,而"群"不能。如可以说"超市新来了一批台湾水果",不能说"超市新来了一群台湾水果"。

(3)"群"可计量鸟兽虫鱼等生物,如"牛、羊、马、老虎、蜜蜂、蚊子、细胞"等。

练一练

一、用本课所讲的量词填空。

1. 尽一(　　)责任　　2. 终于赶上这(　　)火车了
3. 拉我一(　　)　　4. 一(　　)大好形势
5. 跟他见过一(　　)　　6. 切了两(　　)面包
7. 三(　　)盒饭　　8. 一(　　)镜子
9. 一(　　)力气　　10. 一(　　)牙齿
11. 走过一(　　)士兵　　12. 过(　　)瘾

二、将下面可以互相搭配的量词和名词用线连起来。

行	飞机
片	好手
副	教师
把	红旗
面	批评
名	景象
幅	表情
趟	眼泪

三、HSK 仿真题:在下面 ABCD 中选择唯一正确的填入空中。

1. 我妈妈做菜是一______好手。
A. 只　　B. 双　　C. 把　　D. 件

2. 由于盗窃数额巨大,那两______窃贼被判了十年。
A. 位　　B. 名　　C. 口　　D. 班

3. 新政策给农民的生活带来了一______新希望。
A. 片　　B. 份　　C. 幅　　D. 副

4. 刘伟自私的行为遭到了大家一______指责。
A. 幅　　B. 声　　C. 片　　D. 句

5. 周大爷都一______年纪了,可还是不服老,每天坚持两个小时的锻炼。

A. 岁　　　　B. 束　　　　C. 些　　　　D. 把

6. 影片中父女三十年后终于相认的那______感人的情景，让很多观众禁不住流下了眼泪。

A. 副　　　　B. 幅　　　　C. 片　　　　D. 件

7. 此时此刻，有______火车正朝大桥飞驰而来。

A. 排　　　　B. 列　　　　C. 行　　　　D. 条

8. 你给快餐公司打电话订十______盒饭，作为工作餐。

A. 只　　　　B. 片　　　　C. 份　　　　D. 副

9. 这部电影一上映，就获得了一______赞扬声。

A. 片　　　　B. 面　　　　C. 份　　　　D. 副

10. 地震把我辛辛苦苦挣下的这______家产全毁了。

A. 只　　　　B. 片　　　　C. 座　　　　D. 份

11. 你这么不努力，不是辜负了你父母和老师的一______苦心吗？

A. 片　　　　B. 面　　　　C. 份　　　　D. 副

12. 今天上午博物馆一开馆，已经来了二十多______参观者了。

A. 排　　　　B. 列　　　　C. 批　　　　D. 群

13. 我的家乡三______环山，一面临水，风景非常优美。

A. 片　　　　B. 面　　　　C. 份　　　　D. 副

14. 礼物虽小，但是我的一______心意，请你无论如何都要收下。

A. 个　　　　B. 面　　　　C. 份　　　　D. 副

15. 这里绿化工作做得很好，满山都是一______的树木，一______碧绿。

A. 排排　面　　B. 列列　片　　C. 株株　面　　D. 排排　片

16. 演出时，男女同学各排成两______，每______十______学生。

A. 排　面　个　　B. 列　列　名　　C. 行　面　名　　D. 排　列　位

17. 大家再加______劲儿，多跑两______，争取在后天把这______物资都运到灾区。

A. 下　次　份　　B. 把　趟　批　　C. 片　回　些　　D. 些　趟　份

18. 这______书法家告诉我们，要想写好一______书法作品，必须有一______好心情。

A. 名　份　个　　B. 位　批　些　　C. 个　幅　片　　D. 位　幅　份

19. 我们这个团一______十人，计划去海南岛玩上几天，到那里好好爽一______，彻底放松一______。

A. 排　下　下　　B. 列　把　下　　C. 行　把　下　　D. 行　把　回

20. 为了找一______好工作，他已经跑了好多______公司了，每______都是高兴而去，扫兴而归。

A. 份　个　面　　B. 件　间　趟　　C. 份　个　面　　D. 份　家　回

参考答案

一、1. 份　2. 趟　3. 把　4. 片　5. 面　6. 块/片　7. 份　8. 面　9. 把　10. 排　11. 列　12. 把

二、
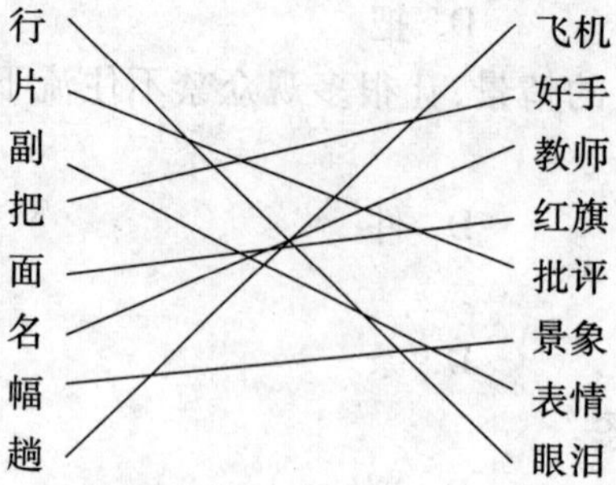

三、1. C 2. B 3. A 4. C 5. D 6. B 7. B 8. C 9. A 10. D 11. A 12. C 13. B 14. C 15. D 16. B 17. B 18. D 19. C 20. D

第二课 届 类 粒 期 身 脸 头 团 项 章 阵 套

讲一讲

一、届

名量词(专职量词)。

1. 用于定期召开的会议或运动会等。如:

这是我们学校举行的第六届运动会。

2008 年第 29 届奥运会在中国北京举行。

最近三届会议都在苏州举行。

这届会议举办得非常成功。

2. 用于同一年级的学生。

用“届”计量的这类名词有“学生、研究生、博士生”等。如:

我们都是 96 届的学生。

这一届的学生都来自北京。

王明比他弟弟高两届。

二、类

名量词(集合量词):用于计量许多性质或特征相似或相同的事物或人。

用“类”计量的名词有“人、工作、新闻、事件、车、动物、矛盾、角色”等。如:

他们夫妻两人是同一类人,都性格开朗。

玛丽买了两类不同风格的衣服。

最近关于房地产这一类的新闻特别多。

提示

“类”和“种”的异同

相同点:“种”和“类”都有表示“种类”的意思,都可用于人或事物。如“这儿有十类汉语书”“别与那类人交往”,也都可用“种”。

不同点:

(1) 从分类的角度看,“类”强调事物或人在大的方面的区别,“种”比较注意事物或人在小的方面的区别。一般来说,“类”包括“种”,“种”内还可以分“种”。如:

这个商店蔬菜种类很多,有豆类、瓜类、绿叶类等等。绿叶类蔬菜就有青菜、菠菜、生菜等多种。青菜还分大青菜、小青菜等几种。

(2) “种”常常可以叠用,如“种种变化”“种种式样”,表示“多”的意思。“类”不能叠用。

三、粒

名量词(个体量词):用于计量很小的粒状的东西。

用"粒"计量的名词有"药、米、豆子、种子、珍珠、沙子、子弹"等。

提示

"粒"和"颗"的异同

相同点:"粒"与"颗"都可以形容"小的、圆珠形的"东西。

不同点:它们用的范围有些不同。"粒"原指"米粒",所以往往用于小颗粒状的东西;"颗"原指"小头",不仅可以指小圆粒状的东西,一些较大的圆块状的物体也可用"颗"计量。"粒"和"颗"都能计量"珍珠、种子、牙齿、子弹、药"等,而"颗"还可以计量如"脑袋、星星、炮弹、图章"等,所以"粒"的应用范围比"颗"小。

四、期

名量词(个体量词)。

1. 用于报刊、杂志。如:

这是第二期的《世界汉语教学》。

最近一期的《小说月报》我没收到。

这本杂志是双月刊,每两个月一期。

他的文章被刊登在了《读者》第四期上。

2. 用于计量分期的学习班、工程项目。如:

他是这个学习班第五期的学生。

这个项目计划分三期完成。

那个书法兴趣班一共办了10期。

那个工程第一期已经完工,第二期工程下个月动工。

五、身

名量词(临时量词)。

1. 用于计量成套的衣服(包括上衣和裤子或一套裙装)。

用"身"计量的这类名词有"运动服、休闲服、西装、军装、中式衣服、滑雪服"等。

2. 用于计量与身体有关的事物,数词限用"一",有"全部"的意思。

用"身"计量的这类名词有"水、汗、泥、雨、毛、土"等。如:

外面下大雨,杰克淋了一身雨。

玛丽家有一只小猫,一身雪白的毛,十分可爱。

3. 用于修饰一些抽象名词,限用数词"一"。

用"身"计量的这类名词有"娇气、正气、力气、艺术气、好武艺"等。如:

现在很多家庭只有一个孩子,因此很多孩子一身娇气。

老李失业待在家里,一身的力气没处使。

提示

"身"和"件"的区别

"身"计量成套的衣服,包括"上衣和裤子或裙子";"件"计量衣物,只指上衣。如"他今天穿了一身西装"，包括上装和西裤，而"他穿了一件西装"，则不包括西裤。

六、脸

名量词(临时量词)：用于计量附着在脸上的事物，数词限用"一"，即"满脸都是……"的意思。如：

瞧你一脸汗，刚才干什么了？

最近生活不规律，玛丽脸上长了一脸痘痘。

最近连续加班，他看起来一脸疲惫。

七、头

(一) 名量词(临时量词)：用于计量附着在头上的事物，数词限用"一"，即"满头都是……"之义，与量词"脸"的用法类似。

用"头"计量的这类名词有"汗、水、灰"等。

"头"作为临时量词时，有"一头雾水"的用法，但此时不表示具体的事物，而是指"莫名其妙，完全不明白是怎么回事"的意思。

(二) 动量词(借用量词)：数词限用"一"，在句中作状语，隐含"一下子"或"全身心"之义。如：

因为大门玻璃太干净，今天已经好几个人进门时一头撞在了门上。

据报道，在昨天发生的一起交通事故中，一辆客车被一货车一头撞进了路边的沟里。

张文静的父亲坦言这么多年来自己一头扎在工作中，对女儿关心不够。

昨日上午一小货车由于故障，一头扎入河中，事故造成一人死亡。

八、团

(一) 名量词(部分量词)。

1. 用于计量团状的物体。

用"团"计量的这类名词有"毛线、棉花、乌云"等。

2. 用于表示抽象事物，泛指事物的全部的量，含有夸张的色彩，常表示混乱的现象。

用"团"计量的这类名词有"糟、漆黑、和气"等。如：

妈妈不在家，家里一团糟。

停电了，屋里一团漆黑，什么也看不见。

(二) 动量词(临时量词)：数词限用"一"，在句中作补语。常用的形式是："动词/形容词+作/成+一团"。如：

乱作一团　响作一团　慌作一团　挤作一团　笑作一团　打作一团

蜷成一团　搂成一团　围成一团　扭成一团　抱成一团

前面十字路口发生了严重的交通事故，现场乱作一团。

每次胃病发作，她都疼得缩作一团。

慌成一团的小张，回到家中，赶紧与父母商量解决办法。

看着照片上自己十年前的样子，大家笑成一团。

九、项

名量词(个体量词)。

1. 用于制度、法规、条款等。

用"项"计量的这类名词有"法令、规定、决定、规则、原则"等。如：

开学第一天，校长就向我们宣布了学校的各项规定。

诚实守信是父亲做人的一项基本原则。

两国经过一周的会谈，通过了三项决议。

2. 用于工作、计划、事业、职业等。

用“项”计量的这类名词有“计划、任务、工程、事业、工作”等。如：

了解中国的旅游经济，是玛丽来中国留学的一项计划。

为了按时完成这项任务，全体员工都放弃了假日休息。

3. 用于活动、运动、成绩等。

用“项”计量的这类名词有“活动、运动、成绩、成果、纪录”等。如：

中国运动员刘翔前不久创造了一项新的110米栏世界纪录。

张建小小年纪就获得了两项国家专利。

4. 用于款项、交易等。

用“项”计量的这类名词有“收入、支出、生意、交易”等。如：

总经理正发愁呢，最近两个月几项生意都亏了。

随着汽油价格的不断攀升，油费成为很多家庭的一项重要支出。

十、章

名量词。

1. 用于计量诗文、歌曲等较大型作品的段落。如：

这部音乐剧共五章。

这本小说我才看了三章。

2. 用于计量公文等条目。如：

这部法律共十章一百款。

“章”大于“节”“条”“款”“则”，如每章三节、四章十二条。

十一、阵

（一）动量词：用于计量持续一段时间的动作或运动，常作补语或状语，数词限用“一”“几”。有时可“儿”化，也可带“子”。如：

说了一阵　笑了一阵　哭了一阵　走了一阵　下了一阵　等了一阵　一阵摇晃

等了一阵，也不见他的踪影。

十分钟前刚下了一阵大雨，现在天又晴了。

东北风一阵狂吹，满地都是落叶。

（二）名量词：用于计量突发事物或现象的时间的量。

用“阵”计量的这类名词有“风、雨、雪、掌声、笑声、雷声”等。如：

一阵微风吹过，湖面泛起层层波纹。

隔壁教室不时传来一阵阵的笑声。

精彩的演出，得到观众们一阵阵热烈的掌声。

十二、套

名量词。

1. 用于计量有一定关系的成组的人。

用“套”计量的这类名词有“班子、人马”等。如：

公司领导两年内已经换了好几套人马。

这套班子不错，得到了群众的普遍好评。

2. 用于表示有本领或手段，“套”后名词常省略。如：

小王在学习方面真有一套。

你做饭真有一套。

她总是嘴上说一套，心里想一套。

别来这一套。

我不信他那一套。

第二种用法中，“套”后名词常常省略，数词多用“一”，含有褒义或贬义色彩。上面五个例句，前两句含有褒义，而后三句含有贬义。

练一练

一、选择合适的量词填空。

1. 他每次进厨房做饭，都搞得一__________糟。（片　团　群）
2. 他那一__________可骗不了我！（张　阵　套）
3. 小王那样做违反了公司的两__________规定。（项　章　条）
4. 医生嘱咐玛丽每天饭后吃两__________药。（粒　颗　片　类）
5. 父亲是这个大学第一__________毕业生。（届　批　班）
6. 这本杂志的第三__________上有我一篇文章。（批　班　期）
7. 研究院最近制定了一__________新的科研计划。（项　章　条）
8. 他的话特别幽默，大家听了笑作一__________。（片　团　群）
9. 她从恶梦中醒来，吓出了一__________冷汗。（片　身　面）
10. 这篇论文分为四__________。（项　章　条）

二、把下列名词填入合适的量词后面。

花生、和气、汗水、暴风雨、严肃、工作、章程、班子、水果、笑声、人马、货物、西服、毛线、规则、掌声、力气、学生、疲惫、药、计划、乌云、珍珠、不高兴

量词	名词
批	
粒	
套	
项	
身	
团	
阵	
脸	

三、HSK 仿真题：在下面 ABCD 中选择唯一正确的填入空中。

1. 到了机场，发现飞机票不见了，杰克急出了一______汗。

A. 片　　B. 些　　C. 身　　D. 滴

2. 小王一心想第一______出国，可没如愿。

A. 群　　B. 批　　C. 天　　D. 次

3. 楼下小夫妻刚刚生了孩子，晚上不时传来一______孩子的哭声。

A. 片片　　B. 套套　　C. 阵阵　　D. 场场

4. 我跟他不是一______人，说不到一块儿。

A. 种　　B. 类　　C. 批　　D. 群

5. 王老师每______跟我谈话，总是这一______，我都听腻了。

A. 回　种　　B. 次　类　　C. 趟　片　　D. 次　套

6. 叔叔从小跟爷爷学习武术，练就了一______好武艺。

A. 种　　B. 些　　C. 身　　D. 类

7. 小李那______左眼吹进了一______沙子，疼得不得了。

A. 双　粒　　B. 只　棵　　C. 只　粒　　D. 个　种

8. 这______学校的口语强化班已经办了八______了。

A. 个　种　　B. 家　类　　C. 所　批　　D. 所　期

9. 李主任看着眼前这______一______娇气什么也不想干的姑娘，一______的无奈。

A. 名　脸　身　　B. 位　身　脸　　C. 个　身　身　　D. 个　种　脸

10. 最近我们中文系85______的学生在一______茶馆聚了一______，久别重逢，大家可高兴了。

A. 届　家　次　　B. 年　个　次　　C. 班　个　趟　　D. 个　种　次

11. 大卫头戴一______白色运动帽，身穿一______雪白的运动衫，完全是一______运动员的打扮，我都认不出来了。

A. 个　件　身　　B. 种　套　类　　C. 顶　件　种　　D. 顶　套　身

12. 在这______世界游泳锦标赛上，当宣布王丽打破了一______世界纪录时，全______响起了______热烈的掌声。

A. 次　个　场　片片　　B. 届　项　场　阵阵

C. 回　位　场　阵阵　　D. 届　个　面　次次

四、HSK仿真题：将下面句后括号中的词语放在唯一合适的地方。

1. 王经理A倦容B地C出席了昨天的会议D。（一脸）

2. 刘刚A最近B扎在电脑游戏上，C对什么都D不关心。（一头）

3. 他俩A约定B谁下棋输了，就在谁脸上用毛笔C划D。（一道）

4. 她心里已经A乱作B，你就别再C给她添D麻烦了。（一团）

5. A台上的杂技表演B引来台下C惊叹声D。（一阵）

6. 我现在实在A忙不过来B，麻烦你替我C去银行D。（跑一趟）

7. A微风B吹过，C树叶轻轻地D摇摆起来。（一阵）

8. A外面B漆黑，你还是C带个手电筒D吧。（一团）

五、HSK仿真题：找出下面每段话中有错误的一部分。

1. 在自然界中，很多看似弱小的生物，都有一把保护自己的好本领，使你不得不惊叹。

A（在自然界中）　B（很多看似弱小的生物）　C（都有一把保护自己的好本领）　D（使你不得不惊叹）

2. 那辆小货车刹车失灵，扎进一头路边的水沟里。路过的司机们看到了，赶快报警。

A　　B　　C　　D

3. 经过改选，公司从上到下换了一套新班子，不到一个月，公司便出现了类类新气象。

A　　B　　C　　D

4. 大雨过后，路上一面积水，一辆汽车开过，溅了我一身泥。

A　　B　　C　　D

5. 校长不仅说起话来头头是道，而且做事也很有一手，我们大家都很佩服他，拥护他。

A　　B　　C　　D

参考答案

一、1. 团 2. 套 3. 项/条 4. 粒/颗/片 5. 届 6. 期 7. 项 8. 团 9. 身 10. 章

二、

量词	名词
批	水果、货物、学生、药、西服、毛线、珍珠
粒	花生、药、珍珠
套	章程、班子、人马、西服、规则
项	工作、章程、规则、计划
身	汗水、西服、力气
团	和气、毛线、乌云
阵	暴风雨、笑声、掌声
脸	严肃、疲惫、无奈、不高兴

三、1. C 2. B 3. C 4. B 5. D 6. C 7. C 8. D 9. B 10. A 11. D 12. B

四、1. A 2. B 3. D 4. B 5. C 6. D 7. A 8. B

五、1. C，应改为“都有一身保护自己的好本领”。

2. B，应改为“一头扎进路边的水沟里”。

3. D，应改为“公司便出现了种种新气象”。

4. B，应改为“路上一片积水”。

5. B，应改为“而且做事也很有一套”。

第三课 把 串 堆 伙 卷(juǎn) 卷(juàn) 艘 箱 盏 枝

讲一讲

一、把

名量词(引申用法):数词限用"一",含有夸张色彩。如:

她去年生了一场大病,瘦得只剩一把骨头了。(意思是非常瘦)

一把鼻涕一把泪地哭起来(意思是哭得很伤心的样子)

一把屎一把尿地把他养大(意思是很辛苦地抚养)

二、串

名量词(集合量词)。

1. 用于连贯成串的东西(常指一根长条物上串有很多个小的物体)。

用"串"计量的这类名词有"羊肉串、项链、钥匙、葡萄、香蕉、糖葫芦、珍珠、鞭炮"等。

2. 用于连续性的抽象事物。

用"串"计量的这类名词有"铃声、笑声、问题、矛盾"等。如:

近来公司经营出现了一连串问题。

只有解开这一串串疑点,才能找到问题的关键。

三、堆

名量词(集合量词)。

1. 用于计量聚集的人,可附加形容词"大""小"。

用"堆"计量的这类名词有"人、游客、学生、孩子"等。如:

不一会儿,路口就围了一大堆人,大家议论纷纷。

在中国留学的三年时间,杰克交了一大堆朋友。

那家商店限时降价打折,一下子就围了一大堆顾客。

2. 用于计量堆放在一起的东西,也可附加形容词"大""小"。

用"堆"计量的这类名词有"书、报纸、垃圾、水泥、雪、石子、沙子、树叶、食物"等。如:

快下班了,老板又拿了一大堆工作塞给我们做。

新来的总经理一上任,就碰上了一大堆难题。

周末收拾房间,整理出一大堆旧衣服、旧玩具什么的。

四、伙

名量词(集合量词):用于聚集的人,多用于贬义。

用"伙"计量的名词有"人、小孩儿、坏人、流氓"等。

提示

"伙""群"和"批"的异同

相同点:都可计量"聚集的人"。

不同点:

(1)"伙"的贬义色彩很浓,在庄重、严肃的场合,不适合用"伙"。如"这个周末有一批领导来学校参观",这里就不能用"伙"。

(2)"伙"只能计量人群,"群"和"批"还可计量事物或动物。如下面的句子不能用"伙":

这批产品不合格,必须退回原厂。

第一次在农村看到一群群的鸡鸭,孩子们都觉得新鲜有趣。

五、卷(juǎn)

名量词(部分量词):用于计量成卷的东西,常儿化。

用"卷"计量的名词有"图纸、布、画、电线、胶卷、胶布、卫生纸"等。

六、卷(juàn)

名量词(部分量词):用于计量书画作品的一部分。如:

这部著作共五卷。

这学期我们要学习《古代文选》的第三卷。

提示

"卷"读音不同时,用法也不同。凡用在表示"书"的名词前,读第四声(juàn);凡用在非书的名词前,读第三声(juǎn)。

七、艘

名量词(专职量词):用于计量较大的船只。

用"艘"计量的名词有"轮船、货船、宇宙飞船、客轮、游轮、军舰"等。

提示

"艘""条"和"只"的异同

相同点:都可计量船只。

不同点:

1. 它们修饰的对象有些区别。"艘"多用于大型船只;"条"多用于一般的船只;"只"大小船只都可计量,但"巨舶""军舰"等不与之搭配。

2. "艘"多用于书面语;"条""只"书面语、口语都运用。

量词	搭配的名词
艘	轮船、军舰、海轮、货轮、汽艇、巨轮
条	小船、小舟、龙船、竹筏
只	小船、小舟、龙船、竹筏、轮船、海轮、货轮、汽艇

八、箱

名量词:用于计量某些适合装箱的物品。

用“箱”计量的名词有“书、衣服、杂志、文具、水果、啤酒、饮料”等。

“箱”一般比“盒”的容量大。如去超市买牛奶时,“一箱”指很多“盒”。因此,点菜时,一般说“要一盒酸奶”,如说“要一箱酸奶”就是有很多小盒的了。

九、盏

名量词(个体量词):用于计量灯。

用“盏”计量的名词有“台灯、日光灯、花灯、彩灯、电灯”等。

在书面语中,“盏”还可以用于计量酒或茶水,是古代用法的存留。如“一盏绿茶”“一盏酒”,口语中一般不用。

十、枝

名量词(个体量词)。

1. 用于计量带花或叶的树枝。

用“枝”计量的这类名词有“花、玫瑰、百合、树枝”等。

2. 用于计量杆状的东西。

用“枝”计量的这类名词有“笔、蜡烛、枪”等。

提示

“枝”和“支”的异同

相同点:都可用于杆状的东西,如“蜡烛”“枪”“笔”,既可用“支”,也可用“枝”。

不同点:“枝”本义是“树枝”,作量词一般只用于树枝和杆状物品;而“支”应用的范围比“枝”大,还可用于人、歌曲等,如一支歌曲、一支队伍。

练一练

一、用本课所讲的量词填空。

1. 一(　　)台灯　　2. 一(　　)苹果　　3. 一(　　)饮料

4. 三(　　)玫瑰　　5. 一(　　)笑声　　6. 一(　　)电线

7. 两(　　)香蕉　　8. 一(　　)钥匙　　9. 一(　　)军舰

10. 两(　　)蜡烛　　11. 两(　　)卫生纸　　12. 一(　　)雪

二、将下面可以互相搭配的量词和名词用线连起来。

枝	花
伙	轮船
串	牛奶
盏	流氓
箱	图纸
艘	水泥
堆	项链
卷	灯

三、HSK 仿真题:在下面 ABCD 中选择唯一正确的填入空中。

1. 玛丽,桌上那______钥匙是你的吗? 走时可别忘了!

A. 支　B. 串　C. 卷　D. 块

2. 能拥有这样一艘______,是他一辈子的梦想。

A. 飞机　B. 汽车　C. 游艇　D. 自行车

3. 抬头看去,几乎整幢楼都黑了,只有三楼还亮着一______灯。

A. 颗　B. 伙　C. 盏　D. 串

4. 老太太一______鼻涕一______泪地向我们哭诉着,大家的眼圈也有点儿红了。

A. 把　把　B. 把　滴　C. 手　手　D. 串　滴

5. 商场今天开张,人们点着了一______的鞭炮,噼噼叭叭地响成一______。

A. 把把　声　B. 串串　面　C. 串串　片　D. 条条　串

6. 那______巨型货轮上装满了一______的货物,马上就要起航了。

A. 条　盒盒　B. 艘　面　C. 艘　串串　D. 艘　箱箱

7. 她拿来一______东西,打开一看,里面是两______珍珠。

A. 盒　串　B. 箱　条　C. 箱　滴　D. 盒　根

8. 突然停电了,屋子里顿时一______漆黑,妈妈马上拿来一______蜡烛,点了起来。

A. 片　枝　B. 团　条　C. 面　根　D. 堆　根

9. 搬家时,他找了一______人来帮忙,不仅把大______的家具搬走了,而且把屋子里几______垃圾全都清理了。

A. 批　部　堆　B. 些　件　堆　C. 些　片　团　D. 群　箱　片

10. 每到元宵节,这______街上就挂满了一______花灯,引来一______的游客观看。

A. 个　个　堆堆　B. 条　盏盏　伙

C. 条　个个　伙伙　D. 条　盏盏　批批

11. 突然来了一______强盗,把家里几______名画,卷成一______,都带走了。

A. 批　张　箱　B. 位　件　团

C. 伙　幅　卷　D. 群　箱　堆

12. 这______著作一共有十五______,每______下面还各分八______。

A. 部　章　章　卷　B. 卷　章　章　部

C. 部　节　节　章　D. 部　卷　卷　章

四、HSK 仿真题:将下面句后括号中的词语放在唯一合适的地方。

1. "铃铃铃——"A 电话铃声 B 把小李从睡梦中 C 惊醒 D。(一串)

2. 台风 A 过后,马路上 B 横七竖八地 C 倒着 D 吹断的树杈。(一枝枝)

3. 老张自从得了那场大病之后,已经 A 瘦得只 B 剩 C 骨头 D 了。(一把)

4. 这个公司 A 经营得很不好,存在着 B 问题 C 需要解决 D。(一大堆)

参考答案

一、1. 盏 2. 箱 3. 箱 4. 枝 5. 串 6. 卷 7. 串/箱 8. 串 9. 艘 10. 枝 11. 卷 12. 堆

二、枝——花
伙——流氓
串——项链
盏——灯
箱——牛奶
艘——轮船
堆——水泥
卷——图纸

三、1. B 2. C 3. C 4. A 5. C 6. D 7. A 8. A 9. B 10. D 11. C 12. D

四、1. A 2. D 3. C 4. B

单元练习

一、把下列名词填入合适的量词后面。

纪录、班子、树枝、毛线、轮船、画稿、工作、钥匙、垃圾、工作服、火、台灯、火车、镜子、地图、好手、国旗、计划、米、金黄、任务、人马、蔚蓝、梅花、沙子、锁、学生、风、墙、西装、笑声、规定、药、鼓、玫瑰、铃声、雨、雪、菊花、羊肉串、卫生纸、胶卷、队伍、小船、花灯、光明、运动会、宇宙飞船、葡萄、办法

量词	名词
艘	
片	
列	
把	
面	
阵	
串	
枝	
盏	
卷	
堆	
团	
届	
粒	
项	
套	

二、判断下列句子的对错,并改正错句(对的画√,错的画×)。

1. 路口发生了车祸,现场一幅混乱。(　　)
2. 超市新来了一群水果。(　　)
3. 这是一项很难完成的工作。(　　)
4. 这间新屋子挺好的,不过就是少面镜子。(　　)
5. 小明的上面一列牙齿有两颗蛀牙。(　　)
6. 他这套骗人的把戏骗得了别人,可骗不了我。(　　)
7. 我们刚送走了一伙客人,又迎来了一伙新的客人。(　　)
8. 演讲比赛时,他紧张得出了一身的汗。(　　)
9. 这位教师为了救孩子牺牲了自己的生命,他是我们教育战线的一片旗帜。(　　)

三、选择合适的量词填空。

1. 2008 年这一__________奥运会在中国北京举行。(期　批　届)

2. 那间教室的窗玻璃破了,得换__________新的。(片　张　块)

3. 这__________钥匙是谁的?(把　串　条)

4. 玛丽的哥哥是__________电脑工程师。(名　位　伙)

5. 刚刚刮了一__________大风后,就下起雨来。(片　阵　次)

6. 妈妈怕奶奶冷,给她垫了两__________褥子。(片　面　层)

7. 干我们警察这一__________的,必须对人民高度负责。(行　部　届)

8. 我看见那个女人上了对面的那__________火车。(排　列　行)

四、HSK 仿真题:在下面 ABCD 中选择唯一正确的填入空中。

1. 开往北京的那______火车晚点了十五分钟。

A. 辆　　B. 趟　　C. 架　　D. 艘

2. 爸,您都一大______年纪了,就别干了,回家好好享受晚年生活吧!

A. 把　　B. 岁　　C. 笔　　D. 批

3. 这也是人家一______好心,你就别客气了,收下吧。

A. 幅　　B. 块　　C. 片　　D. 把

4. 中秋节快到了,爸爸亲手给他做了一______花灯。

A. 台　　B. 盏　　C. 支　　D. 块

5. 周刚和李丽是九十年代初同一______出国的。

A. 届　　B. 群　　C. 期　　D. 批

6. 《甜蜜蜜》是来中国后,三木学的第一______中国歌曲。

A. 句　　B. 枝　　C. 支　　D. 声

7. 在如何面试上,刘明可真有一______。

A. 身　　B. 阵　　C. 面　　D. 套

8. 下星期有一______领导要来我们单位参观访问。

A. 伙　　B. 批　　C. 堆　　D. 排

9. 由于故障,来自香港的一______大型货轮已经在天津港停靠了两个星期。

A. 辆　　B. 艘　　C. 条　　D. 架

10. 王燕在公司捡到一______手表,问了好多人,可直到下班也没找到失主。

A. 种　　B. 串　　C. 块　　D. 份

11. 这______屋子看来已经有好久没有人住了,家具上面都落了一______厚厚的土。

A. 个　片　　B. 间　层　　C. 个　面　　D. 个　团

12. 妈妈抓了______豆子撒在桌上,仔细地看着,把里面的几______小石子挑了出来。

A. 堆　个　　B. 些　棵　　C. 团　颗　　D. 把　粒

13. 听说客人马上要来了,李华慌忙把床上的几______脏衣服,团成一______,塞进了那______洗衣机里。

A. 件　块　架　　B. 件　团　台　　C. 堆　块　个　　D. 条　堆　台

14. 进门的那______墙上,贴着一______白纸,上面写着学院的几______规定。

A. 面　张　项　　B. 个　片　行　　C. 面　面　项　　D. 面　片　条

15. 在这______全国大学生运动会上,我校的这______运动队成绩不好,看得出来,张教练一______的不高兴。

A. 次　列　头　　B. 个　支　面　　C. 届　支　脸　　D. 面　枝　脸

五、HSK 仿真题：找出下面每段话中有错误的一部分。

1. 他说是玛丽的好朋友(A)，可又说很讨厌玛丽(B)，弄得我一团雾水(C)，不知他哪句话是真的(D)。

2. 张教授一到学校(A)，便一身扎进了实验室(B)，在里面呆了二十四小时(C)，第二天中午才出来(D)。

3. 在昨天市政府召开的记者招待会上(A)，许多记者就环境保护向市长连连发问(B)，提出了一片问题(C)，要求市长当场回答(D)。

4. 我觉得这个人跟那几个小偷是一群的(A)，警察怎么把他给放了呢(B)？是故意的呢(C)？还是证据不足(D)？

参考答案

一、

量词	名词
艘	轮船、小船、宇宙飞船
片	金黄、蔚蓝、笑声、药、光明
列	火车、队伍
把	钥匙、好手、锁
面	镜子、国旗、鼓、墙
阵	风、笑声、雨
串	钥匙、羊肉串、葡萄、笑声、铃声
枝	树枝、玫瑰、梅花、菊花
盏	台灯、花灯
卷	画稿、地图、卫生纸、胶卷
堆	垃圾、雪
团	毛线、火
届	学生、运动会
粒	米、沙子、药
项	纪录、工作、任务、规定、计划
套	班子、人马、工作服、西装、办法、计划

二、1. ×，"幅"应改为"片"。
2. ×，"群"应改为"批"。
3. √
4. √
5. ×，"列"应改为"排"。

6. √

7. ×,“伙”应改为“批”。

8. √

9. ×,“片”应改为“面”。

三、1. 届 2. 块 3. 把/串 4. 名/位 5. 阵 6. 层 7. 行 8. 列

四、1. B 2. A 3. C 4. B 5. D 6. C 7. D 8. B 9. B 10. C 11. B 12. D 13. B 14. A 15. C

五、1. C,应改为“弄得我一头雾水”。

2. B,应改为“便一头扎进了实验室”。

3. C,应改为“提出了一串问题”或“提出了一堆问题”。

4. A,应改为“我觉得这个人跟那几个小偷是一伙的”。

·第四单元·

第一课 杆 幢 栋 簇 口 门 帮 顿 捆 番 股 摊 枪 眼

讲一讲

一、杆

名量词(个体量词):用于计量有杆的器物。

用“杆”计量的名词有“枪、笔、秤、旗子”等。

二、幢

名量词(个体量词):用于计量房屋,房屋一座叫一幢。

用“幢”计量的名词有“楼房、大厦、高楼、别墅”等。如:

这个小区有十几幢别墅。

请问,前面那幢大厦就是商贸中心吗?

三、栋

名量词(个体量词):用于计量房屋。

用“栋”计量的名词有“楼、房子、别墅”等。

提示

“栋”“幢”“座”和“所”的异同

相同点:都可用于计量房屋。

不同点:“幢”“栋”只用于计量房屋本身;“座”除计量房屋外,还可以计量其他建筑物、器物和山林,如“一座大桥”“一座山”“一座钟”;“所”除了指建筑物本身外,还可指房屋所属单位的机构(一般为机关单位),如“一所医院”“一所学校”;而“栋”只表示建筑本身,如可以说“一所医院”,不能说“一栋医院”,只能说“这家医院的一栋房子”。

四、簇

名量词(集合量词)。

1. 用于计量聚集的花草、树木。

用“簇”计量的这类名词有“花、杂草、玫瑰、菊花、百合、灌木”等。

2. 用于计量成堆的毛发。

用“簇”计量的这类名词有“头发、羽毛”等。

五、口

名量词。

1. 用于计量类似有口的东西。

用“口”计量的这类名词有“锅、井、水缸、棺材”等。

2. 用于语言。

用“口”计量的这类名词有“普通话、方言、上海话”等。如：

玛丽来中国已经五年了，现在她能说一口标准的汉语。

她说得一口流利的英语。

3. 用于表示刀、剑等。

用“口”计量的这类名词有“刀、剑”等。

六、门

名量词。

1. 用于表示学科、科学、技术。

用“门”计量的这类名词有“课、功课、技术、学问”等。如：

从小到大，体育这门功课我一直都最糟糕。

李大伟通过十年的努力，终于掌握了这门传统手艺。

2. 用于计量重武器。

用“门”计量的这类名词有“大炮、火箭炮”等。

3. 用于家庭、婚姻、亲戚等。

用“门”计量的这类名词有“婚姻、亲戚、亲事”等。如：

王峰是我家的一门远房亲戚。

他们两家这门亲事很合适，门当户对。

小丽的父亲不同意这门亲事。

玛丽有门亲戚在中国。

七、帮

名量词（集合量词）：用于计量关系较密切的人群。前面可附加形容词“大”。

用“帮”计量的名词有“朋友、学生、同事、小孩儿、人、年轻人、生意人、坏蛋、小偷、劫匪、强盗”等。

提示

“帮”和“班”的异同

相同点：都可以计量人群。

不同点：

（1）“班”一般用于按照规定、要求或需要正式组织起来的人，常用于学校、军队或指领导班子，一般是合法的。“帮”多指为政治的或经济的目的而结成的一群人。如果后面是一般的中性名词，则是指比较随便结合在一起的。当后面是不好的名词，往往是指非法勾结在一起的，如“一帮强盗”“一帮小偷”等。“班”不能这样用。如：

这家公司是由一班退伍军人创办起来的。

这一班领导因态度亲切、工作认真而深受员工喜爱。

近期连续在本市作案的一帮小偷于昨日深夜被一举抓获。

（2）“帮”前可以加形容词“大”，如“一大帮朋友”；“班”则没有这种用法。

八、顿

（一）名量词：用于批评、打骂等。

用“顿”计量的这类名词有“打、骂、批评、斥责”等。

（二）动量词：用于计量批评、申斥等行为的次数。如：

打一顿　骂一顿　批评一顿　教训一顿

王峰因为今天又迟到，被老师批评了一顿。

最近小李心情不好，动不动发一顿脾气。

因为工作出了好多差错，李丽被老板臭骂了一顿。

九、捆

名量词（集合量词）：用于计量捆在一起的东西。可在前面附加“大”“小”。

用“捆”计量的名词有“草、竹子、书、电线、杂志、木柴、甘蔗”等。

提示

“捆”“束”和“把”的异同

相同点：都可以计量捆在一起的东西。

不同点：

（1）“捆”“把”多用于口语；“束”一般多用于书面语。

（2）在搭配对象上，“捆”多用于条状、片状的东西，常是为了便于携带或运输而捆在一起的事物，体积相对较大，如“一捆杂志”“一捆柴禾”；而“束”多用于细丝状、细条状的东西，体积相对较小，如“一束头发”“一束鲜花”；“把”一般是手中可以握住的东西，体积也比较小。这几个量词可修饰少数相同的东西，有时是有差异的。如：

一束花（扎在一起，多作为礼物）

一把花（可以是随意采下来，手中握着的，并未扎在一起）

一捆花（量很大，为了便于携带或运输时捆在一起）

“一把柴”和“一捆柴”的区别同上，但不说“一束柴”。

（3）“束”还可修饰“光、光线、阳光”，“捆”没有这个用法。

十、番

（一）名量词。

1. 用于言语、心思、感觉、精力。

用“番”计量的这类名词有“话、心意、好意、心血、努力、教导、周折、口舌、功夫、滋味、讨论”等。如：

这次演出的成功，全体工作人员都付出了一番心血。

费了一番周折，我才说服杰克参加比赛。

父母是一番好意，可是子女常常不理解。

我的计划书最后还是没有通过，我的一番努力白费了。

2. 用于景象、气象等。

用“番”计量的这类名词有“新气象、宁静的景象、美景、风味”等。

（二）动量词。

1. 用于计量动作。多用于较正式的双音节动词之后，隐含动作认真而且持续时间较长。动量词“回、次、遍”都没有“番”的这种语义。如：

思考一番　考虑一番　研究一番　打量一番　较量一番　批评一番　调查一番　考察一番

小刚考试不及格，被妈妈狠狠地批评了一番。

只有经过一番仔细的调查，才能得出让人信服的结论。

到底去哪个公司就职，我得好好考虑一番。

2. 用于计量人或事物成倍的变化，“一番”是原数的2倍。如：

今年学生人数比去年翻了一番。

年底了，工作量比平时增加了两番。

据调查，近二十年来，这里居民的收入增长了三番。

习用语中有“三番两次”“三番五次”“几次三番”，都指经过很多次，过程很长的意思。

十一、股

名量词（部分量词）。

用法	搭配的名词
1. 用于条状物	线、绳子、毛线
2. 用于人流	人流
3. 用于水流	泉水、鲜血、小溪
4. 用于气流	风、寒流、暖流、气流、热气
5. 用于力量、情绪等	力量、力气、情绪、热情、劲头
6. 用于气味	气味、香味、臭味、烟味、酒味、水果味、腥味
7. 用于某些抽象事物（比喻义）	潮流、风潮、浪潮、出国风、吃喝风

如：

小明摔了一跤，腿被划了一道大口子，一股鲜血流了出来。

每逢节假日，一股股人流涌向各大旅游胜地。

据最新天气预报，明天将有一股寒流影响本市。

一次次的失败也无法打消赵明搞发明创造的那股热情。

还没进家门，就闻到一股扑鼻的香味儿，一定是妈妈又做好吃的了。

“股”在用于表示人流、气味、力量、情绪时，可以在后面加“子”，含有口语色彩。如：

我不喜欢吃海鲜，因为有一股子腥味。

快要考试了，教室里有一股子紧张的气氛。

十二、摊

名量词。

1. 用于计量摊开的糊状物。可附加形容词“大”“小”。

用“摊”计量的这类名词有“水、血、泥”等。

2. 用于计量堆积的物品。可附加形容词“大”，也可在后面加“子”。

用“摊”计量的这类名词有“垃圾、衣服、旧报纸”等。

3. 用于计量事情。可附加形容词“大”，也可在后面加“子”。如：

每天下班后，家里还有一大摊(子)家务要做。

今天公司还有一大摊(子)事情没处理完，看来得加班了。

十三、枪

动量词："枪"是动作的工具。如：

放一枪　开一枪　打一枪　射一枪

提示

动量词中借用名词表示动作的工具，这类量词还有"刀、鞭、斧"等。如：

砍一刀　切一刀　剁一刀　捅一刀

抽一鞭(子)　打一鞭(子)

砍一斧　劈一斧

十四、眼

(一) 名量词：用于井、泉水、窑洞等。如：

两眼井　一眼泉水

(二) 动量词："眼"指眼睛，跟它搭配使用的都是与眼睛有关的动作，如"看、瞪、瞟、瞄、扫、斜、白"等，与数词结合为数量短语，在句中作补语或状语。如：

老王没再说什么，只是狠狠地瞪了儿子两眼。

我也只是匆匆看了一眼，没看清楚。

李老师向教室里扫了一眼，发现今天有四五个学生没来。

那位老大爷一眼认定这个姑娘就是自己未来的儿媳妇。

提示

动量词中常借用表示器官或肢体的名词来表示动作的量，这类量词还有"口、巴掌、脚、拳"等。如：

咬一口　啃一口　吃一口　喝一口　尝一口　吸一口

打一巴掌　拍一巴掌　抽一巴掌

踢一脚　踩一脚　踹一脚

打一拳　揍一拳

动词"插"后，常加上数量词"一手、一脚、一腿、一杠子、一句"，表示"介入"之义。如：

刘小伟避开母亲和父亲谈，怕她插一脚。

你的意思是我不该在旁边插一手？

人家的日子过得好好的，你为什么硬插一腿？

练一练

一、用本课所讲的量词填空。

1. 一(　　)枪　　2. 一(　　)亲事　　3. 两(　　)鲜花
4. 一(　　)香味　　5. 两(　　)大楼　　6. 三(　　)锅

7. 一(　　)泉水　　8. 一(　　)努力　　9. 一(　　)同事

10. 一(　　)打骂　　11. 调查一(　　)　　12. 尝一(　　)

二、将下面可以互相搭配的量词和名词用线连起来。

幢	讨论
簇	亲戚
帮	责骂
番	大厦
摊	鲜血
杆	学生
门	头发
顿	笔

三、HSK 仿真题:在下面 ABCD 中选择唯一正确的填入空中。

1. 周日我把家里的旧报纸杂志整理成两______,拿去卖了。

A. 束　　B. 把　　C. 捆　　D. 本

2. 那一大______小偷都被判了一到五年的刑期。

A. 帮　　B. 班　　C. 名　　D. 位

3. 你看见了吗？那就是世界上最长的一______斜拉索桥。

A. 所　　B. 座　　C. 栋　　D. 幢

4. 去年服装界的一______复古风已经过去了,不知明年又会流行什么？

A. 片　　B. 幅　　C. 股　　D. 重

5. 为了写好这______论文,大卫可是花了一______心血!

A. 个　股　　B. 幅　口　　C. 个　顿　　D. 篇　番

6. 那人撞倒了人还想跑,马克一______拉住了他,没想到那人举起手,给了马克一______。

A. 手　巴掌　　B. 把　拳　　C. 把　顿　　D. 手　拳

7. 要想跟师傅学这______手艺,必须得有______吃苦耐劳的精神。

A. 项　番　　B. 个　根　　C. 手　股　　D. 门　股

8. 经过几______周折,我们终于在那______窑洞里发现了小李。

A. 回　眼　　B. 次　扇　　C. 番　口　　D. 趟　口

9. 大卫举起那______枪,一______就打中了目标。

A. 杆　枪　　B. 把　眼　　C. 支　把　　D. 枝　眼

10. 大家正渴得难受时,李芳在前面的山路上发现了一______泉水,只见一______清水直往外冒。

A. 口　滴滴　　B. 眼　口口　　C. 眼　股股　　D. 口　眼眼

11. 要想说一______流利的汉语,非得下一______苦功夫才行。

A. 口　下　　B. 嘴　顿　　C. 口　番　　D. 口　眼眼

12. 你的那______裤子上怎么有一______血？受伤了吗？

A. 件　滴　　B. 个　堆　　C. 套　点　　D. 条　摊

13. 在那一大______绿油油的草地上,盛开着一______野花,一______羊正在那里安闲地吃草,景色真美啊。

A. 堆　簇簇　头头 B. 片　簇簇　群　C. 块　朵朵　条　D. 摊　片　只

14. 那______楼房的三______突然冒出了一______浓烟，快打电话叫消防队来。

A. 幢　间　缕缕　B. 个　门　阵　C. 幢　栋　口口　D. 幢　层　股股

15. 士兵们拉来一______炮，对着眼前的那______山开了一炮，只听得“轰”地一______巨响，石头被炸开了，一______石头从山坡上滚了下来。

A. 门　座　声　块块　B. 个　座　阵　粒粒

C. 门　个　阵　串串　D. 个　门　声　块块

四、判断下列句子的对错，并改正错句（对的画√，错的画×）。

1. 不聊了，得赶紧回去了，家里还有一大堆家务活儿要干呢！（　　）
2. 黄山是国内外闻名的一栋名山。（　　）
3. 那班抢劫犯被抓获后，真是大快人心。（　　）
4. 这是我们家里的事，你不是我们家人，凭什么插上一脚？（　　）
5. 他举起一枝鞭子，抽了那马一下，那马就狂奔起来。（　　）
6. 把很难的东西讲得非常简单，这可是一项学问。（　　）
7. 这口剑据说是2000年前越国的越王使用的。（　　）
8. 挺干净的地上怎么有一滩泥？（　　）
9. 这幢大楼里有三十六栋房。（　　）
10. 那座大钟放在那里已有几十年了。（　　）

参考答案

一、1. 杆　2. 门　3. 捆/簇　4. 股　5. 幢/栋　6. 口　7. 眼　8. 番　9. 位　10. 顿　11. 番　12. 口

二、

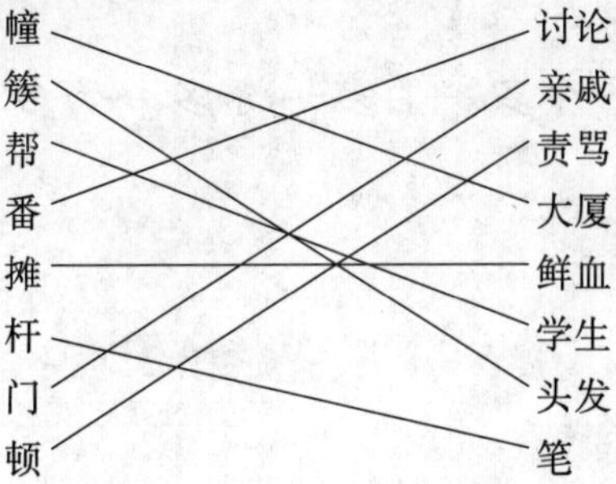

三、1. C　2. A　3. B　4. C　5. D　6. B　7. D　8. C　9. A　10. C　11. C　12. D　13. B　14. D　15. A

四、1. √

2. ×，“栋”应改为“座”。

3. ×，“班”应改为“伙”。

4. √

5. ×，“枝”应改为“根”。

6. ×，“项”应改为“门”。

7. √

8. ×，“滩”应改为“摊”。

9. ×，“栋”应改为“套”。

10. √

第二课 则 丸 把 辈 成 出 沓(dá) 打(dá) 桩 起 拨 撮(cuō) 重(chóng) 柄

讲一讲

一、则

名量词(个体量词)。

1. 用于计量故事、新闻等文字材料,一则即一条或一个,多用于书面语。

用"则"计量的这类名词有"故事、寓言、新闻、评论、消息"等。

2. 用于计量规则、制度等细分的条目。如:

请看第十条第三则。

小刚违反了校规第二条第四则的规定。

一般规章制度、条文中大小依次顺序为"条——则——款"。

二、丸

名量词(专职量词):用于计量颗粒状的中药。如:

这种中药每天饭后吃三丸就行了。

这丸中药是用十几种药材提炼而成的。

三、把

名量词:在口语中,常用于"个、百、千、万"后面,有"一个多、一百多、一千多、一万多"之义。如:

个把月(一个多月)

百把小时(一百多小时)

千把人(一千多人)

听说昨天晚上的演唱会有万把人观看,非常热闹。

不用着急,这只是小问题,个把钟头就能修好。

四、辈

名量词。

1. 用于计量人的辈分。中心词"辈分"可以省略。如:

大两辈　晚一辈　长三辈

2. 用于计量辈分相同的一批人。如:

大家都是同辈人,随意点吧,不用这么客气。

春节时,他们家老少三辈人一同去云南旅行了。

提示

"辈子"与"辈"意义和用法不同。"辈子"强调的是人毕生的时间，常和"一、半、大半"等搭配，常有夸张的色彩。如：

奶奶常说她辛苦了一辈子，现在终于可以享福了。

他活了大半辈子，还没进过城。

五、成

名量词：用于计量数的增减，十分之一为一成。如：

小王买了辆八成新的二手自行车。

今年收成增加了两成。

这家商场的东西比别的商场贵一成。

六、出

名量词（专职量词）：用于计量戏曲、戏剧等。

用"出"计量的名词有"喜剧、悲剧、戏剧、京剧、闹剧"等。

电影、电视不能用"出"，只能用量词"部"。

七、沓（dá）

名量词（集合量词）：用于计量重叠起来的纸张和其他很薄的东西。口语中常在后面加"子"。

用"沓"计量的名词有"纸、照片、信封、信、报纸、广告、钱"等。

八、打（dá）

名量词（集合量词）：十二为一打。

用"打"计量的名词有"信封、铅笔、毛巾"等。

九、桩

名量词（个体量词）：用于计量事件。

用"桩"计量的名词有"事、小事、大事、公事、怪事、好事、喜事、难事、家务事、案子、抢劫案、盗窃案"等。

十、起

名量词（专职量词）：用于计量意外发生的事件，如事故、案件等。

用"起"计量的名词有"交通事故、意外、车祸、火灾、空难、案件"等。

十一、拨

名量词（集合量词）：用于计量成批或分组的人群。如：

博物馆今天来了一拨外国游客。

爷爷生病住院，每天都有好几拨人来探望。

由于人太多了，我们班分成两拨出发。

为了按时完成任务，大家努力干活，只能轮拨休息。

提示

"拨"和"批"的异同

相同点：都可用于分批分组的人群。

不同点："拨"只用于人群，在北方口语中常用；"批"除了用于人群，还可用于物，如"一批货物""一批水果"，而且多用在比较严肃、正式的场合。

十二、撮（cuō）

名量词（部分量词）。

1. 用于计量用手捏取的东西（常指粉末状、颗粒状），量很少。前面可附加形容词"小"。用"撮"计量的这类名词有"泥土、盐、糖、沙子、面粉"等。

2. 用于计量人，含有贬义色彩。

用"撮"计量的这类名词有"捣蛋分子、坏蛋、犯罪分子"等。

十三、重（chóng）

名量词（部分量词）：用于计量重叠、堆积的事物。常重叠使用。如：

站在山顶上，看着远处一重重的树林真美。

为了安全，我给自行车上了双重锁。

王静是北方人，特别不习惯南方的冬天，一到冬天，她就裹得一重又一重的。

他俩当年是突破重重阻碍才结合在一起的。

提示

"重"和"层"的异同

相同点：都可计量重叠的事物。如"一层玻璃""一重玻璃"；"重重山林""层层山林"。

不同点："重"只强调堆叠在一起，"层"则强调"有层次、有条理的重叠"。如楼层或有条理地盖、垫、铺时，只能用"层"，不能用"重"。如：

为了防潮，他在中药下面放了一层生石灰。

给病人盖了两层被子他还喊冷。

"重"重叠后，常用于"困难""险阻""障碍"前，"层"没有这种用法。如：

她克服了重重困难，终于完成了这个任务。

这支解放军队伍战胜重重险阻，到达了地震中心。

十四、柄

名量词（个体量词）：用于计量某些带把（儿）的东西。

用"柄"计量的名词有"伞、剑、斧头、钢叉"等。

提示

"柄"和"把"的异同

相同点：都可计量有把(儿)的东西。

不同点："把"多用于口语，"柄"多用于书面语。

练一练

一、选择合适的量词填空。

1. 新闻报告昨晚本市发生了一________特大交通事故。(出　起　件)
2. 这鱼汤味道不错,不过再加一小________胡椒粉会更好。(点　把　撮)
3. 杰克这次出差去中国,差不多得个________月才能回国。(把　柄　些)
4. 由于这趟车上已经没有座位了,我们只好下一________再走了。(批　群　拨)
5. 在中国这是一________人人都知道的寓言故事。(条　则　件)
6. 以前他们一家祖孙三________挤在一间小屋里,现在终于有了宽敞的新房子了。(家　位　辈)
7. 我出差两个星期,回到公司,看到桌子上堆了一________信件。(封　沓　个)
8. 这种药丸是专治气管炎的,一次要吃两________。(棵　丸　只)
9. 这次家庭演唱会比赛,每一小组应该是由老少三________组成的。(批　群　辈)
10. 老王在工作中遇到了________困难,但他最终还是很好地完成了任务。(重重　层层　个个)

二、将下面可以互相搭配的量词和名词用线连起来。

拨	话剧
出	钞票
桩	案子
丸	中药
沓	客人
柄	斧头
则	新闻

三、HSK 仿真题:在下面 ABCD 中选择唯一正确的填入空中。

1. 老板说最近每来一______台湾水果都很快就卖完了。

A. 群　　B. 拨　　C. 批　　D. 棵

2. 近期热播的那______电视剧是根据海岩的小说改编的。

A. 部　　B. 出　　C. 本　　D. 台

3. 放心吧,这只是小事一______,包在我身上了。

A. 个　　B. 出　　C. 桩　　D. 点

4. 这______寓言故事在中国可谓家喻户晓。

A. 出　　B. 则　　C. 桩　　D. 件

5. 据调查,昨晚发生的那______交通事故完全是由于司机酒后开车造成的。

A. 起　　B. 出　　C. 堆　　D. 回

6. 炒菜时,我只放了一小______盐,怎么这么咸呢?

A. 把　　B. 些　　C. 堆　　D. 撮

7. 我比你大一______,你不该叫我哥哥。

A. 岁　　B. 辈　　C. 年　　D. 点儿

8. 组长领了一______毛巾，发给每人一______。

A. 条　条　　B. 打　条　　C. 堆　片　　D. 沓　根

9. 这______宝刀听说是我们上一______留下来的。

A. 口　辈　　B. 把　年　　C. 个　岁　　D. 根　届

10. 画上画着一猎人，手执一______钢叉，向不远的一______老虎投去。

A. 枝　头　　B. 根　只　　C. 把　伙　　D. 柄　只

11. 甲队和乙队的这______比赛，甲队胜的可能性大概有八______。

A. 次　个　　B. 届　分　　C. 场　成　　D. 桩　成

12. 看到花农们种的花卖不出去，政府便发动各种商业企业和个人一起搞推销活动，引回了一______客户，开出了一______销路，结果花价回升，花农和政府终于大大舒了口气。

A. 拨拨　条条　　B. 批批　片片　　C. 群群　道道　　D. 伙伙　层层

13. 事物总是在前进的，我们的面前有着一______又一______的矛盾，头顶上悬着一______又一______的难题。我们必须不断努力解决矛盾与难题。

A. 层　层　道　道　　B. 出　出　条　条

C. 堆　堆　道　道　　D. 重　重　道　道

14. 为响应政府“送服务下乡”的号召，许多文化和科技部门利用双休日，结合各自单位特点，开展向农民送一______书、一______歌、一______戏、一______电影、一______技术、一______致富信息的活动。

A. 本　首　部　场　条　支　　B. 套　首　出　部　项　条

C. 册　支　场　场　个　张　　D. 部　支　出　场　则　条

参考答案

一、1. 起/件　2. 撮　3. 把　4. 批/拨　5. 则　6. 辈　7. 沓　8. 丸　9. 辈　10. 重重

二、拨——客人
出——话剧
桩——案子
丸——中药
沓——钞票
柄——斧头
则——新闻

三、1. C　2. A　3. C　4. B　5. A　6. D　7. B　8. B　9. A　10. D　11. C　12. A　13. A　14. B

第三课 具枚尾摞撇代派缕 轮抹撮(zuǒ)线丝度

讲一讲

一、具

名量词(专职量词):用于计量棺材、尸体等。

用"具"计量的名词有"棺材、棺木、尸体、木乃伊"等。

二、枚

名量词(个体量词)。

1. 用于体积小的圆形或块状的东西,相当于"个"。

用"枚"计量的这类名词有"硬币、奖章、邮票、胸针"等。

2. 用于火箭、弹药等。

用"枚"计量的这类名词有"火箭、导弹、炸弹、地雷、鱼雷"等。

"枚"的第一种用法,都可用其他量词替代,如"一个硬币""一块奖章""一张邮票"。在词义上"枚"和这些量词没有区别,但是"枚"多用于书面语,而"个""张"等量词口语、书面语都可以用。

三、尾

名量词(专用量词):用于计量鱼。

用"尾"计量的名词有"鱼、鲫鱼、鲤鱼、金鱼"等。

提示

"条"和"尾"都可计量鱼,但"条"的应用范围比"尾"大,还可计量其他动植物、河流、道路等。而"尾"专用于计量鱼,而且多用于讲所养鱼的数量时。

四、摞

名量词(集合量词):用于重叠堆放在一起的物品。

用"摞"计量的名词有"盘子、碗、碟子、纸、报纸、杂志、书、衣服"等。

"摞"计量的物品一定是可以叠放在一起的,含有比较"整齐"的意思。所以随意堆放的东西,不能用"摞",如可以说"一堆垃圾",不能说"一摞垃圾"。

五、撇

名量词(个体量词)。

1. 用于计量汉字中的一撇。

2. 用于计量像一撇笔画的胡子、眉毛等。

用“撇”计量的这类名词有“胡子、眉毛”等。如：

他父亲有两撇八字胡，给人印象深刻。

总经理两撇眉毛都竖起来了，看来很生气。

六、代

名量词。

1. 用于计量辈分相同的一批人。中心语常常可省略。如：

我们这一代应该继承老一代的光荣传统。

公司的年轻一代更有活力。

2. 用于计量历史朝代。中心词“朝代”也常常不出现。

提示

“代”和“辈”的异同

相同点：都可计量辈分相同的一批人，如“祖孙三代”也可说“祖孙三辈”。

不同点：

(1) 语体色彩上，“代”比较庄重、严肃，多用于书面语和比较正式的场合。像下面的用法多用“代”，很少用“辈”。

长江后浪推前浪，一代更比一代强。

长期以来，我们两国人民结下了深厚友谊，这种友谊必将代代相传。

(2) “代”的使用范围比“辈”大，朝代国家或团体的领导更换一次为一代，父子更替为一代；“辈”多用于计量家族内部父子的更替次数。如：

他是在动荡战争年代成长起来的一代伟人。（“一代”指一个朝代不能换作“一辈”）

这一代领导人……

中原一带已经有一百年左右没有发生战争，老百姓好几代没有看到过打仗。

(3) “辈”还可用于表示人的辈分，“代”无此用法。如下面这些句子不能用“代”：

他比我大一辈呢，我该叫他叔叔。

从辈分上说，我比你长三辈。

七、派

名量词。

1. 用于计量学术或政治派别。如：

两派观点　几派意见　两派政治团体

他们俩是好朋友，不过在学术上却是对立的两派。

关于假期的旅行计划，家里人分成两派，一派想去北方，一派想去南方。

2. 用于计量人的风貌。数词限用“一”。如：

一派领导的架式　一派大明星的样子　一派学者风度

看到老板一派严肃的表情，大家一下子都安静了。

她出身名门，言行举止都透露出一派端庄的气质。

3. 用于计量语言。数词限用“一”，含有贬义。

用“派”计量的这类名词有“胡言、胡话、胡言乱语、大话、谎言”等。如：

可别信朱飞的话，他说的都是一派胡言。

他总是一派大话，让周围的人十分反感。

4. 用于计量声音、景色、气象等。数词限用"一"。

用"派"计量的这类名词有"动听的曲子、迷人的景色、节日的景象"等。如：

这真是一派动听的曲子！

又到春节了，家家户户挂春联，买年货，到处一派节日的景象。

提示

"派"和"片"的异同

相同点：都可以计量景色、气象、语言、声音。

不同点：

(1) 计量景象时，"派"强调有气势，重在内心的感受；"片"强调视觉感受。如形容北方冬天雪后的景色：

大雪过后，眼前到处一片雪白的世界（强调视觉感受），好一派北国风光（强调内心感受）。

(2) 计量语言时，"派"大多含有贬义；"片"则好坏都可以用。如"一派谎话""一片批评""一片赞美"。

(3) 计量声音时，"派"大多只用于音乐方面，如"一派动人的乐曲"；"片"则可以用在很多方面，如"一片雷雨声""一片吵闹"。

(4) "派"多用于书面语；"片"多用于口语。

八、缕

名量词（部分量词）。

1. 用于计量细丝状的毛状物。

用"缕"计量的这类名词有"头发、青丝、毛线"等。如：

李丽赶时髦，染了两缕金色的头发。

2. 用于计量光线、气味等。

用"缕"计量的这类名词有"阳光、香味、白烟、炊烟"等。如：

太阳升起时，一缕缕阳光透过窗格照进屋内。

午饭时间到了，各家各户厨房里飘出缕缕饭香。

3. 用于计量某些抽象事物（常指情绪）。

用"缕"计量的这类名词有"笑意、忧愁、烦恼、喜悦"等。如：

直到比赛结束，教练脸上才闪过一缕微微的笑意。

得知今年就业形势特别严峻，小梅心头涌起一缕担忧。

"道"和"缕"都可以修饰"阳光"，"道"比"缕"要粗得多。

九、轮

1. 名量词（个体量词）：用于太阳、月亮等。数词限用"一""半"。

用"轮"计量的这类名词有"太阳、红日、月亮、圆月、光环"等。如：

中秋之夜，望着天空的一轮明月，小静想起了远在上海的父母。

当一轮红日从海面升起，船上的人一起欢呼起来。

2. 名量词/动量词：用于循环出现的次数。一个周期为一轮。如：

这出话剧在这儿已经演出五轮了。

杰克是首轮出赛的选手。

足球赛进行到第二轮了。

“轮”指年龄时，十二年为一轮。如“小王比我大一轮”，也就是“小王比我大十二岁”。

十、抹

名量词。

1. 用于修饰“阳光、云彩、色彩”等。如：

听了大家的夸奖，玛丽脸上浮上一抹淡淡的红色。

几天春光照耀，让路边的柳树添了一抹嫩绿。

夕阳西下，天空飘过一抹红霞。

“抹”常常用于修饰好像涂抹上去的色彩，描写性较强。

2. 用于修饰“眼泪、鼻涕、笑容、冷笑”等。如：

王静嘴角总挂着一抹笑容。

李经理脸上的那抹冷笑常让下属心里紧张。

十一、撮(zuǒ)

名量词(集合量词)：用于计量毛发，常儿化。

用“撮(儿)”计量的名词有“头发、胡子”等。

“撮”发音不同，意义也不同。读 cuō 时，计量粉状、颗粒状物体；读 zuǒ 时，计量毛发。

十二、线

名量词：用于计量希望等抽象名词，表示机会极少之义，数词限用“一”。

用“线”计量的名词有“希望、生机”等。

十三、丝

名量词：用于计量希望等抽象名词，与量词“线”类似，数词限用“一”，也表示机会很小之义。

用“丝”计量的名词有“机会、希望、生机”等。

十四、度

名量词。

用于计量次数。常用作定语或状语，一般用于书面语。下面是常见的用法：

几度春秋

一年一度

这个话剧曾两度公演。

“劳动奖章”获得者需三年之后才能再度获奖。

提示

(1)“度”虽解释为“次”，但使用范围比“次”小得多。一般不能像“次”那样放在动词后作补语，也不能用于“一……也没……”结构。像下面的用法是错的：

*这个展览我参观过两度。(“度”应改为“次”)

*北京爷爷还一度也没去过。(“度”应改为“次”)

(2)类似“几度春秋”这样较为书面化的固定搭配的名量词还有一些，常在文学作品中使用，如“一叶扁舟”“一缕笛声”“一钩残月”“一弯明月”等。

练一练

一、用本课所讲的量词填空。

1. 一(　　)尸体　　2. 两(　　)邮票　　3. 三(　　)金鱼
4. 两(　　)胡子　　5. 一(　　)阳光　　6. 一(　　)红日
7. 一(　　)笑容　　8. 一(　　)碗碟　　9. 一(　　)胡语
10. 一(　　)风光　　11. 一(　　)残月　　12. 一(　　)伟人

二、把下列名词填入合适的量词后面。

阳光、邮票、风光、太阳、谎言、报纸、杂志、月亮、淡绿、胸针、光环、香味、头发、风度、衣服、导弹

量词	名词
抹	
枚	
轮	
缕	
派	
摞	

三、HSK 仿真题:在下面 ABCD 中选择唯一正确的填入空中。

1. 如果抢救及时,这个病人还有一______生还的机会。
A. 丝　　B. 度　　C. 抹　　D. 派

2. 小王救人的行为受到了大家的一______表扬。
A. 派　　B. 片　　C. 声　　D. 幅

3. 清晨,一缕______照进房间。
A. 太阳　　B. 清风　　C. 阳光　　D. 车声

4. 我们要把艰苦奋斗的好传统一______一______传下去。
A. 岁　岁　　B. 度　度　　C. 代　代　　D. 辈　辈

5. 我哥哥从小的梦想是能乘坐一______扁舟遨游五湖四海。
A. 叶　　B. 艘　　C. 片　　D. 条

6. 小丁,小李比你长一______,你该叫他叔叔。
A. 岁　　B. 年　　C. 辈　　D. 代

7. 坐在湖边,品一______香茶,听着远处飘来的一______笛声,是人生一大快事。
A. 杯　支　　B. 抹　枝　　C. 口　缕　　D. 口　首

8. 听说今天开会公司要宣布裁员的决定,几百人的会场里,平静的气氛中透着一____紧张。
A. 片　　B. 缕　　C. 份　　D. 道

9. 在这个大商场里,我们小组凭着顽强不屈的精神,克服了______困难,以优质的服务、最佳工作效率名列全场第一。
A. 片片　　B. 道道　　C. 重重　　D. 层层

10. 社会在进步，年轻人在成长，我们希望一______更比一______强。

A. 年 年　　B. 代 代　　C. 辈 辈　　D. 轮 轮

11. 李玉自从当了院长，说话做事总是摆出一______领导的架势，我们都有点儿看不惯。

A. 派　　B. 幅　　C. 丝　　D. 缕

12. 这个盒子里放着爸爸收藏的几______古代的钱币。

A. 片　　B. 只　　C. 张　　D. 枚

13. 看到自己的孩子在比赛中的出色表现，那______母亲的脸上浮出了一微笑。

A. 个 片　　B. 位 抹　　C. 名 堆　　D. 个 轮

14. 那______头上有一______白毛的黑狗，是谁家养的宠物？

A. 只 堆　　B. 头 抹　　C. 只 撮　　D. 个 撇

15. 一______明月挂在天空，向大地洒下一______银白色的光。

A. 轮 片　　B. 个 丝　　C. 盘 道　　D. 轮 丝

16. 一年一______的全国技术能手的比赛，今天已进入第二______。

A. 次 届　　B. 度 轮　　C. 回 次　　D. 届 回

17. 当记者走进这个被绿树鲜花环绕的港口场区，走进吊车起降、汽车来往的作业区时，不禁感叹，好一______花园式的港区，好一______繁忙的港口，好一______沸腾景象。

A. 片 座 派　　B. 座 片 道　　C. 所 个 片　　D. 栋 片 派

18. 法医通过对那______死尸和现场留下的几______头发的分析，找到了侦破那______案件的一______线索。

A. 具 缕 件 根　　B. 个 条 个 条

C. 个 根 桩 缕　　D. 具 根 起 些

四、HSK 仿真题：找出下面每段话中有错误的一部分。

1. 探险队员历尽千辛万苦(A)，战胜了重重险阻(B)，一直到五月十五日(C)，才走出了那一块原始森林(D)。

2. 我记得清清楚楚(A)，那人留着两撇小胡子(B)，戴一幅眼镜(C)，一身知识分子的打扮(D)。

3. 在讨论公司的长远规划时(A)，大家争论得很厉害(B)，总的来说(C)，不同的意见主要分两群(D)。

4. 你看到眼前的这一面湖面了吧(A)，老李在里面放养了一万尾鱼苗(B)，只过了个把月(C)，已经长这么大了(D)。

参考答案

一、1. 具 2. 枚 3. 尾 4. 撇/撮 5. 缕/抹 6. 轮 7. 抹 8. 摞 9. 派 10. 派 11. 钩 12. 代

二、

量词	名词
抹	阳光、淡绿
枚	邮票、胸针、导弹
轮	太阳、月亮、光环
缕	阳光、香味、头发
派	风光、谎言、风度
摞	报纸、杂志、衣服

三、1. A 2. B 3. C 4. C 5. A 6. C 7. C 8. B 9. C 10. B 11. A 12. D 13. B 14. C 15. A 16. B 17. A 18. D

四、1. D,应改为“才走出了那一片原始森林”。

2. C,应改为“戴一副眼镜”。

3. D,应改为“不同的意见主要分两派”。

4. A,应改为“你看到眼前的这一片湖面了吧”。

单元练习

一、选择合适的量词填空。

1. 一__________阳光透过窗户照进教室。(轮　缕　条)
2. 因为没有按时完成任务,小王被经理教训了一__________。(顿　片　次)
3. 小丽,把家里那一大__________旧报纸拿去卖了吧。(堆　摞　张)
4. 奶奶家的院子里有一__________古井。(张　口　个)
5. 王峰和李勇都属虎,不过王峰比李勇大一__________。(岁　轮　代)
6. 我们班同学准备了一__________话剧在圣诞晚会上演出。(出　则　场)
7. 别介意,这只是一__________小事。(件　桩　起)
8. 玛丽生日时,收到了妈妈的礼物,是一__________漂亮的胸针。(条　杆　枚)

二、将下面可以互相搭配的量词和名词用线连起来。

桩	火灾
派	旗子
杆	潮流
股	水
番	故事
轮	家务事
则	衣服
起	心血
摞	春光
摊	红日

三、判断下列句子的对错,并改正错句(对的画√,错的画×)。

1. 那台飞机怎么还没有起飞呢?(　　)
2. 据说那起火灾是由于游客扔的烟头引起的。(　　)
3. 院子好久没收拾,长满了一簇簇的野草。(　　)
4. 今年生日玛丽打算和她最要好的一批好朋友一起庆祝。(　　)
5. 学校附近有一幢医院。(　　)

四、HSK 仿真题:在下面 ABCD 中选择唯一正确的填入空中。

1. 杰克在中国快十年了,现在他能说一______流利的汉语。

A. 张　　B. 口　　C. 串　　D. 首

2. 张小东说他老家的交通至今还不方便,每次回家都要翻过几______大山。

A. 幢　　B. 栋　　C. 座　　D. 层

3. 李小伟的爸爸是个收藏爱好者,让他最得意的藏品是几______古钱币。

A. 张　　B. 枚　　C. 颗　　D. 粒

4. 一场大雪过后,到处一______雪白的世界。

A. 块　　　　　　B. 层　　　　　　C. 派　　　　　　D. 片

5. 门口水果店的老板最近批发了一______台湾水果，据说卖得特别好。

A. 批　　　　　　B. 群　　　　　　C. 拨　　　　　　D. 伙

6. 女儿出嫁是一______喜事，有什么好哭的？

A. 起　　　　　　B. 桩　　　　　　C. 门　　　　　　D. 出

7. 孙斌的父亲留了两______八字胡，给人印象特别深刻。

A. 条　　　　　　B. 根　　　　　　C. 撇　　　　　　D. 把

8. 赵新的妈妈反对这______亲事，认为两家门不当户不对。

A. 起　　　　　　B. 门　　　　　　C. 出　　　　　　D. 则

9. 费了一______周折，这个生意才最终谈成了。

A. 番　　　　　　B. 片　　　　　　C. 股　　　　　　D. 段

10. 周华从小就不爱吃海鲜，总觉得有一______腥味儿。

A. 阵　　　　　　B. 成　　　　　　C. 身　　　　　　D. 股

11. 只要病人还有一______希望，我们医生都会全力抢救的。

A. 线　　　　　　B. 缕　　　　　　C. 条　　　　　　D. 道

12. 你应该珍惜小李对你的这______友谊啊。

A. 个　　　　　　B. 份　　　　　　C. 片　　　　　　D. 场

13. 研究人员经过一______努力，终于找出引起这种传染病的细菌。

A. 番　　　　　　B. 顿　　　　　　C. 阵　　　　　　D. 些

14. 我的要求不高，只要能在结婚前买一______两居室就满意了。

A. 幢　　　　　　B. 套　　　　　　C. 间　　　　　　D. 座

15. 王芳和李宁这两______中国选手都战胜了自己的对手，进入第二______比赛。

A. 位　轮　　　　B. 名　回　　　　C. 个　届　　　　D. 名　场

16. 已经个把月没下雨了，这是今年入夏以来的第一______雨。

A. 回　　　　　　B. 场　　　　　　C. 阵　　　　　　D. 滴

17. 那______军舰被一______鱼雷击中了。

A. 只　条　　　　B. 艘　枚　　　　C. 条　堆　　　　D. 艘　尾

18. 在一______金黄的麦浪中，几______大型收割机正在收割，好一______热闹的丰收景象。

A. 片　台　派　　B. 堆　架　片　　C. 股　台　派　　D. 层　台　番

五、HSK 仿真题：将下面句后括号中的词语放在唯一合适的地方。

1. 我也只是 A 远远看了 B，C 根本没看清楚 D 新娘的样子。（一眼）
2. 张雪出国一年，A 就能 B 说 C 流利标准的英语 D。（一口）
3. 他的神情 A 就 B 好像 C 被揍了 D。（一拳）
4. 魔术表演 A 太精彩了，B 场下不时爆发出 C 热烈的 D 掌声。（一阵阵）
5. 刘峰是 A 那种 B 说话直爽，C 就能 D 看透的人。（一眼）
6. 你要是 A 尝 B 我奶奶亲手做的饺子 C，保证你一辈子忘不了那 D 味道。（一口）

六、HSK 仿真题：找出下面每段话中有错误的一部分。

1. 大雪过后，放眼望去，到处一派雪白的世界，美极了。
　　A　　　　B　　　　　C　　　　　　　D

2. 想当初张英结婚那阵，所有人都不看好这起婚事。可三十年来，他们俩一直没红过脸。
A　B　C　D

3. 这里怎么这么脏？快把门口像山一样的那块垃圾收拾掉，夏天快到了，容易招惹蚊蝇。
A　B　C　D

4. 最后还有五十米时，听到朋友的加油声。我不知道哪儿来的一些力量，一口气冲上了山顶。
A　B　C　D

5. 在抢救地震灾民的过程中，小周手上被钢筋划破了好几丝口子，鲜血直流，现在已被送
A　B　C
进医院。
D

参考答案

一、1. 缕　2. 顿　3. 堆/摞　4. 口/个　5. 轮　6. 出　7. 件/桩　8. 枚

二、
桩　派　杆　股　番　轮　则　起　摞　摊

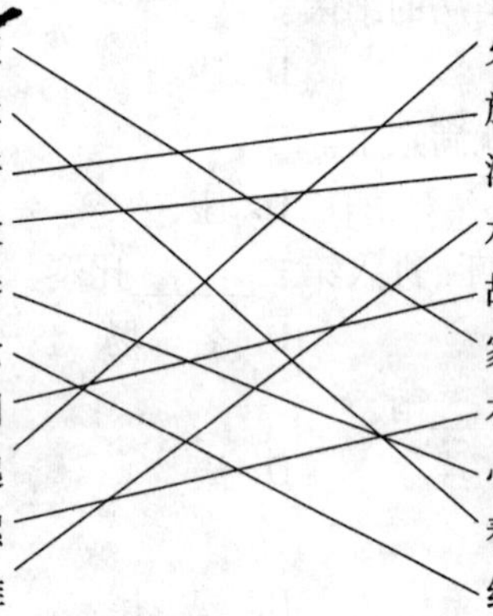

火灾　旗子　潮流　水　故事　家务事　衣服　心血　春光　红日

三、1. ×，“台”应改为“架”。
2. √
3. √
4. ×，“批”应改为“帮”。
5. ×，“幢”应改为“家、所、个”。

四、1. B　2. C　3. B　4. D　5. A　6. B　7. C　8. B　9. A　10. D　11. A　12. B　13. A　14. B　15. A　16. B　17. B　18. A

五、1. B　2. C　3. D　4. C　5. C　6. B

六、1. C，应改为“到处一片雪白的世界”。
2. B，应改为“所有人都不看好这桩婚事”。
3. B，应改为“快把门口像山一样的那堆垃圾收拾掉”。
4. C，应改为“我不知道哪儿来的一股力量”。
5. B，应改为“小周手上被钢筋划破了好几道口子”。